本书受国家自然科学基金项目（No.71503264、No.71373285、No.71303258）、教育部人文社会科学基金项目（No.15YJC630121）、国家社会科学基金重大项目（No.13 & ZD159），以及中国石油大学（北京）青年拔尖人才启动基金项目（No.2462014YJRC024）的联合资助

化石能源资源约束与气候变化

王建良　冯连勇　著

科学出版社
北京

内 容 简 介

气候变化是当今人类社会面临的最大挑战，化石能源消耗被认为是导致这一问题的主因。化石能源的不可再生特性决定了未来其可供消耗的能源资源数量并不会无限制增长，而是在某一时刻受到来自能源资源方面的约束，进而对气候变化产生影响。然而，目前气候变化的主流研究和政策制定往往忽视了这一点，从而导致其在一定程度上高估了气候变化的上限。作者从供给侧角度出发，重点研究化石能源约束背景下全球气候变化走势，并探讨其政策含义，为相关政策制定提供决策参考。

本书内容涉及能源资源地质学、能源资源供应理论与预测、气候变化模拟与政策等多个学科理论或研究领域。因此，其既可作为相关学者、研究生的参考读物，也可作为相关决策者的案头藏书。

图书在版编目（CIP）数据

化石能源资源约束与气候变化 / 王建良，冯连勇著. —北京：科学出版社，2017.3
ISBN 978-7-03-051943-6

Ⅰ. ①化⋯ Ⅱ. ①王⋯ ②冯⋯ Ⅲ. ①能源消耗-影响-气候变化-研究 Ⅳ. ①F407. 2②P467

中国版本图书馆 CIP 数据核字（2017）第 040359 号

责任编辑：万群霞 郝 悦 / 责任校对：桂伟利
责任印制：张 伟 / 封面设计：无极书装

科学出版社 出版
北京东黄城根北街 16 号
邮政编码：100717
http://www.sciencep.com

北京凌奇印刷有限责任公司 印刷
科学出版社发行 各地新华书店经销
*

2017 年 3 月第 一 版 开本：720×1000 B5
2018 年 1 月第二次印刷 印张：12 1/2
字数：252 000
定价：98.00 元
（如有印装质量问题，我社负责调换）

前　言

在我们有限的生活空间中，经济扩张的规模最终受资源的有限性和环境的可容纳能力所约束，但技术的进步会在一定程度上延缓此类约束的出现。在当前及未来较长一段时期内，由化石能源资源的有限性导致的中长期供应增长约束及由大气对化石能源燃烧利用排放的温室气体的容纳能力约束是影响人类社会发展最重要的两大约束。目前，后者的气候变化约束已被国际社会广泛接受，而前者的化石能源资源约束却仍被国际主流（研究化石能源资源供给和消费的机构和学者）排除在外。其主要原因是绝大多数的主流机构认为，地下所蕴藏的化石能源资源极为丰富，特别是如果将非常规化石能源资源也考虑在内的话。同时，如果考虑技术进步和经济条件的持续改善，则地下能源资源可以按照任何人们所需要的速度开采，从而满足人类持续增长的能源需求。因此，在研究化石能源资源供给和消费及气候变化评估的国际主流机构的研究中，未来消费的化石能源数量和由此产生的碳排放量完全取决于人类经济社会发展对化石能源资源的需求。笔者将这种依据未来经济社会发展需求来确定化石能源消费及气候变化的思路称为"需求侧"分析思路。

需求侧分析是主流经济学思想在资源开发与气候变化领域的典型应用，该分析思路已被包括联合国政府间气候变化专门委员会（Intergovernmental Panel on Climate Change，IPCC）在内的国际主流机构和学者所广泛采用。例如，政府间气候变化专门委员会于 2000 年出版的《排放情景特别报告》（Special Report on Emissions Scenarios，SRES）中包含大量非常高的碳排放情景，其背后即是极高经济增长假设和极高的化石能源资源消费假设，而在其所研究的整个 21 世纪时间范畴内，化石能源消费均没有受到来自资源方面的任何约束。更重要的是，政府间气候变化专门委员会认为这些极高碳排放情景与其他碳排放情景具有同等的可信度，这意味着决策者在制定应对气候变化政策时，也相应投入巨大成本来充分考虑这些极高排放情景的影响，尽管这些极高碳排放情景很可能不会出现。《排放情景特别报告》描述的情景被广泛应用于随后的全球气候评估当中，如2001年发布的第三次气候变化评估报告（the Third Assessment Report, TAR）和2007年发布的第四次气候变化评估报告（the Fourth Assessment Report, AR4）。这些气候评估是全球气候谈判和国际社会制定应对气候变化政策的基础。2009年后，政府间气候变化专门委员会提出了新一代的碳排放情景，即典型浓度路径情景（representative concentration pathways, RCPs），但仍然没有避免这种极高排放情景的出现，因为其本质上仍然是需求侧分析思路的再一次应用。

化石能源资源是一种不可再生的矿产资源。这种不可再生的特性决定如果需求保持持续增长，则供应势必会在某一时刻受到资源方面约束而达到其供应的上限，之后不可避免地开始递减，这也就是此类资源供应所应遵循的"钟形曲线"规律。从学术界的研究文献来看，已有越来越多的学者意识到这一规律，并采用这一规律对全球化石能源资源供应进行预测，并指出人类社会正在逐渐逼近常规化石能源供应的顶点[①]。

除了学术界的研究之外，虽然一些主流机构仍然否认化石能源生产高峰的存在，但他们的态度与之前相比却出现了一些改变，特别是进入21世纪以后。例如，作为全球能源界的主流机构国际能源署（International Engergy Agency, IEA），在过去的10年中，不断调低其对未来世界石油的供应预测，并且在2008年发布的《世界能源展望》（World Energy Outlook, WEO）中首次明确指出，世界常规原油的生产高峰已经在2006年达到。又如，德国联邦地球科学和自然资源研究所（BGR）、联合国可持续发展解决方案网络（Sustainable Development Solutions Network, SDSN）和国际货币基金组织等机构也都对化石能源供应进行过相关研究，指出化石能源资源供应约束是三大地球约束边界之一，尽管全球范围内存在大量的非常规化石能源资源，但是并不能从根本上改变化石能源资源在21世纪出现供应约束的现实。

由此可见，已有大量研究能源资源供应的机构和学者研究指出，全球范围内的化石能源供应约束很有可能在21世纪出现。而如果化石能源供应约束在21世纪出现的假设成立，那么在此期间内，人类化石能源消费的上限将由最大供给潜力决定而非人类经济社会发展需求决定，笔者将这一分析思路称为"供给侧"分析。这就意味着，一个合理的碳排放情景应该是"需求侧"与"供给侧"的结合，即"供给侧"决定化石能源资源消费及相应的气候变化的上限，而在此范围内的

---

① Wang J L, Feng L Y, Tang X, et al. 2016. The implications of fossil fuel supply constraints on climate change projections: A supply-side analysis. Futures, 45（4）: 2029-2144.

分析则可由"需求侧"决定。基于这些认识，笔者认为，"供给侧"分析理应纳入气候变化的分析当中，忽视"供给侧"分析的结果很有可能就是严重高估未来气候变化，从而增加全球应对气候变化的政策成本。

笔者从供给侧的角度分析未来化石能源供应最大潜力及其对气候变化的影响，与此同时，以研究结果为基础，尝试从供给侧角度提出一些应对气候变化的政策思考。本书大体内容安排如下：第一，从地质成因角度分析化石能源的可耗竭特性、不可再生特性；第二，为了考虑潜在技术进步的影响，本书选取能够充分考虑中长期资源转化潜力的资源分级分类体系，在这一体系下，对全球不同地区和国家所拥有的不同类别的化石能源资源状况进行详细分析，并列出详细的汇总分析结果；第三，分别针对常规化石能源和非常规化石能源，建立适宜的资源中长期供应预测方法，并通过实证分析方法的有效性；第四，利用构建的预测方法，结合资源分析的结果，对包括非常规化石能源在内的所有类别的化石能源资源中长期供应潜力进行定量化预测；第五，以该预测结果和所调研的国际学术界研究结果为基础，设计多种"供给侧"排放驱动情景，利用与国际主流气候变化研究可比较的气候模型对未来气候变化进行研究。

本书在材料收集及写作与完善过程中，得到了许多友人的帮助。例如，瑞典乌普萨拉大学 Mikael Höök 副教授、英国利物浦大学 Simon Snowden 副教授、英国雷丁大学 Roger Bentley 教授、美国空间太阳能研究所研究员 Gail Tverberg、中国石油大学（北京）唐旭副教授等。在格式的修订中，硕士研究生方肖也付出了大量的工作，在此也一并感谢。

在写作过程中，笔者力求做到资料充分翔实、数据完整准确、方法适当合理、结果有理有据，但由于本书所涉及的知识横跨地质科学、能源经济、气候科学等多个学科领域，以及我们对每一个领域认知的不完备，书中难免会有一些不足之处，也请读者能够包涵和指出。对于书中观点与主流观点的差异，也欢迎有关专家学者一同探讨。

王建良　冯连勇
2016 年 9 月于北京昌平

目　　录

前言

第1章　绪论 ··· 1
　1.1　研究目的与意义 ··· 1
　1.2　国内外研究现状 ··· 3
　　　1.2.1　资源约束背景下化石能源供应研究 ···················· 3
　　　1.2.2　供应侧排放驱动下的气候变化研究 ···················· 6
　1.3　主要研究内容与拟解决的关键问题 ······························ 11
　　　1.3.1　相关说明及研究假设 ······································ 11
　　　1.3.2　主要研究内容 ·· 12
　　　1.3.3　拟解决的关键科学问题 ··································· 14
　参考文献 ·· 14

第2章　化石能源资源的可耗竭性 ····································· 20
　2.1　化石能源资源的形成 ·· 20
　　　2.1.1　油气形成与富集 ·· 20
　　　2.1.2　煤炭形成与富集 ·· 24
　2.2　化石能源分类 ··· 25
　　　2.2.1　石油分类 ·· 25
　　　2.2.2　天然气分类 ··· 26
　　　2.2.3　煤炭分类 ·· 27
　　　2.2.4　本书采用的化石能源分类及范畴界定 ················ 28
　2.3　化石能源资源/储量分类 ·· 28

2.3.1　石油资源管理系统 ……………………………………………… 29
　　2.3.2　联合国化石能源和矿产资源分类框架 …………………………… 30
　　2.3.3　德国联邦地球科学与自然资源研究所资源/储量分类体系 …… 30
　　2.3.4　世界能源委员会资源/储量分类体系 …………………………… 31
　　2.3.5　本书所用资源/储量分类体系 …………………………………… 32
2.4　化石能源资源开采模式 ……………………………………………………… 34
　　2.4.1　自然资源的增长模式 ……………………………………………… 34
　　2.4.2　油气开采模式 ……………………………………………………… 35
　　2.4.3　煤炭开采模式 ……………………………………………………… 37
参考文献 …………………………………………………………………………… 38

第3章　化石能源资源的可用性评估 ………………………………………… 41
3.1　全球区域划分 ………………………………………………………………… 41
3.2　全球常规化石能源资源及其分布 …………………………………………… 42
　　3.2.1　全球常规石油资源最终可采资源量分析 ………………………… 42
　　3.2.2　全球常规天然气资源最终可采资源量分析 ……………………… 43
　　3.2.3　全球煤炭资源最终可采资源量分析 ……………………………… 45
3.3　全球非常规化石能源资源及其分布 ………………………………………… 47
　　3.3.1　全球非常规石油资源最终可采资源量分析 ……………………… 47
　　3.3.2　全球非常规天然气资源最终可采资源量分析 …………………… 51
参考文献 …………………………………………………………………………… 53

第4章　化石能源供应预测方法 ……………………………………………… 57
4.1　曲线拟合方法概述 …………………………………………………………… 57
　　4.1.1　曲线拟合模型构建的基本思路 …………………………………… 57
　　4.1.2　曲线拟合模型的数学方程 ………………………………………… 58
　　4.1.3　曲线拟合模型应用的简要回顾及预测步骤 ……………………… 60
4.2　影响曲线拟合模型预测结果的关键因素 …………………………………… 61
　　4.2.1　关键影响因素识别 ………………………………………………… 61
　　4.2.2　因素一：最终可采资源量 ………………………………………… 62
　　4.2.3　因素二：曲线形状 ………………………………………………… 65
　　4.2.4　因素三：产量循环的个数 ………………………………………… 66

4.2.5　因素四：剩余资源的最大耗竭率 ·················· 69
　4.3　化石能源中长期供应曲线拟合模型构建 ···················· 71
　　　4.3.1　常规化石能源供应预测的曲线拟合模型 ············ 71
　　　4.3.2　非常规化石能源供应预测的曲线拟合模型 ·········· 73
　4.4　基于实证分析的预测模型有效性检验 ······················ 75
　　　4.4.1　美国常规天然气产量预测 ························ 76
　　　4.4.2　美国非常规天然气产量预测 ······················ 79
　　　4.4.3　美国天然气总产量预测 ·························· 80
　参考文献 ·· 81

第 5 章　化石能源未来供应潜力分析 ···························· 84
　5.1　常规化石能源供应预测中的关键参数确定 ·················· 84
　　　5.1.1　最优产量循环个数确定 ·························· 84
　　　5.1.2　剩余资源的最大耗竭率分析 ······················ 85
　5.2　全球常规化石能源供应预测 ······························ 88
　　　5.2.1　全球常规石油产量预测结果 ······················ 88
　　　5.2.2　全球常规天然气产量预测结果 ···················· 90
　　　5.2.3　全球煤炭产量预测结果 ·························· 91
　　　5.2.4　讨论与小结 ···································· 93
　5.3　非常规化石能源供应预测中的关键参数确定 ················ 95
　　　5.3.1　非常规化石能源初始产量确定 ···················· 95
　　　5.3.2　非常规化石能源产量的初始指数增长率确定 ········ 96
　5.4　全球非常规化石能源供应预测 ···························· 98
　　　5.4.1　非常规石油产量预测结果 ························ 98
　　　5.4.2　非常规天然气产量预测结果 ······················ 100
　　　5.4.3　讨论与小结 ···································· 101
　参考文献 ·· 103

第 6 章　资源约束下的全球气候变化评估 ························ 106
　6.1　供应侧碳排放情景设计 ·································· 106
　　　6.1.1　碳排放情景与气候模拟 ·························· 106
　　　6.1.2　供应侧驱动下的碳排放情景 ······················ 108

6.2 气候模拟方法 ··· 114
6.2.1 气候模式概述 ·· 114
6.2.2 MAGICC 模型 ·· 116
6.2.3 Bern-CC 模型 ·· 118
6.2.4 相关实证模型 ·· 120
6.3 供应侧排放驱动情景下的气候变化模拟 ································ 123
6.3.1 MAGICC 模拟结果 ·· 123
6.3.2 Bern-CC 及实证模型模拟结果 ······································ 123
6.3.3 模拟结果对比 ·· 128
6.4 主要结论 ··· 134
参考文献 ··· 137

附录 A 分国家常规化石能源最终可采资源量统计 ·················· 142

附录 B 分国家非常规化石能源资源最终可采资源量统计 ······ 154

附录 C 分地区适用的最优产量循环个数统计 ·························· 166

附录 D 分地区常规化石能源预测结果 ······································ 174

附录 E MAGICC 6 所用的六种供应侧驱动排放情景文件 ······ 185

附录 F Bern-CC 和实证模型大气 CO_2 浓度模拟的 VBA 编程 ······ 189

第1章 绪　　论

化石能源作为一种高含碳矿产资源，其具有的不可再生特性或可耗竭特性决定了其开发利用必然受资源方面的约束，不可能长期满足人类无约束的需求增长。这种资源约束本身是客观存在的，但人类对其需求的减少能够延缓约束发生的时间，减轻或避免约束发生时所造成的影响。对于这一约束，研究能源资源供应与消费的主流机构是如何认识的？与此同时，作为气候变化的主因，化石能源的资源约束也必然影响未来气候变化。气候变化的主流机构是否考虑到这一约束？对于化石能源资源约束与气候变化这两个影响巨大又彼此相关的问题，学术界又是如何认识的？现有的学术研究还存在哪些不足？

1.1　研究目的与意义

持续的经济发展和人口增长已经对人类赖以生存的地球资源和生态环境造成了不可忽视的影响，特别是对淡水资源、农业用地、粮食生产、森林资源、生物多样性、石油等关键矿产资源及海洋和大气吸收温室气体能力等的影响，已成为制约未来人类社会进一步发展的重要因素。在这些众多的制约因素中，石油等关键矿产资源的资源约束及海洋和大气吸收温室气体能力的约束是最为重要且直接相关的两大因素（Newbery，2011）。前者在现实中表现为资源约束下的化石能源供应受限，即化石能源峰值，后者则表现为碳排放约束，即目前被广为探讨的气候变化。化石能源峰值和气候变化被认为是人类科学进入"后常规科学"（post normal science，PNS）[①]时代之后的两大关键议题，二者都具有"事实的不确定

[①] "后常规科学"是由意大利学者 Funtowicz 和英国科学哲学家 Ravetz 于 20 世纪 90 年代提出。他们认为现代科技的使用和推广使得人类社会面临诸多极为严峻的挑战，这些挑战的产生与应对本身是高度复杂、充满不确定并且是保守争议的，是难以用"常规科学"的概念所应对的。基于此，他们提出了"后常规科学"的概念，并将其特征总结为政策相关研究中的不确定性、价值的高度争议性、决策时间上的紧迫性。因此，符合上述三个特征的重大挑战，均可归属后常规科学的范畴。

性、价值观的争议性、风险高和决策的紧迫性"等特点,都将对人类社会未来发展产生重要影响(Ravetz,2004;Friedrichs,2011)。

对于化石能源供应,以IEA为代表的研究化石能源资源供应和消费的主流机构多认为全球化石能源资源十分丰富,特别是考虑非常规化石能源资源的话,全球化石能源供应在其预测期内(2035年前)甚至更长期内不会出现由于资源因素导致的供应约束。因此,未来化石能源消费不取决于供应而取决于需求(即认为供应总能够满足需求)。在此背景下,"需求侧"预测化石能源使用就成为其预测的基本出发点。然而,近些年来,国际学术界对IEA所采用的资源假设及预测结果的质疑越来越多,认为其对资源的假设过于乐观,资源供应潜力也不如IEA预期的那样高,很难满足其对未来需求的预测(Laherrère,2000;Sorrell et al., 2012)。在这种背景下,IEA在近些年来对未来资源供应的态度也开始发生了一些转变(Miller,2011),不仅在其旗舰刊物——《世界能源展望》中提及石油峰值(IEA,2010),而且公开承认全球常规原油产量峰值已于2006年到来(IEA,2008),并且连续多年不断调低其对未来石油供应的预测结果。尽管如此,其对化石能源供应的预测结果仍然被认为高估了(Aleklett et al., 2010)。鉴于化石能源资源对全球能源资源供应总量和经济发展的重要性及化石能源资源的不可再生性,从"供应侧"(即能源资源角度)来探讨未来化石能源使用具有重要的现实意义。

对于气候变化,由世界气象组织(World Meteorological Organization,WMO)和联合国环境规划署(United Nations Environment Programme,UNEP)于1988年成立的政府间气候变化专门委员会是该领域的权威,其对未来碳排放趋势和气候变化的预测是国际社会应对气候变化谈判及制定相关措施的基础。然而,与IEA相似,其对碳排放的估计和气候变化的预测都是从化石能源需求侧的角度进行的,即认为化石能源资源丰富,因此,其假设的化石能源使用量或消费量取决于经济社会发展需求[这里的需求表现为人均GDP(Gross Domestic Product)、人口增长及能源强度的乘积](Vernon et al., 2011),而供应则总能够满足需求。在这一思维下,作为政府间气候变化专门委员会气候预测的基础——碳排放情景中包括很多极为不切实际的化石能源使用和供应假设。例如,在2000年出版的《排放情景特别报告》中的B2情景组,政府间气候变化专门委员会假设在2100年前天然气和煤炭供应(均值)将以与当前趋势相近速率持续增长,最终供应量分别达到现在的3倍和6倍(Höök et al., 2010)。这种大跨度的假设直接导致最终气候预测的大跨度,这无疑增加了气候预测的不确定性和政策制定的成本及实施的风险,从而在一定程度上削弱了气候预测对政策制定者的指导意义。然而,如果供应侧的资源约束存在的话,那么意味着实际的化石能源供应及其随后的实际消费量可能并不会像政府间气候变化专门委员会预测的那样高，从而会显著地改变气候变化的预测结果。在此背景下，从供应侧角度来考虑气候变化，探讨资源约束背景下的气候变化趋势，已经成为学术界关注的一个重要话题（Hoel and Kverndokk，1996；Vernon et al.，2011；Chiari and Zecca，2011）。

综上所述，资源约束和气候约束是当前人类社会发展所面临的两大问题，二者存在着密切的关系。资源约束影响化石能源供应，而有限的资源和全球受限的化石能源供应很可能挑战当前气候变化预测中的资源假设和化石能源消费假设，进而影响对全球气候变化的评估。然而，当前能源界的主流研究机构国际能源署和气候变化领域内的权威报告机构政府间气候变化专门委员会均忽视了这一点。对于人类社会而言，最为核心的问题就是资源约束对全球化石能源供应和气候变化的影响究竟有多大？这种影响的政策含义是什么？能否为应对气候变化提供新的治理思路？正是这些问题的存在，促使笔者在几年前着手开展这方面的研究。

1.2　国内外研究现状

1.2.1　资源约束背景下化石能源供应研究

从资源约束的角度来探讨化石能源供应的思想来源已久（Olien and Olien，1993），但直到简单的定量化模型出现之后，才把这种思想转化为人类可形象且直观感知的概念。尽管这些早期的定量研究已起到思想传播的作用，但并没有从真正意义上引领供应侧研究的思潮。直到 1949 年，美国地质学家 Hubbert 在 Science 杂志上发表"Energy from fossil fuels"的文章（Hubbert，1949）。Hubbert 在文中首次将资源约束对化石能源供应的研究用产量峰值的形式表现出来，指出"对于任何一个给定的化石能源品种，其生产曲线都将经历先上升，然后再经历一个或若干个产量峰值，最后非对称地下降到零的过程"，并于 1956 年运用其提出的曲线拟合技术成功地预测了美国陆上 48 州的石油峰值（Hubbert，1956），开启并影响着随后的"峰值"研究，并使其逐渐演变为一种"理论"——"峰值理论"（peak theory）。自此之后，有关资源约束对化石能源供应的研究（以峰值研究为代表）开始大规模发展起来，并从初始的石油峰值研究，拓展到了对天然气、煤炭等在内的整个化石能源峰值的研究之上。

目前，学术界的峰值研究主要针对石油资源，且多集中在常规石油资源的范畴内。影响峰值预测结果的因素是多方面的，如所选用的数据种类及质量、不同的预测方法、对最终可采资源量（ultimately recoverable resources，URR）假设的差异等（Sorrell et al., 2009）。而在众多的因素中，预测方法和所选用的最终可采资源量被众多学者认为是最为重要的两个因素。

就研究方法而言，学术界对资源供应的研究主要有三类方法。第一类是曲线拟合方法，即根据历史产量曲线所表现出的特征，假定其服从一定的统计分布，然后用该种分布的数学函数来拟合历史产量，从而得到对未来产量的估计结果，该种模拟思想最早出现在1916年（Arnold，1916）。第二类是系统仿真方法，即根据石油勘探发现与生产之间的内在资源或经济推演机制（因果关系）来预测未来产量，如系统动力学方法（Davis，1958；Tang et al., 2010）。第三类是经济学方法。此类方法包括可耗竭资源最优开采理论及方法（拓展的优化耗竭理论、基于观察行为调整的最优耗竭理论）（Hotelling，1931）、计量经济学模型（Fisher，1964；Pindyck and Rubinfeld，1998）。

在这些研究方法中，曲线拟合方法是目前运用最为广泛的方法（Wang et al., 2011）。为了拓展曲线拟合方法的应用范畴和提高其预测能力，很多学者对该方法进行了相关改进，如从对称曲线拓展到非对称曲线（翁文波，1984；陈元千，1996；Kaufmann and Shiers, 2008）、从单方程或单循环模型拓展到多方程或多循环模型（Mohr and Evans, 2007a；Patzek and Croft, 2010；冯连勇等，2010a）、从狭义预测方法拓展到广义预测方法（Mohr and Evans, 2010）、加入调整因子以改变曲线形状（Maggio and Cacciola, 2009）等。尽管如此，在产量预测当中，仍然存在很多的不确定性，如被广泛采用的多循环方法，循环个数的选择仍然是一个待解决的问题，原因是不同的循环个数对结果有显著的影响，过多的循环个数尽管能提高拟合度，但过度拟合现象的出现反而会降低预测能力，从而导致较大预测偏差（Anderson and Conder, 2011）。

最终可采资源量指的是能够从某一给定油田、地区或全球生产出的资源总量（BP，2008）。根据这一含义，最终可采资源量是从生产开始，一直到生产结束的累计产出量，这意味着在理论上除非所有的资源开采完毕，否则永远无法准确地估计最终可采资源量，但如果所有资源已经开发完毕，那么依靠最终可采资源量来预测未来产量也就失去了意义。因此，在实践中，通常的做法是根据在一段时期内的勘探或开采资料，来估计总的最终可采资源量，从这个意义上来说，最终可采资源量是一个估计值，而评估期的变化、勘探或开采资料的变化、评估方法的变化等都会对最终可采资源量的估计值产生影响。

通过对不同种类化石能源最终可采资源量的历史估计值进行分析发现，随着时间的推移，最终可采资源量的估计值呈现出缓慢增长趋势，这一现象的出现在很大程度上得益于勘探开发技术的提高。然而，这一增长趋势随着时间的推进在逐渐变缓，这可以理解为勘探开发技术的提高将最终受到地质因素的限制。以石油为例，尽管在过去的数十年中对常规石油最终可采资源量的估计值保持了缓慢的增长态势，但绝大多数研究显示，其估计值在 2 万～4.3 万亿桶（2729 亿～5866 亿 t）（Sorrell et al.，2010a）。在这一范围内，峰值研究者所估计的最终可采资源量往往偏低，而主流能源机构所估计的最终可采资源量则普遍偏高。如全球资源评价的代表机构——美国地质调查局（U.S. Geological Survey，USGS），两者的差异主要体现在对储量增长（reserve growth）和待发现资源量（yet to find，YTD）这两部分的差异上。然而，通过对 1995～2005 年 10 年的实际历史数据的分析发现，虽然美国地质调查局对储量增长的估计部分与实际较为相符，但对待发现资源量的估计却大大超过了实际值（Laherrère，2000；Sorrell et al.，2012）。

正是由于预测方法、最终可采资源量等的差异和不确定性，导致对石油峰值的预测很难得到一个非常统一的预测点，即哪一年达到峰值。但尽管如此，得出具有较强一致性的预测范围却是可行的。根据英国能源研究中心（UK Energy Research Center，UKERC）在 2009 年完成的对 500 份相关研究的分析报告，绝大多数的研究显示，全球常规石油峰值很有可能在 2020 年前到来（Sorrell et al.，2010b），而最晚也将在 2030 年出现（Sorrell et al.，2009）。

相对于石油而言，目前有关天然气和煤炭的研究相对较少，但在研究方法及所面临的一些问题上，基本与石油相似。如最终可采资源量的不确定性、数据质量问题等。就研究结果而言，根据 2000 年以后的研究，常规天然气的最终可采资源量在 2000 亿～4400 亿 t 油当量（oe）[①]，峰值时间在 2018～2066 年，峰值产量在 28 亿～46 亿 toe（Mohr and Evans，2007b；Brecha，2008；Zerta et al.，2008；Mohr and Evans，2011）。而煤炭的最终可采资源量在 2560 亿～11 280 亿 toe，峰值时间在 2011～2078 年，峰值产量在 32.9 亿～109.5 亿 toe（Kharecha and Hansen，2008；Patzek and Croft，2010；Rutledge，2011）。

综合来看，资源约束对化石能源供应影响的定性和定量研究已经越来越多，在 *Nature* 和 *Science* 等著名杂志上的相关文章也越来越多（Charpentier，2002；Kerr，2011；Heinberg and Fridley，2010；Murray and King，2012），而峰值理念也已逐渐被广泛接受（Nel and Cooper，2009；Nel and van Zyl，2010）。全球针对资源约束下化石能源供应的研究网站、研究机构也不断涌现，如世界油气峰值研究会（Association for the Study of Peak Oil and Gas，ASPO）及其遍布全球的 36

---

① 油当量：用标准油的热值计算各种能源量的指标，在我国又称标准油，oil equivalent。油当量=9000kcal/L，1kg 油当量的热值联合国按 42.62MJ 计算。

个成员组织（冯连勇和陈大恩，2009）；政府对资源约束下化石能源供应问题的关注也越来越多，瑞典、美国、澳大利亚、英国都已针对此问题提出了自己的应对策略（冯连勇等，2010b）；美国和德国等军事部门也把石油峰值问题作为其未来军事战略制定的重要影响因素来考量（Mattis，2010；BTC，2010）。

但是在研究的过程中，存在的问题主要表现在两个方面：一是研究方法的运用。以目前最为常用的多循环模型为例，多数研究仅考虑不同预测曲线及最终可采资源量的影响，但对产量循环的个数却考虑很少。除此之外，对最大资源耗竭率（该指标与峰值产量及随后的递减率有着密切的关系）这一约束性因素则基本上没有考虑，这些都在一定程度上增加了预测结果的不确定性。二是绝大多数的研究在分析峰值本身及其影响的过程中，主要集中在常规化石能源方面，忽略了非常规化石能源的贡献。因此，通过多因素整合（即在曲线拟合中考虑多个关键因素）或多方法整合（如曲线拟合方法与经济学方法、系统仿真方法的整合）来降低预测的不确定性和关注非常规化石能源将是未来峰值研究有待解决的两个问题。

1.2.2 供应侧排放驱动下的气候变化研究

1. 供应侧驱动研究的兴起

气候变化问题被认为是影响未来人类社会发展的最大环境威胁（Alley et al.，2003），而人为温室气体排放，特别是由于消耗化石能源而产生的人为 CO_2 排放，被认为是引起气候变化的主因（IPCC，2007）。因此，作为引起气候变化的主要来源和影响气候预测的人为温室气体排放（以 CO_2 为代表），理应受到广泛的关注（Stott and Kettleborough，2002；Webster et al.，2002；Garrett，2011）。

目前，气候变化研究主流中所使用的碳排放情景基本来自政府间气候变化专门委员会。在1990年政府间气候变化专门委员会的第一次评估报告中（IPCC First Assessment Report，FAR）使用了四种情景（SA90）（IPCC，1990）。随后，在1992年，IPCC认为一些新事件及信息的出现已经改变了原有排放情景中的一些假设，因此更新了1990年的排放情景，提供了六种情景（IS92a~f）（IPCC，1992），该排放情景也被应用于随后的第二次评估报告中（IPCC Second Assessment Report，SAR）（IPCC，1995）。当前广为引用的排放情景是政府间气候变化专门委员会在2000年出版的《碳排放情景特别报告》（IPCC，2000）。该报告中所提出的4组共40种情景，也是政府间气候变化专门委员会第三次全球气候变化评估报告（IPCC Third Assessment Report，TAR）（IPCC，2001）和第四次全球气候变化评估报告（Fourth Assessment Report, AR4）（IPCC, 2007）及气候学界科学家研究未来气候变化的基础（Stott and Kettleborough, 2002; Arnell et al., 2004; Arnell et al., 2013）。然而，《排放情景特别报告》中的人为温室气体排放是基于能源需求情景的茅阳—碳排放公式（Kaya identity）①来确定的，即根据未来人口、经济、技术等的变化来确定所需的能源消费量，据此计算未来人为 CO_2 排放（Wainwright and Mulligan, 2013）。笔者将这种分析气候变化的方式称为"需求侧"驱动下的气候变化影响分析。在此之后，政府间气候变化专门委员会适当地调整了情景开发的方法与过程，其自身已不再专门负责新情景的开发，而是将这项工作交给了全球 25 个专门的模型研究团队，由它们负责新情景的开发工作，而政府间气候变化专门委员会则通过组建的模型评价专家组，来支持这些团队的情景开发工作（IPCC, 2006；林而达和刘颖杰，2008）。2009 年，这些研究团队提出了新的排放情景——典型浓度路径情景（RCPs），并将其作为基准情景用于政府间气候变化专门委员会第五次气候评估报告（IPCC Fifth Assessment Report, AR5）之中（Moss et al., 2010；Rogelj et al., 2012）。然而，这些新的排放情景本质上仍然是需求侧驱动的（Ward et al., 2012）。因此，无论是旧的《排放情景特别报告》情景，还是新的典型浓度路径情景，都是基于需求侧驱动的，而需求侧驱动由于缺乏对潜在约束的充分考虑，往往导致极其高的化石能源供应/使用和排放假设，如《排放情景特别报告》中的 A1FI 情景和典型浓度路径中的 RCP8.5 情景。然而，政府间气候变化专门委员会并没有给出每种情景的概率，并且声称所有情景都是同等可信的（IPCC, 2000；Moss et al., 2010；Höök and Tang, 2013）。这意味着，即使那些极为高的排放情景，被同等重要地考虑进气候预测及随后的政策制定当中。

然而，作为人为温室气体排放，特别是作为 CO_2 排放主要来源的化石能源，其与一般产品有着本质的不同，即物理上的有限性。这种有限性不仅表现在地球上蕴含的化石能源资源量是有限的〔即赋存的资源总量（total resources）是有限的〕，同时，由于知识拓展与勘探技术的局限性导致我们无法完全发现赋存在地下的资源总量〔即可发现的资源量（discovered resources）是有限的〕，而且还表现在由于地质、经济、社会政局、开采技术等诸多因素，致使并非所有已发现的资源量都能被开采出来〔即已发现资源量中的可采资源量（recoverable resources）

---

① 茅阳—碳排放公式是确定人类以 CO_2 形式排放的温室气体对气候影响的相关方程式。此公式由日本能源经济学家茅阳一(Yoichi Kaya)提出。总排放量取决于四个因素：人口数、人均 GDP、能源强度(单位 GDP 产出的一次能源消耗量)、碳强度(单位 GDP 产出的 CO_2 排放量)。并由公式 $F = P(G/P)(E/G)(F/E) = Pgef$ 计算获得，公式中，F 为人类活动产生的全球 CO_2 排放量；P 为全球人口数；G 为世界 GDP；$g = G/P$ 为全球人均 GDP；E 为全球一次能源消费量；$e=E/G$ 为全球 GDP 的能源强度；$f=F/E$ 为能源的碳强度。

是有限的]。事实上，即使假设世界范围内可采资源量是极为丰富的，正如大家对非常规油气资源的看法那样，但我们也不能简单地预期高的资源量就必然能带来高的产量。在此，必须强调，资源存量与流量是完全不同的两个概念。实证分析表明，绝大多数油气产区在仍有一半以上的可采资源量时，产量就已经达到峰值并开始递减了（Brandt，2007）。因此，在现实中化石能源的生产曲线一般都呈现钟形，而非持续的指数增长或线性增长，这一特征也是化石能源开采的"钟形曲线"规律或"峰值理论"。

然而，已有越来越多的研究显示，全球常规化石能源将在近期经历其产量高峰（Campbell and Laherrère，1998；Heinberg and Fridley，2010；Kerr，2011；Murray and King，2012），这意味着与其相关的 CO_2 排放也将随之降低。如果峰值被证明是近期发生的事实或具有很高的发生可能性，那么，政府间气候变化专门委员会排放情景中的那些高碳排放情景假设就是值得质疑的，或者至少认为高碳排放情景可信度较低。在这种情况下，继续考虑政府间气候变化专门委员会排放情景组中的高碳排放情景将不仅增加气候预测的不确定性，而且会增加政策制定与实施的成本。因此，很多学者建议，供应侧驱动分析应当被考虑进气候变化研究当中（Grubb，2001；Ward et al.，2011；Ward et al.，2012；Höök and Tang，2013）。

2. 供应侧驱动的定性政策探讨

在综合可耗竭资源的最优开采理论和温室气体排放的外部性理论的基础上，Hoel 和 Kverndokk（1996）首次从化石能源供应侧角度分析了全球气候变化问题，但其分析的重点主要集中于如何采用经济手段（如碳税）来对化石能源开采进行约束，从而对全球气候变化产生影响。此后，Grubb（2001）指出，虽然通过持续的勘探和开发能够在一定程度上增加储量和拓展储量范畴，但常规石油储量的耗竭已经成为不争的事实，在这种情况下，未来长期的能源供应状况将对稳定大气浓度的任务有着重要的影响。然而，以往的气候政策的制定都是从需求侧出发的，而忽略了供应侧的影响。因此，其提供了一个有益的补充，从供应侧的角度分析气候政策，以确保有关投资和创新的气候政策能够向低碳化而非高碳化转移。为了实现这一转移目标，首要任务就是先阻止当前高含碳的非常规油气资源和技术的发展，以确保现有的能源资源多样化趋势的继续和扩展。Vernon 等（2011）也指出当前的气候应对政策都是从需求侧出发的，紧迫的任务就是从需求侧因素转向供应侧因素。

这几项研究的特点是都关注到了供应侧驱动问题，但实质上并没有涉及资源约束导致的供应侧问题对气候变化这一事件本身的影响,而是更多地将其与气候变化应对策略联系起来,定性地探讨如何采取相关措施来影响供应以缓解气候变化。

3. 供应侧驱动下气候变化的定量影响测度研究

Doose(2004)在两种情景下(第一种是仅考虑目前已探明储量,第二种是考虑未来待发现资源量)首次定量分析了资源约束下气候变化问题,指出在第一种情景下,全球大气 CO_2 浓度将在 2029 年达到峰值,峰值浓度在 450ppm[①]左右;而在第二种情景下,大气 CO_2 浓度同样能够在 21 世纪达到峰值(峰值时间约为 2076 年),峰值浓度约 630ppm,之后开始下降,到 2100 年,下降到 580ppm 左右。Kharecha 和 Hansen(2008)在其研究中设计了五种情景,结果显示,全球石油峰值或许会对未来大气 CO_2 排放和气候变化产生重要影响,这种影响的程度将取决于我们随后选择或使用哪种能源来替代石油。其研究显示,如果美国能源部信息管理署(U S Energy Information Administration,EIA)估计的油气储量是真实的,那么将大气 CO_2 浓度稳定在小于 450ppm 的水平是可行的,但对煤炭和其他非常规化石能源的勘探开发将使这一目标的实现变得很困难,因此,未来对这两类资源的开发必须在碳捕获与封存(CCS)技术的前提下进行。对于些现有的以煤为燃料的火力发电厂,必须在 21 世纪中叶之前全部关闭,以限制大气 CO_2 的浓度上升。Brecha(2008)也开发了两种资源受限下的碳排放情景,结果显示,即使在资源受限的情况下,未来大气 CO_2 浓度也将超过 450ppm(高情景和低情景下的峰值浓度分别为 550ppm 和 500ppm),但 CO_2 浓度都可以在 21 世纪达到峰值。随后,Tans(2009)的研究得出了与 Brecha 相似的结论,认为大气 CO_2 浓度将在 21 世纪达到峰值,峰值浓度在 500~600ppm。Nel 和 Cooper(2009)在最终可采资源量分析的基础上,利用 Logisitc 方法,预测了全球未来化石能源供应,并将其作为参考情景,借用改进的生产函数,分析其对未来世界经济发展的影响,与此同时利用基于实证的碳循环模型(carbon-cycle model),研究得出,即使所有可用的化石能源都按照 21 世纪潜在的最大可能的燃烧率被燃烧掉时,全球平均温度的上升幅度也不会超过 2000 年水平的 1℃,这意味在资源约束的情况下,未来气候变化将会在可接受的范围内变动。然而,对于 Nel 和 Cooper(2009)的研究,Zecca 和 Chiari(2010)认为其低估了未来的气候变化,原因是其使用的碳循环模型放大了海洋等对 CO_2 等温室气体的吸收能力。他们利用 Archer

---

① 1ppm=10^{-6}。

（2005）的方法和 Nel 与 Cooper（2009）对化石能源未来供应的假设，研究显示 21 世纪的全球增温也能达到破坏性的程度，即全球增温超过 2℃。但随后 Ward 和 Nel（2011）坚持了 Nel 和 Cooper（2009）的分析结论，指出 Zecca 和 Chiari（2010）对 Archer（2005）的方法理解并不正确。为了进一步说明其观点，他们建立了一个模型，该模型是基于 Archer（2005）的文章中的模型改进而来。此模型的分析显示，与历史观察到的 CO_2 浓度相比，该模型显著高估了大气中的 CO_2 排放。Ward 和 Nel（2011）最后总结指出，不管选择哪种碳循环模型，考虑化石燃料约束，未来的碳排放都无法实现政府间气候变化专门委员会中高碳排放情景。Chiari 和 Zecca（2011）在综合分析当前若干研究和主要能源机构最终可采资源量假设的基础上，对化石能源供应进行了分析，并利用被以往政府间气候变化专门委员会评估报告所使用的耦合的气体循环/气候模型（温室气体变化评估模型）对未来气候变化进行了研究。结果显示，未来全球 CO_2 浓度将上升到 480ppm（445～540ppm），而与此同时，相应的全球平均温度将上升 1.2℃（0.9～1.6℃）（与 2000 年相比）。这一结论显示化石能源枯竭情景下的预测结果显著低于政府间气候变化专门委员会绝大多数情况下的预测结果，从这一点上其认同 Nel 和 Cooper（2009）的研究结论，但尽管如此，全球气温仍然可能超过警戒线。

总的来看，目前学术界供应侧排放驱动下的气候变化影响研究尚处于起步阶段，研究数量较少，研究结论既有统一的一面，也有分歧的一面。具体而言，所有的研究都认为，资源约束下全球化石能源供应显著低于政府间气候变化专门委员会碳排放情景中的高碳排放情景假设，因此导致未来排放和气候评估要低于政府间气候变化专门委员会模拟结果上限。然而有差异的地方在于：一是自然生产状态下，供应侧约束能否将气候变化控制在可接受的范围内（即将 CO_2 浓度控制在 450ppm，或将温度上升控制在 2℃以内）；二是全球 CO_2 浓度变动能否在本世纪（即 21 世纪）达到高峰或趋于稳定。

引起这种差异的原因可以归结为三方面，即资源假设、研究目的和预测方法。资源假设方面，除了 Tans（2009）考虑非常规石油资源的潜在贡献以外，绝大多数的研究对资源的假设和探讨仅停留在常规化石能源资源层面[如 Doose（2004）]，或认为非常规化石能源资源未来供应很少[如 Brecha（2008）]；尽管 Tans（2009）考虑了非常规石油，但其并未对非常规石油供应进行单独分析，而是直接将这一部分资源量加到常规石油资源量当中，然后预测总的供应。在曲线拟合方法中，这一种处理技术很可能高估了短期的总供应，而降低了长期的供应能力。原因是常规石油的开发已经非常成熟，其资源量可以较快地转变为产量；而非常规石油资源尽管资源量很大，但其大规模产出的出现是在中长期，而非短期。在研究目的方面，绝大多数研究都探讨在自然生产状态下，即不考虑需求减少或采取额外政治措施的情况下的气候变化。而 Kharecha 和 Hansen（2008）的目的则是探讨将全球气候变化控制在可接受水平下的可能性，因此，其排放情景设计中，对化石能源供应的假设限制极为苛刻，特别是煤炭，除了其 BAU（business-as-usual）情景对煤炭供应做出极为高的供应假设外，其余情景对煤炭都做出了极低的供应假设，指出煤炭的供应将在 2050 年降低到 0，而这显然是不切实际的。在预测方法方面，主要是供应预测方法和气候预测方法，有些研究对于供应的预测仅仅简单假设按照固定的速率增长或减少，如 Kharecha 和 Hansen（2008），有些则运用简单的单循环 Logistic 方法，如 Nel 和 Cooper（2009）。对于气候预测方法，一些研究仅仅使用单一的未耦合的气候预测模型，且是基于实证数据而非主流机构建议的模型，如 Nel 和 Cooper（2009）；有些也使用了单一的未耦合的气候预测模型，但却是来自研究气候变化的主流机构建议的模型，如 Kharecha 和 Hansen（2008）；个别研究运用了耦合的气候预测模型，但模型参数有待更新，如 Chiari 和 Zecca（2011）。

因此，在一致的研究目的下，合理考虑非常规化石能源的贡献，选择更为适宜的预测技术（供应预测方法和气候预测方法）来分析供应侧排放驱动下的气候变化将是未来研究的重点。

1.3 主要研究内容与拟解决的关键问题

1.3.1 相关说明及研究假设

1. 对可用资源的说明

可用资源（resources availability）在本书中定义为在研究期内，当前或未来潜在技术经济条件下可以采出的资源数量，而非总地质资源量。

政府间气候变化专门委员会的排放情景特别报告碳排放情景中将可用资源界定为总地质资源量，并将其作为资源假设进行后续分析。然而，总地质资源量不可能被完全发现，进一步，发现的资源量也不可能被完全开采出来。同样，如果这些资源在数百年后才能实现大规模开发，那么对研究期（政府间气候变化专门委员会研究期为 21 世纪）也没有任何意义。本书将在研究期（21 世纪）内能够被经济技术开采的资源量界定为可用资源，用最终可采资源量表示。

2. 对可用资源与化石能源供应关系的说明

化石能源供应是流量问题，而非存量问题。可用资源决定了有多少资源能够转变为产量，但并不决定这一转变的速率（即年产量）。

在化石能源的生产方面，一些主流机构往往将可用资源量等同于供应量，认为大的可用资源，就意味着资源可以毫无约束地在给定的时间达到所需要的产出。例如，政府间气候变化专门委员会的排放情景特别报告排放情景声称"化石能源资源巨大的可用资源规模使得其能够满足人类未来数个世纪内的能源供应"（IPCC，2000）。然而，现实的状况并不与此一致。例如，在给定时间段内，一整桶水中有多少水能够流出来主要取决于水龙头的尺寸，而很少取决于桶的大小。进一步，随着水桶中水量的不断减小，单位时间流经水龙头的水量也会发生变化。化石能源开采有其自身的规律，在现实中，即使仍有大量资源剩余，产量也已经开始下降了。

3. 对化石能源消费的假设

化石能源消费引起的温室气体排放是整个气候变化研究的基础。对于未来化石能源消费，以政府间气候变化专门委员会为代表的主流机构在分析的时候，假设未来人类经济社会发展需求决定未来化石能源需求量，进一步决定其实际的消费量（隐含的前提假设是可用资源充足，且可用资源等同于供应），因此，有多大规模的需求，就有多大规模的消费。

根据本部分对可用资源和化石能源供应的说明，本书假设在长期内，化石能源消费存在一个上限，且该消费上限由化石能源最大供应潜力决定，称为资源约束上限。在这一资源约束上限范围内，需求可以成为决定消费的主要因素（正如 IPCC 的 SRES 排放情景中很多低情景描述的那样），且如果需求存在上限的话，消费也存在上限，称为消费约束上限。进一步，在理论上，消费约束上限决定的资源消费量不应超过由资源约束上限决定的最大可供消费的资源消费量。本书主要对 21 世纪内的资源约束上限进行研究，研究结果主要类比对象为 IPCC 开发的高资源消耗情景（如政府间气候变化专门委员会的《排放情景特别报告》中的 A1FI 情景和典型浓度路径情景中的 RCP8.5 情景），分析这些高资源消耗情景是否可信。

1.3.2 主要研究内容

本书的主要研究内容有以下几点。

1. 全球化石能源资源最终可采资源量分析

文献研究显示，所采用的最终可采资源量和预测方法的差异是众多影响产出结果因素中的最为重要的两个因素。进一步，对资源量的分析也是本书后续研究的基础。对于该部分的研究，首先将对世界范围内主要使用的几种资源评估分级分类体系进行总结和分析，在此基础上，结合本书的研究目的、所考虑的时间范畴及与相关主流研究的一致性，选择适合的资源分级分类体系。其次，以此体系为依据，从机构研究成果和学者研究成果两方面入手，搜集、汇总并分析全球及各地区化石能源储量、资源量、附加资源量及其总地质资源量的分布状况。最后，根据这些汇总分析结果，分析全球及各地区不同种类化石能源品种的最终可采资源量。

2. 常规和非常规化石能源产出预测模型研究

产出预测模型是影响化石能源产出预测结果的两大因素之一。本部分以目前应用最为广泛的曲线拟合模型为基础，首先从自然资源的增长模式分析开始，探讨在长期范畴内，化石能源资源开采采用的约束增长Ⅰ类（S形增长）和Ⅱ类（钟形曲线增长）曲线模式。其次，系统阐述这两类曲线增长模式下资源产出的预测理论、预测公式、预测步骤。再次，重点识别影响预测结果的四大因素，分析各个因素对最终结果的影响方式、影响程度。最后，构建考虑四类因素的多因素广义曲线拟合模型，并给出模型中相关因素的定量判断标准，以此模型来预测常规化石能源供应。对于非常规化石能源而言，针对其未来增长的不确定性，本书在借鉴他人研究成果的基础上，构建非常规化石能源产出预测的随机模拟模型。

3. 资源约束背景下全球分地区化石能源供应潜力研究

本部分将在最终可采资源量分析和化石能源产出预测模型研究的基础上，分地区、分品种对化石能源长期供应潜力进行研究。具体而言，首先按照地理分布对全球进行分区，将全球分为七大地区（即北美洲、中南美洲、非洲、欧洲、中东、亚太、独联体）。其次，对于常规化石能源，利用 F 检验对常规化石能源产出预测模型中的最优产量循环个数进行定量分析，利用历史产量数据和分析的最终可采资源量对常规化石能源的资源耗竭率进行统计分析，进而确定常规化石能源产出预测模型中的剩余资源最大耗竭率。对于非常规化石能源，根据建立的非常规化石能源产出预测模型的要求，首先结合文献及相关行业报告，确定不同类别、不同地区非常规化石能源初始产量，其次根据文献调研及本书分析结果确定产量的初始指数增长率。

4. 供应侧排放驱动情景下全球气候变化趋势研究

首先利用文献调研的方法，分析气候模拟与碳排放情景的关系，厘清碳排放情景对于降低气候模拟不确定性的作用及碳排放情景与化石能源供应的联系。其次，以本书定量研究的全球化石能源长期供应潜力和根据2000年后学术界和工业界对全球化石能源长期供应能力研究结果，结合不同种类化石能源碳排放因子，设计六种不同的碳排放情景，并对不同情景所反映或代表的内涵进行阐述。再次，在综合介绍相关气候模拟方法的基础上，选用温室气体变化评估模型（MAGICC 6.3）作为基准方法，以实现与主流机构研究结论在统一平台的比较研究。最后，选用基于相关学术文献研究的三种类型的Bern碳循环（Bern Carbon Cycle, BernCC）系列模型和三种实证系列模型作为辅助方法，以实现与学术界相关研究的比较，分析学界内部研究差异性的原因及与主流结构研究的差异性，从而系统分析供应测驱动排放情景下全球气候变化的趋势。

1.3.3 拟解决的关键科学问题

一是在资源汇总分析方面，如何做到对可用资源的合理考量。可用资源是影响化石能源供应的最重要因素，这种可用资源在不同阶段表现形式是不同的，在中短期，可用资源更多地表现为当前经济可采的储量，然而在长期内，必须适当考虑当前虽经济不可采，但未来有可能转变为可采的资源量。

二是在化石能源供应方面，除了可用资源外，哪些因素、通过何种渠道、在多大程度上对最终产出预测结果产生影响，如何通过对这些因素的合理考量来降低模型预测的不确定性，提高模型预测的准确性。对于非常规化石能源而言，在缺乏历史产量数据的情况下，如何采用一个理论上较为合理的方法来度量其对总产出的贡献。

三是在全球气候变化评估方面，作为全球CO_2排放主力的化石能源，其所具有的不可再生的特性如何在长期内影响气候变化，这种影响是否显著，更进一步是否显著到能够使得全球气候变化得到有效缓解（即不超过警戒线）？如果资源约束是切实存在的，对于现行的相关能源和气候政策而言，其将面临什么样的潜在风险，对其改进有什么样的启示？

参 考 文 献

陈元千. 1996. 广义翁氏预测模型的推导与应用. 天然气工业, 16（2）: 22-26.
冯连勇, 陈大恩. 2009. 国际石油经济. 北京: 石油工业出版社.

冯连勇，孙文宇，胡燕，等. 2010a. 有关国家和地区已着手应对石油峰值.中国能源，32（8）：6-8.

冯连勇，王建良，赵林. 2010b. 预测天然气产量的多循环模型的构建及应用.天然气工业，30（7）：114-116.

林而达,刘颖杰. 2008. 温室气体排放和气候变化新情景研究的最新进展.中国农业科学,41(6)：1700-1707.

翁文波. 1984. 预测论基础. 北京：石油工业出版社.

Aleklett K，Höök M，Jakobsson K，et al. 2010. The peak of the oil age–analyzing the world oil production reference scenario in world energy outlook 2008. Energy Policy, 38(3)：1398-1414.

Alley R B，Marotzke J，Nordhaus W D，et al. 2003. Abrupt climate change. Science，299（5615）：2005-2010.

Anderson K B，Conder J A.2011. Discussion of multicyclichubbert modeling as a method for forecasting future petroleum production. Energy & Fuels, 25（4）：1578-1584.

Archer D. 2005. Fate of fossil fuel CO_2 in geologic time. Journal of Geophysical Research, 110（C9）：1-6.

Arnell N W，Livermore M J L，Kovats S，et al.2004. Climate and socio-economic scenarios for global-scale climate change impacts assessments：Characterizing the SRES storylines. Global Environmental Change，1（4）：3-20.

Arnell N W, Lowe J A, Brown S, et al. 2013. A global assessment of the effects of climate policy on the impacts of climate change. Nature Climate Change, 3：512–519.

Arnold R. 1916. The Petroleum Resources of the United States.Washington, D. C.：Smithsonian Institution：273-287.

BP. 2008. Statistical Review of World Energy 2008. London：British Petroleum Company.

Brandt A R. 2007.Testing hubbert. Energy Policy，35（5）：3074-3088.

Brecha R J. 2008. Emission scenarios in the face of fossil-fuel peaking. Energy Policy, 36（9）：3492-3504.

BTC. 2010. Peak Oil：Sicherheitspolitische Implikationen Knapper Ressourcen.Strausberg：Bundeswehr Transformation Center.

Campbell C J，Laherrère J H. 1998.The end of cheap oil. Scientific American，278（3）：60-65.

Charpentier R R. 2002. Locating the summit of the oil peak. Science，295（5559）：1470-1470.

Chiari L，Zecca A. 2011. Constraints of fossil fuels depletion on global warming projections. Energy Policy，39（9）：5026-5034.

Davis W. 1958. A study of the future productive capacity and probable reserves of the U S Oil & Gas

Journal, 56: 105-118.

Doose P. 2004. Projections of fossil fuel use and future atmospheric CO_2 concentrations.The Geochemical Society Special Publications, 9: 187-195.

Fisher F M. 1964. Supply and Costs in the United Sates Petroleum Industry. Baltimore: Johns Hopkins University Press.

Friedrichs J. 2011. Peak energy and climate change: the double bind of post-normal science. Futures, 43(4): 469-477.

Garrett T J. 2011. Are there basic physical constraints on future anthropogenic emissions of carbon dioxide? Climatic Change, 104(3-4): 437-455.

Grubb M. 2001.Who's afraid of atmospheric stabilisation? Making the link between energy resources and climate change. Energy Policy, 29(11): 837-845.

Heinberg R, Fridley D. 2010.The end of cheap coal. Nature, 468(7322): 367-369.

Hoel M, Kverndokk S. 1996. Depletion of fossil fuels and the impacts of global warming. Resource and Energy Economics, 18(2): 115-136.

Höök M, Sivertsson A, Aleklett K. 2010.Validity of the fossil fuel production outlooks in the IPCC Emission Scenarios. Natural Resources Research, 19(2): 63-81.

Höök M,Tang X. 2013. Depletion of fossil fuels and anthropogenic climate change: a review. Energy Policy, 52: 797-809.

Hotelling H. 1931.The economics of exhaustible resources. The Journal of Political Economy, 39(2): 37-175.

Hubbert M K. 1949. Energy from fossil fuels. Science, 9(2823): 103-109.

Hubbert M K. 1956. Nuclear energy and the fossil fuels. Meeting of the Southern Dsitrict, Division of production, American Petroleum Institute. San Antonio, Texas.

IEA.2008.World Energy Outlook 2008. Paris: International Energy Agency.

IEA.2010. World Energy Outlook 2010. Paris: International Energy Agency.

IPCC. 1990. Climate Change 1990: The IPCC Scientific Assessment. Cambridge: Cambridge University Press.

IPCC. 1992. Climate Change 1992: The Supplementary Report to the IPCC Scientific Assessment. Cambridge: Cambridge University Press.

IPCC. 1995. Climate Change 1995: The Science of Climate Change. Cambridge: Cambridge University Press.

IPCC. 2000. Special Report on Emissions Scenarios. Cambridge: Cambridge University Press.

IPCC. 2001. Third Assessment Report: Climate Change 2001: Synthesis Report. Cambridge:

Cambridge University Press.

IPCC. 2006. Further work of the IPCC on emission scenarios. Twenty-fifth Session of IPCC. Mauritius.

IPCC. 2007. Climate Change 2007: The Physical Science Basis. Cambridge: Cambridge University Press.

Kaufmann R K, Shiers L D. 2008. Alternatives to conventional crude oil: When, how quickly, and market driven? Ecological Economics, 67（3）: 405-411.

Kerr R A. 2011. Peak oil production may already be here. Science, 331: 1510-1511.

Kharecha P A, Hansen J E. 2008. Implications of "peak oil" for atmospheric CO_2 and climate. Global Biogeochemical Cycles, 22（3）: 1-10.

Laherrère J H. 2000. Is USGS 2000 assessment reliable? Cyberconference of the World Energy Council (WEC). London.

Maggio G, Cacciola G. 2009. A variant of the Hubbert curve for world oil production forecasts. Energy Policy, 37（11）: 4761-4770.

Mattis J N. 2010.The Joint Operating Environment (JOE) 2010. Washington, D C: Department of Defense of U.S.

Miller R G. 2011. Future oil supply: The changing stance of the International Energy Agency. Energy Policy, 39（3）: 1569-1574.

Mohr S H, Evans G M. 2007a. Mathematical model forecasts year conventional oil will peak. Oil and Gas Journal, 105（17）: 45-46.

Mohr S H, Evans G M. 2007b. Model proposed for world conventional, unconventional gas. Oil & Gas Journal, 105（47）: 46-51.

Mohr S H, Evans G M. 2010. Combined generalized Hubbert-Bass model approach to include disruptions when predicting future oil production. Natural Resources, 1（1）: 28-33.

Mohr S H, Evans G M. 2011. Long term forecasting of natural gas production. Energy Policy, 39（9）: 5550-5560.

Moss R H, Edmonds J A, Hibbard K A, et al. 2010. The next generation of scenarios for climate change research and assessment. Nature, 463（7282）: 747-756.

Murray J, King D. 2012 .Climate policy: Oil's tipping point has passed. Nature, 481（7382）: 433-435.

Nel W P, Cooper C J. 2009. Implications of fossil fuel constraints on economic growth and global warming. Energy Policy, 37（1）: 166-180.

Nel W P, van Zyl G. 2010. Defining limits: Energy Constrained economic growth. Applied Energy,

87（1）：168-177.

Newbery D. 2011. Oil shortages, climate change and collective action. Philosophical Transactions of the Royal Society A：Mathematical. Physical and Engineering Sciences, 369（1942）：1748-1761.

Olien D D, Olien R M. 1993.Running out of oil：Discourse and public policy, 1909- 1929. Business and Economic History, 22（2）：36-66.

Patzek T W, Croft G D. 2010. A global coal production forecast with multi-Hubbert cycle analysis. Energy, 35（8）：3109-3122.

Pindyck R S, Rubinfeld D L. 1998. Econometric models and economic forecasts. McGraw-Hill, 47（3）：205–211.

Ravetz J. 2004. The post-normal science of precaution. Futures, 36（3）：347-357.

Rogelj J, Meinshausen M, Knutti R. 2012. Global warming under old and new scenarios using IPCC climate sensitivity range estimates. Nature Climate Change, 2（4）：248-253.

Rutledge D. 2011. Estimating long-term world coal production with logit and probit transforms. International Journal of Coal Geology, 85（1）：23-33.

Sorrell S, Miller R, Bentley R, et al. 2010a.Oil futures：A comparison of global supply forecasts. Energy Policy, 38（9）：4990-5003.

Sorrell S, Speirs J, Bentley R, et al. 2010b.Global oil depletion：A review of the evidence. Energy Policy, 38（9）：5290-5295.

Sorrell S, Speirs J, Bentley R, et al. 2012. Shaping the global oil peak：A review of the evidence on field sizes, reserve growth, decline rates and depletion rates. Energy, 37（1）：709-724.

Sorrell S, Speirs J, Bently R, et al. 2009. Global oil depletion：An assessment of the evidence for a near-term peak in global oil production. London：UK Energy Research Centre.

Stott P A, Kettleborough J A. 2002. Origins and estimates of uncertainty in predictions of twenty-first century temperature rise. Nature, 416（6882）：723-726.

Tang X, Zhang B S, Höök M, et al. 2010. Forecast of oil reserves and production in Daqing oilfield of China. Energy, 35（7）：3097-3102.

Tans P. 2009.An accounting of the observed increase in oceanic and atmospheric CO_2 and an outlook for the future. Oceanoraphy, 22（4）：26-35.

Vernon C, Thompson E, Cornell S. 2011. Carbon dioxide emission scenarios：Limitations of the fossil fuel resource. Procedia Environmental Sciences, 6：206-215.

Wainwright J, Mulligan M. 2013. Environmental Modelling：Finding Simplicity in Complexity. 2nd ed. New Jersey：Wiley-Blackwell .

Wang J L, Feng L Y, Zhao L, et al. 2011. A comparison of two typical multicyclic models used to forecast the world's conventional oil production. Energy Policy, 39 (12): 7616-7621.

Ward J D, Mohr S H, Myers B R, et al. 2012. High estimates of supply constrained emissions scenarios for long-term climate risk assessment. Energy Policy, 51: 598–604.

Ward J D, Nel W P. 2011. Comment on fossil-fuel constraints on global warming by A. Zecca and L. Chiari [Energy Policy 38 (2010) 1–3]. Energy Policy, 39 (11): 7464-7466.

Ward J D, Werner A D, Nel W P, et al. 2011. The influence of constrained fossil fuel emissions scenarios on climate and water resource projections. Hydrology and Earth System Sciences, 15 (6): 1879-1893.

Webster M D, Babiker M, Mayer M, et al. 2002. Uncertainty in emissions projections for climate models. Atmospheric Environment, 36 (22): 3659-3670.

Zecca A, Chiari L. 2010.Fossil-fuel constraints on global warming. Energy Policy, 38 (1): 1-3.

Zerta M, Schmidt P R, Stiller C, et al. 2008. Alternative World Energy Outlook (AWEO) and the role of hydrogen in a changing energy landscape. International Journal of Hydrogen Energy, 33 (12): 3021-3025.

第 2 章　化石能源资源的可耗竭性

化石能源资源约束的根源在于其不可再生特性或可耗竭特性，而这些特性又是由其资源形成与富集、分类、开发等多种要素决定的。如果对化石能源资源本身的这些要素缺乏了解，就很难准确地理解其约束性。本章将围绕这些要素展开，首先从化石能源成因来阐述其资源的绝对有限性；从所形成资源的分类明确常规和非常规化石能源的差异及其对开发利用的意义；从储量与资源量的界定来展示在地质条件下所形成的总的资源中，哪种类别的资源对于未来的开发利用有决定性的意义；从化石能源开采的微观物理机理分析为什么资源的供应不可能无限制增长，而是存在约束的。

2.1　化石能源资源的形成

化石能源资源主要包括石油、天然气和煤炭。化石能源资源目前是全球能源供应的主力，占到整个一次能源供应的80%以上，且在未来数十年，仍将维持这一绝对地位（IEA，2012）。了解化石能源资源的形成对于理解其资源的有限性和开采规律有着重要的意义。

2.1.1　油气形成与富集

1. 油气成因说

目前有关油气成因的假说主要有两种，即有机成因论和无机成因论（滕吉文等，2009）。前者是目前被广为接受的成因理论。根据有机成因论，油气是由植物或低等生物残骸，在地壳长期缓慢的沉降过程中不断压实增厚或在深水中沉积，并在细菌等的作用下，经过数百万年的演化而形成的。在有机成因说中，又有早期成因说和晚期成因说之分（西北大学地质系石油地质教研室，1979）。前者认为原始的沉积有机质在成岩作用早期就能够转换为烃类，形成油气；而后者认为沉积有机质在成岩作用早期首先形成干酪根（kerogen），然后在一定的深度和温度下，干酪根进一步热降解，形成油气。

图 2.1 描述了按照沉积有机质的生存环境及其性质划分的油气有机成因说。海相生油说（出现于 19 世纪 70 年代）是在有机成因说发展过程的早期占据主导地位的成因理论，该理论认为生油的源岩（即烃源岩）形成于海洋环境，世界上已发现油气田中的绝大多数都属于此类（戴金星，2001）。陆相生油说（出现于 20 世纪 20 年代）主要是由我国学者提出的，认为大陆环境（如陆相湖泊）也可以形成烃源岩，该理论是我国油气勘探的基础。海相生油说和陆相生油说的本质是相同的，都认为油气是由沉积在烃源岩中的中低等生物残骸沉积而成的腐泥型有机质形成的，具有高的氢碳比（戴金星，2001）。

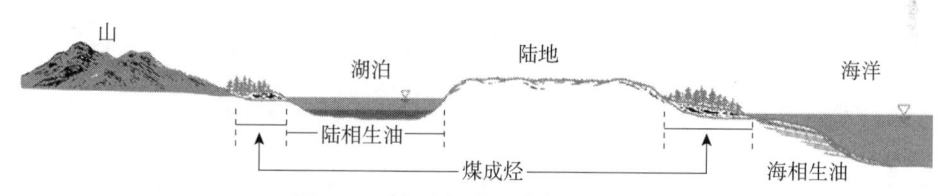

图 2.1　油气有机成因说的三种类型

资料来源：由网络资料"油气成因和烃源岩"中图片加工制作

煤成烃理论（出现于 20 世纪 40 年代）是继陆相生油说之后，学界提出的又一理论。该理论认为，煤或煤系地层中分散或集中的陆源有机质（以高等植物残骸沉积所形成的腐殖型有机质为主，具有低的氢碳比），在煤化作用的过程中，生成的液态（煤成油）或气态（煤成气）烃类。对于煤成油气比例的相关研究显示，煤系成烃主要以气态烃为主（即天然气）（戴金星，1979）。煤系源岩中生成的天然气，如果向外运移离开源岩并在适宜的圈闭中聚集，则有可能形成工业气藏；如果没有运移到烃源岩外部，而是吸附在烃源岩内部，这部分气则被称为煤层气（coal-bed methane，CBM）（赵文智等，2009）。

2. 沉积有机质的成烃演化

沉积有机质是油气生成的初始物质，主要组分包括类脂化合物、蛋白质、碳水化合物和木质素等（王荣华等，2000）。其中，由富含类脂化合物和蛋白质的中低等生物残骸在缺氧的条件下分解和聚合而形成的沉积有机质称为腐泥型有机质。而由富含木质素和碳水化合物的高等植物在有氧条件下分解、聚合产生的有机质称为腐殖型有机质。

根据沉积有机质的性质变化过程，可以将有机质的成烃演化分为三个主要阶段

（图2.2），即成岩作用阶段、后生作用阶段和变生作用阶段（张厚福和张万选，1989）。与此对应的有机质的成熟程度分别为未成熟阶段、成熟阶段和过成熟阶段。

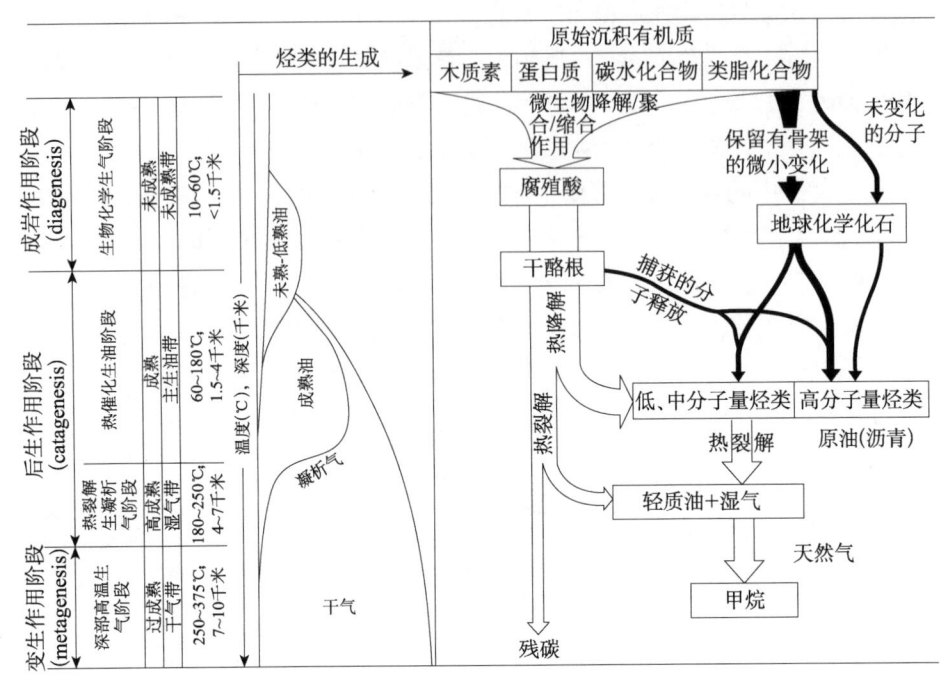

图2.2 有机质成烃演化的一般模式（据Tissot和Welte（1984）、张厚福和张万选（1989）绘制）
地球化学化石代表了深部烃类的第一种来源（以黑色箭头表示）；干酪根的降解作用代表了烃类的第二种来源（以白色箭头表示）

在成岩作用阶段，细菌等微生物的降解起主要作用，但伴随着埋深的增加，细菌的作用会逐渐减弱并最终趋向于终止，进而演化为地质聚合物，即干酪根，并保存在沉积岩中。干酪根是原始沉积有机质在成岩作用下形成的新生沉积有机质中的不溶于碱、非氧化性酸和非极性有机溶剂的分散有机质（叶文青等，2009）。除了产生干酪根外，成岩作用阶段也会产生烃类和挥发性气体，如甲烷、CO_2等。而到成岩作用后期，随着埋深的加大，温度向60℃临近，也会生成少量的液态石油。

后生作用阶段可以细分为两个阶段：一个是热催化生油阶段，即在热力和催化作用下，干酪根转变为大量的石油和湿气，并产生一些挥发性物质；另一个是热裂解生凝析气阶段，即上一阶段的残留干酪根在热力的作用下，碳碳键断裂，液态烃急剧减少，生成凝析气和湿气。

变生作用阶段是有机质演化的最后一个阶段，该阶段以高温高压为典型特征。在这一阶段，已形成的液态烃和重烃气强烈裂解，形成热力学上最稳定的甲烷。上一阶段的干酪根残渣在本阶段释放出一定量的甲烷后，进一步缩聚，形成碳沥青或石墨。

3. 油气运移、成藏及油气田的形成

具有生烃能力的岩石称为烃源岩，由烃源岩构成的地层则称为生油层。沉积有机质在生油层中转变为分散的油气之后，还必须经过一定的运移，并在特定的环境下（圈闭）聚集下来，这样才能够形成具有潜在商业可开采性的油气藏。这里的"运移"一般包括初次运移（即从生油层到储集层的运移）和二次运移（进入储集层以后的运移）。"特定的环境"是指圈闭（trap），即能阻止油气继续运移并能在其中聚集的场所。圈闭一般包括三部分：①能够储存油气的储集岩；②在储集岩之上，存在能够防止油气散失的盖岩；③能够有效阻止油气进一步运移的遮挡物，如由于地层变形所形成的背斜或断层等（陈荣书，1994）。图 2.3 显示的就是典型的背斜油气藏。

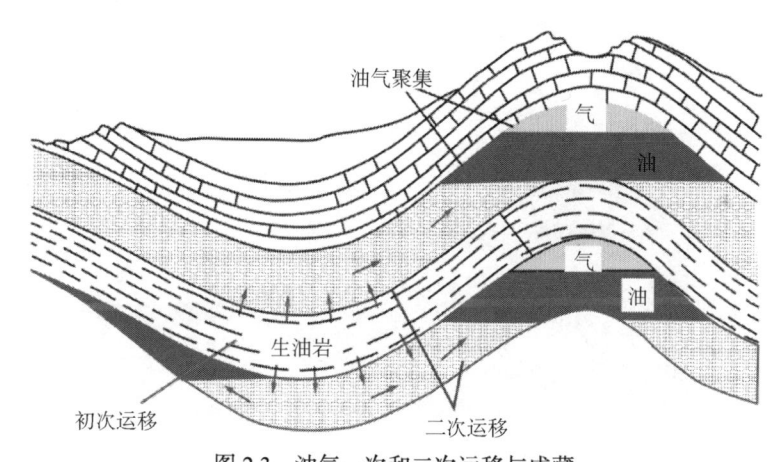

图 2.3 油气一次和二次运移与成藏

资料来源：由网络资料"石油与天然气的运移"中的图片加工制作

因此，只有当油气通过生油层运移到圈闭之后，才可能形成油气藏；油气藏是地壳中最基本的油气聚集单位。当油气藏中聚集的油气数量足够大，并具有商业开采价值时，才能称为工业油气藏。

油气田是指由单一地质构造（或地层）控制下的同一产油气面积范围内的一组油气藏的组合。一个油气田可能有一个或多个油气藏。在同一面积内主要为油藏的称油田，主要为气藏的称气田。油气田是油气生产系统的基本单位。

2.1.2 煤炭形成与富集

同油气一样，煤炭也是由有机物体（主要是高等植物）的遗骸堆积、埋深，在泥炭沼泽中，经过数百万年的复杂的物理及化学变质作用而形成的。这一过程大体可以分为两个阶段（孙万禄等，1997），第一个阶段是泥炭化作用（peatification）阶段，即原始植物残骸向泥炭转变的过程。在这一阶段，枯死的植物体不断在沼泽中堆积，并在细菌的作用下不断分解并发生相互作用，最终形成淤泥物质，即泥炭（peat）。第二个阶段是煤化作用（coalification）阶段，即由泥炭向褐煤、烟煤和无烟煤转变的过程。这一阶段可以进一步分为两个过程：第一个过程是成岩作用，主要是在压力的作用下，使泥炭不断被压实、失水、胶体老化和固结，同时其化学组分也相应出现缓慢变化，从而逐渐形成比重较大且较为致密的褐煤。第二个过程是变质作用，主要是在温度的作用下，辅以压力条件，使褐煤逐渐转变为烟煤和无烟煤。最后，如果存在更高的温度，可以进一步转变为超无烟煤，并变质生成半石墨或石墨，如图2.4所示。

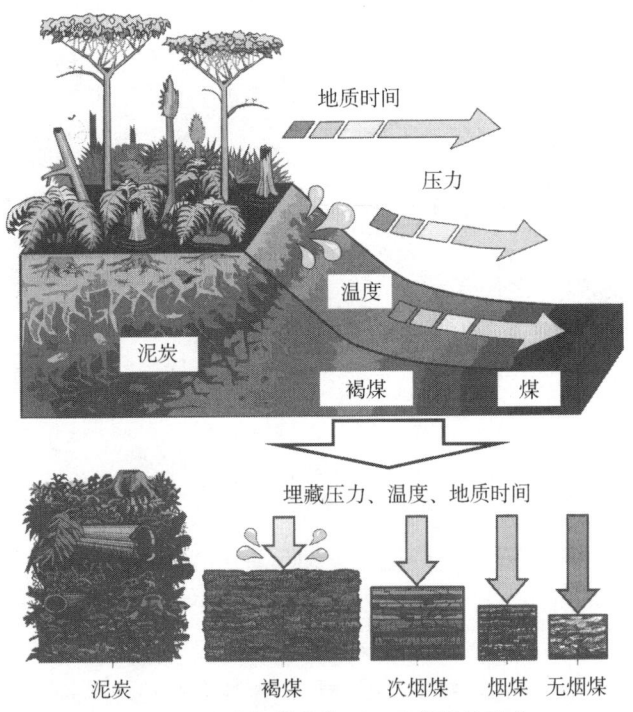

图2.4 泥炭化与煤化作用以及煤炭的形成

资料来源：http://www.uky.edu/KGS/coal/coalform_download.htm

2.2 化石能源分类

在化石能源形成过程中,具体地质条件的差异使最终形成的化石能源在资源品质、开采成本等诸多方面存在较大差异,而这种差异与其未来开发直接相关。因此,本部分对已形成的化石能源类别进行分析,并将分析结果将作为后续预测的基础。

2.2.1 石油分类

石油一般常被分为两类,即常规石油和非常规石油。不同机构或个人对两者进行区分的角度、标准等都存在或多或少的差异。例如,有些学者利用经济和技术标准对其进行划分(张抗,2008)。然而,这种划分方式首先与对资源和储量的划分视角重合,容易造成混乱;其次,由于经济和技术本身是在不断发生变化的,使此类划分方法下的常规和非常规资源也将随时间的推移而改变。

笔者借用德国联邦地球科学和自然资源研究所的分类标准(BGR,2009),以 API 度(API gravity)对石油进行划分,如式(2.1)所示:

$$\rho_A = \frac{141.5}{\rho_S} - 131.5 \qquad (2.1)$$

其中,ρ_A 表示 API 度;ρ_S 是石油的相对密度,即在一个标准大气压,60℉(15.6℃)的石油密度与 60℉(15.6℃)的水密度的比值。

一般将 API 度大于 10 的石油称为常规石油,该类别的石油种类主要有重油(API 度为 10~20)、中质原油、轻质原油;此外,天然气液(natural gas liquids, NGLs)通常也包括在常规石油当中。API 度小于 10 的石油统称为非常规石油,这一类主要包括超重油(extra heavy oil)、天然沥青(natural bitumen)[或油砂(oil sands)]和页岩油(shale oil)(BGR,2009)。按照这一定义,目前已在美国实现规模开发的(广义)致密油并不属于非常规石油,因为致密油的 API 度大于 10(郭永奇,2013)。事实上,国际能源署在 2012 年以前都将(广义)致密油资源和产量计入常规石油当中(IEA,2011a),但近些年来,随着美国(广义)致密油的迅速发展,一些学者和机构也将(广义)致密油作为非常规石油资源来看待,开始单独评估其资源量。例如,国际能源署在 2012 年(含)以后就将(广义)致密油作为非常规石油(IEA,2012),而国际能源署也开始对美国及全球主要地区的(广义)致密油资源进行评估(EIA/ARI,2013)。因此,笔者考虑这一新的趋势将(广义)致密油作为一种非常规石油资源。

2.2.2 天然气分类

天然气也可以区分为常规天然气和非常规天然气。常规天然气是目前世界天然气供应的主力，大约占到全球天然气市场份额的85%以上（IEA，2012）。一般来说，常规天然气是从那些能够清晰界定、高渗透储层开采出的资源。相对于非常规天然气，常规气天然气能够比较容易地流动到井筒并被开采出地面，一般只采用垂直井就可以对其进行有效开发，且采收率一般在80%以上（Gracceva et al.，2012）。

非常规天然气是指那些利用常规储层的标准钻井和开采技术难以有效开发，而必须借助额外的技术或采取额外的过程才能有效开发利用的资源。非常规天然气资源通常储存于渗透率较低的储层。为了实现非常规天然气的商业化开采，必须采取必要的气井增产措施，如对页岩气开采使用的水力压裂措施等。正是由于非常规天然气开采难度非常大，所以其采收率也显著低于常规天然气。就目前来看，全球范围内，非常规天然气的平均采收率为15%～30%（Moniz et al.，2010）。

非常规天然气的种类较多，比较典型且被认为在可预见的未来具有较大开发潜力的几种非常规天然气资源分别是致密气（tight gas）、页岩气（shale gas）和煤层气。其中，致密气是指赋存在砂岩层中且有效渗透率低于0.1毫达西的天然气（Fletcher，2005），其埋藏深度一般不超过4500m。页岩气是指赋存于页岩储层中的天然气，与致密气藏相似的是，页岩气藏的储层渗透率也非常低。因此，致密气和页岩气的开发都往往依赖于高压压裂储层，从而增加孔隙度和渗透率。煤层气实际上是未运移到烃源岩外部的煤成气。

除了上述几种非常规天然气之外，一些机构也区分了其他一些种类的非常规天然气，如天然气水合物（gas hydrates）（Kvenvolden and Lorenson，2001）、深储层气或盆地中心气（gas in deep reservoirs，basin-centered gas，或者 deep gas）（Law，2002）和水溶性天然气（aquifer gas 或 water-dissolved gas）（王雪吾和刘济民，1994）。其中天然气水合物是天然气与水在高压低温的环境下所形成的类冰状结晶物质，主要分布于深海沉积物当中。深储层气通常是指埋藏深度超过4500米，处于高温高压下，且含硫量高、储层渗透率低，利用传统的浅层技术难以开采的天然气。由于该类型的天然气一般存在于盆地中心气系统（basin-centered gas systems，BCGS）中，因此，也被称为盆地中心气（basin-centered gas）。水溶性天然气是指那些溶解或分散在地下水层中的甲烷气。通常，这种甲烷的溶解度很低，深度小于1000m的水体中的气体溶解量非常低（每立方米水含0.3～3.0m^{3}的甲烷），不具经济开采价值。但随着深度的增加，甲烷在水体中的含量也会随之增加,每立方米水中甲烷往往能够达到 10~15m³。在构造压力高的地区,甚至能够达到 90m³。据估计,该类气体的资源量是当前常规天然气储量的两个数量级以上,但尽管已经运用了许多新的技术,预计在非常长的时期内,此类气体中仍仅有非常小的一部分能够实现商业可采(IIASA,2012)。

2.2.3 煤炭分类

对于煤炭而言,很难像油气资源那样被分为常规和非常规资源。在国际上,一般按照煤炭的煤化作用阶段,将其分为四种,即褐煤、次烟煤、烟煤和无烟煤(EIA,2013;KGS,2006)。褐煤,即煤化程度最低的煤炭,易碎、水分多,含碳量为 25%~35%,发热量最低;次烟煤的煤化程度仅高于褐煤,发热量高于烟煤但低于无烟煤,含碳量为 35%~45%;烟煤的煤化程度高于次烟煤,是在高温高压下形成的,含碳量在 45%~86%,发热量也要高于次烟煤;无烟煤是煤化程度最高的煤炭种类,其形成所需的压力和温度比烟煤还要高,含碳量也高达 86%~97%,发热量也最高。对于不同级别煤炭的发热量及具体分类,不同的国际机构给出的信息也不尽相同,表 2.1 总结了几个国际机构对煤炭的分类。鉴于此,笔者在后续计算煤炭资源及供应时,不对各级别煤炭进行单独列示。

表 2.1 不同国际机构基于发热量的煤炭资源分类 (单位:MJ/kg)

分类		褐煤	次烟煤	其他烟煤	无烟煤
IPCC	95%置信区间	5.50~21.6	11.5~26.0	19.9~30.5	21.6~32.2
	默认值	11.9	18.9	25.8	26.7
BGR		褐煤/软褐煤	硬煤		
			硬褐煤	烟煤	无烟煤
		<16.5	16.5~25.0	25.0~36.0	>36.0
WEC		褐煤	次烟煤	烟煤(含无烟煤)	
		N/A*			
USA-ASTM		褐煤	次烟煤	其他烟煤	无烟煤
		<19.3	19.3~26.7	26.7~32.6	N/A*
IEA		褐煤		硬煤	
		褐煤	次烟煤	其他烟煤	无烟煤
		<17.4	17.4~23.9	>23.9	
UN-ECE		低阶煤		高阶煤(硬煤)	
		褐煤	次烟煤	其他烟煤	无烟煤
		<20	20~23.9	>23.9	

注:N/A*表示原机构没有给出该值;WEC 表示世界能源委员会;USA-ASTM 表示美国材料与试验协会;UN-ECE 表示联合国欧洲经济委员会;MJ/kg 表示兆焦/千克。

资料来源:ASTM(2000);UN-ECE(2002);IPCC(2006);BGR(2009);WEC(2010);IEA(2011b)。

2.2.4 本书采用的化石能源分类及范畴界定

笔者将化石能源分为常规化石能源和非常规化石能源。常规化石能源包括常规石油、常规天然气和煤炭。常规石油主要由常规原油（即 API 度大于 10 的原油，包括重油、中质原油和轻质原油）和天然气液构成。

非常规化石能源包括非常规石油和非常规天然气。非常规石油包括超重油、油砂、页岩油和（广义）致密油。需要注意的是，如果按照 API 度大于 10 的分类来看，（广义）致密油并不属于非常规石油，但正如前文所述，将（广义）致密油作为非常规石油主要是为了与 IEA 等主流机构的分类一致。对于非常规天然气，本次研究主要包括致密气、页岩气和煤层气。虽然天然气水合物具有巨大的地质资源潜力，但目前对其地质资源量的估计差异极其巨大，且多数学者认为这一类型的资源的大规模商业开发要在 21 世纪末或更远的时期实现。因此，鉴于巨大的资源不确定性和超越本次研究评估期（本次研究期为 21 世纪以内）的资源开发潜力，并没有将天然气水合物考虑在内。此外，对于水溶性天然气而言，虽然资源潜力也非常大，但直到目前，对其的认识仍然非常有限，且相关研究也显示，即使在非常长的时期内，此类气体仍难以实现商业开发，因此，该类型非常规天然气也排除在本次研究的范畴之内。

2.3 化石能源资源/储量分类

化石能源资源通常被分为两种类别：储量和资源量。然而，不同的细分体系使得对储量和资源量的定义、评估等都有着较大差异，这种差异的存在使研究者在从事相关研究之前，必须首先确定其使用的分类体系及其合理性，这样才能增加其后续研究结论的可靠性。

目前，全球范围内的资源/储量分类体系总的来说可以分为三类：第一类由负有监管职能的证券交易机构发行，如美国证券交易委员会（U S Securities and Exchange Commission, SEC）针对相关上市公司发行的储量准则，其对储量评估的确定性要求非常高，且仅包含探明储量（proved reserves）；不过从 2009 年后，美国证券交易委员也开始引入概算储量（probable reserves）和可能储量（possible reserves）。第二类主要由政府所属机构发布，如挪威石油管理局（Norwegian Petroleum Directorate, NPD），该类资源分类体系往往包括发行政府所在国所涉及的所有资源或储量分类，且对储量等的界定也根据国家意志的差异而有所不同，不同国家间也难以比较。第三类则是由一些国际性或具有国际代表性的机构发行，如联合国化石能源和矿产资源分类框架（The United Nations Framework Classification for Fossil Energy and Mineral Resources，UNFC）和石油工程师协会/世界石油委员会/美国石油地质学家协会/石油评估工程师协会的分类框架，此类体系也是目前唯一具有全球普遍使用准则的分类体系。

以下主要介绍一些国际层面的资源分类体系和一些主要数据统计与发布机构所采用的资源/储量分类标准。

2.3.1 石油资源管理系统

石油资源管理系统（petroleum resource management system，PRMS）是由美国石油工程师协会（Society of Petroleum Engineers，SPE）、世界石油委员会（World Petroleum Council，WPC）、美国石油地质学家协会（American Association of Petroleum Geologists，AAPG）和石油评估工程师协会（Society of Petroleum Evaluation Engineers，SPEE）等多个机构联合制定发布的资源管理分类体系（SPE/AAPG/WPC/SPEE，2007）。目前，该资源管理系统是国际石油工业界运用最为广泛的资源分类体系之一，其资源分类体系可由图 2.5 表示。

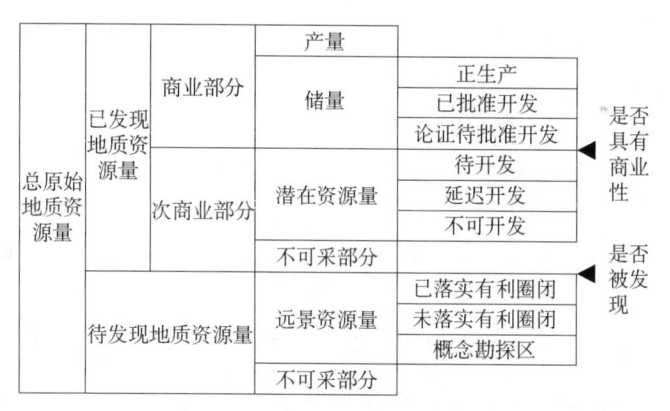

图 2.5 PMRS 资源分类框架

石油资源管理系统将储量分为三个类别：探明储量（proved reserves，P1）、概算储量（probable reserves，P2）和可能储量（possible reserves，P3），并将不同类别储量之和分别定义为 1P 储量（proved reserves）（90%的概率）、2P 储量（proved reserves + probable reserves）（50%的概率）和 3P 储量（proved reserves + probable reserves+ possible reserves）（10%的概率）。

石油资源管理系统将资源量区分为两大类：潜在资源量（contingent resources）

和远景资源量（prospective resources）。潜在资源量是指对于已发现储层中的资源，虽然现在由于经济条件等不能够开采，但在未来（一个给定日期内）能够预期潜在开采出来的那部分资源。远景资源量是指对于那些尚未发现的储层资源，能够在未来（一个给定日期内）预期潜在开采的资源。根据不确定性，潜在资源量和远景资源量都可以同储量一样进行再划分。

通过分析可以看出，无论是储量还是资源量，都是在未来一段时期内，能够潜在开采出来的资源。总的原始地质资源量（resources in place）或总资源量（total resources）并不等于可以开采出来的数量。

2.3.2 联合国化石能源和矿产资源分类框架

联合国化石能源和矿产资源分类框架对煤炭和油气的分类有所不同。对于煤炭资源，其将剩余的资源（总资源量减去累计产量）分为两类：矿石储量（mineral reserves）和矿石资源量（mineral resources）（UN-ECE，2004）。然后又利用三维代码（即从经济可行性、项目可行性、地质可行性三个维度）对不同类别进行细分。

对于油气资源，联合国化石能源和矿产资源分类框架对剩余资源（总资源量减去累计产量）的分析与石油资源管理系统类似，包括储量、潜在资源量、远景资源量和不可采量，并用三维代码对储量、潜在资源量和远景资源量进行进一步细分。

2009年，联合国欧洲经济委员会出版了新的统一的资源分类框架，但在这一框架体系中，基本上全部使用代码对不同阶段的资源进行分类，且不强调哪些代码类别可归为储量，哪些可以归为资源（UN-ECE，2009）。

2.3.3 德国联邦地球科学与自然资源研究所资源/储量分类体系

德国联邦地球科学与自然资源研究所是全球主要的能源资源数据统计与发布机构之一。德国联邦地球科学与自然资源研究所将化石能源资源划分为两个类别：储量和资源量（BGR，2009）。对油气而言，其资源量与石油资源管理系统相似，都是指能够在当前或未来预期潜在可采的资源（包括已发现储层和未发现储层的资源）。对于煤炭，其界定与联合国化石能源和矿产资源分类框架相似，都是指那些除储量以外的所有剩余资源。

此外，德国联邦地球科学与自然资源研究所将储量与资源量之和称为剩余资源潜力（remaining potential resources）（对于油气资源而言）或总资源量（对煤炭资源而言);将累计产量、储量和资源量之和称为估计的最终可采资源量(estimated ultimate recovery, EUR)(对于油气资源而言),如图2.6所示。

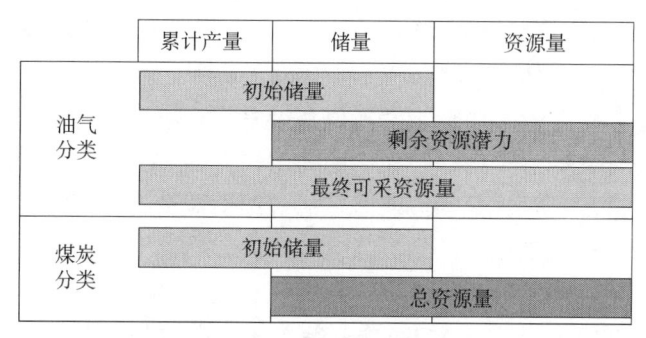

	累计产量	储量	资源量
油气分类		初始储量	
		剩余资源潜力	
		最终可采资源量	
煤炭分类		初始储量	
		总资源量	

图2.6 德国联邦地球科学与自然资源研究所资源分类体系

2.3.4 世界能源委员会资源/储量分类体系

世界能源委员会并没有单独区分储量和资源量,在其发布的资源调查报告中,包括四个资源名词(WEC,2010)。

探明地质资源量(proved amount in place):是指在已知储层(known deposits/reservoirs)中,经详细探测与评估,认为在当前及未来可预期的经济条件下,利用现有技术可以开采出的剩余地质资源量。

探明可采储量(proved recoverable reserves):是指在探明地质资源量中,能够最终利用现有技术,在当前及未来可预期经济条件下开采出来的油气数量。

估计的附加地质资源量(estimated additional amount in place):是指探明地质资源量以外,在未来可预期的经济条件下,推定(indicated)或推测(inferred)的地质资源量。这类地质资源量包括那些存在于已知储层但尚未被勘探的地质资源量,也包括那些尚未发现的资源及那些通过地质条件假设存在的资源量。但不包括假想资源量(speculative resources)。

估计的附加可采储量(estimated additional reserves recoverable):是指地质或工程信息显示的在估计的附加地质资源量中,那些在未来可能能够开采的资源。

此外,对于已知储层,除了报告探明地质资源量和探明可采储量外,世界能源委员会还报告概算地质资源量(probable or indicated amount in place)和概算可采储量(probable or indicated recoverable reserves),以及可能地质资源量(possible or inferred amount in place)和可能可采储量(possible or inferred recoverable reserves)。

2.3.5 本书所用资源/储量分类体系

IPCC（2000）所使用的资源分类基础主要来源于 Rogner（Rogner，1997；Gregory and Rogner，1998）。而 Rogner（1997）的资源分类则是基于 McKelvey 提出的资源/储量分类体系。McKelvey（1972）认为，对于绝大多数的行业从业者而言，往往会更多地关注近中期的资源及其供应状况；然而，对于其他的一些决策者，如国家甚至国际事务谈判中的协作方，往往要关注中长期内的资源及其潜在供应状况。而要考察长期潜在的资源供应情况，对现有可用资源的研究（如储量）是不够的，还必须对那些目前尚未发现的资源（即待发现资源量）及那些虽然已经被发现，但当前不具可采性的资源加以适当考虑。为此，McKelvey（1972）提出了"McKelvey 箱"式分类体系，来考虑那些在长期内具有潜在供应能力的资源。Rogner（1997）对这一分类体系进行了改进，并将资源分为了三大类别：储量、资源量和附加资源量（additional occurrences）（图 2.7）。

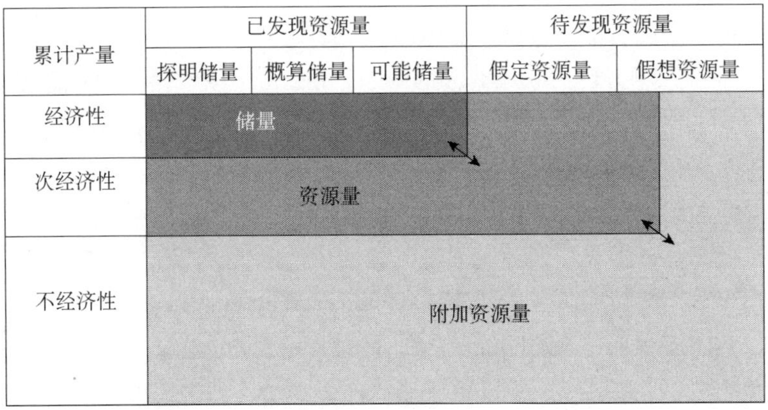

累计产量	已发现资源量			待发现资源量	
	探明储量	概算储量	可能储量	假定资源量	假想资源量
经济性	储量				
次经济性	资源量				
不经济性	附加资源量				

图 2.7 "McKelvey 箱"式资源/储量分类

（根据 McKelvey（1972）和 Rogner（1997）制作）

已发现资源量也可写为查明资源量；探明储量相当于确定储量；概算储量相当于推定储量；可能储量相当于推测储量

该分类体系与其他分类体系的比较如图 2.8 所示。可以看出该分类体系中的储量与其他分类体系类似，资源量的界定与德国联邦地球科学与自然资源研究所类似，主要差异表现在附加资源量上。事实上，对 McKelvey 分类体系中的三种资源类别理解如下。

储量是指在目前经济与技术条件下，在给定的时间内，从已知储层中能够有效开采出来的资源数量。

资源量则是指在未来一定的时间内，在预期的技术和经济条件改善的情况下，能够实现商业开采的资源数量，既包括已发现储层中尚不能开发利用的资源，又包括目前尚未被发现的资源。

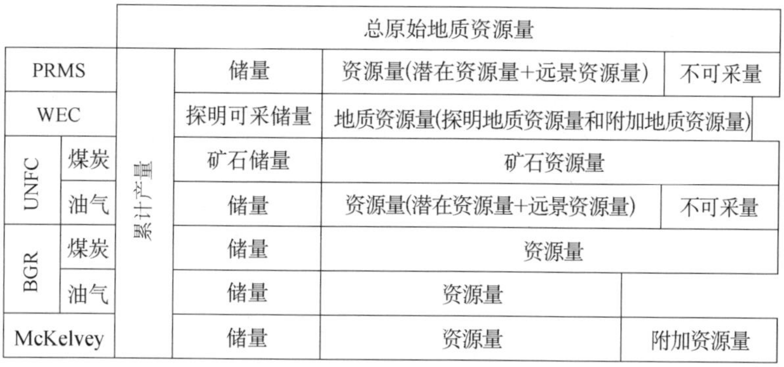

			总原始地质资源量	
PRMS		储量	资源量(潜在资源量+远景资源量)	不可采量
WEC		探明可采储量	地质资源量(探明地质资源量和附加地质资源量)	
UNFC	煤炭	矿石储量	矿石资源量	
	油气	储量	资源量(潜在资源量+远景资源量)	不可采量
BGR	煤炭	储量	资源量	
	油气	储量	资源量	
McKelvey		储量	资源量	附加资源量

(左侧纵向标注：累计产量)

图 2.8　化石能源资源分类体系对比
图中的方格长度与实际资源量大小并不成比例

附加资源量则是扣除累计产量、储量、资源量之后的所有地质资源量。

需要指出的是，这里资源量已经体现了 McKelvey 对长期内具有潜在供应能力的资源的适当考虑。比较 Mckelvey（1972）原始的分类表和 Rogner（1997）改进的分类表，新增了附加资源量这一类别。虽然，我们并不否认附加资源量中也可能存在可以被商业开采的资源，但实现这一商业开采的时间，可能已超过了决策者所考虑的时间跨度。例如，政府间气候变化专门委员会的《排放情景特别报告》的排放情景考虑的时间范围为 2100 年以前的这段时间，这意味着，在此以后才能实现大规模开发的油气资源并不能对决策者的实际决策产生任何具有价值的意义。Rogner（1997）在其文章中也指出，列示附加资源量更多的只是体现其资源分类的完整性，但由于多种因素的限制，这部分资源很可能在 21 世纪末仍难以被有效利用，也正因为由于这一原因，很多机构并没有将这部分类别的资源列入未来潜在可供应的资源之列。

本次研究主要包括资源约束下化石能源供应在长期内的变化情况，并分析这种变化对气候变化的影响。这里的长期界定为 2100 年以前，这意味着，只有那些能够在 2100 年以前有很大的预期能够被商业开采，且具有显著开采规模的资源类别才能够计入本次研究的考虑范畴之内。在资源类别的划分上，为了与政府间气候变化专门委员会保持一致，本次研究也采取"Mckelvey 箱"式分类体系。虽然在随后章节中，资源统计方面，也可能包括附加资源量这一资源类别，但正如前所述，这一资源类别并不是本次研究的重点，对储量和资源量的分析才是本次研究的重点。

与 Rogner（1997）的定义相似，笔者也将储量与资源量之和定义为资源基础

(resources base)或剩余资源潜力(remaining potential)。而将累计产量、储量、资源量之和定义为最终可采资源量。

2.4 化石能源资源开采模式

开采活动是将富集于地下的化石能源资源转变为市场供给的必要过程。受资源有限性的影响，开采过程遵循其自有的特殊规律或模式。由于对化石能源资源的开采本身就是产出增长的一种体现，本部分将首先从自然资源的增长模式入手，然后结合油、气、煤所具有的特性，阐述其开采模式。

2.4.1 自然资源的增长模式

增长几乎是自然界最为普遍的一种现象。而几乎所有的增长都可以分为三类：无约束增长、约束增长Ⅰ类（S形增长型）和约束增长Ⅱ类（钟形曲线增长型）(Patzek，2008；Höök et al.，2011)（图2.9）。

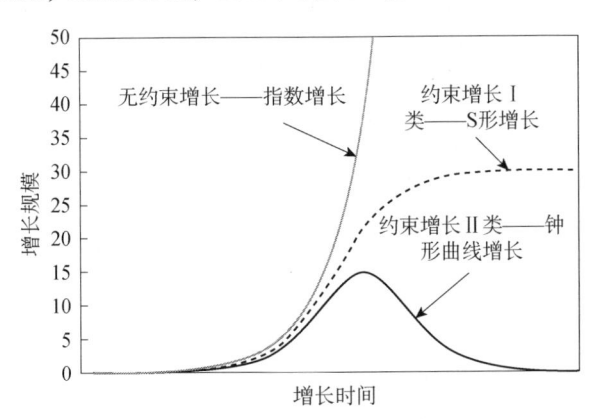

图 2.9 自然资源增长的三种模式

图中描述的曲线形状仅是一个例子；增长定义为单位时间内流量的变化，如年产量等

一般而言，几乎所有的无约束增长都没有充分考虑现实中的自然约束，最终导致无限增长趋势。对于不可再生的自然资源而言，如笔者所探讨的化石能源，利用无约束增长模式显然是不合适的，特别是对于长期的资源供应而言。然而，该类增长模式却经常被一些经济学家视为"毋庸置疑的信念"或"基本的假设"。例如，有些经济学家虽然承认地球存在资源物理约束，但并不认为这种约束会对经济产生限制（Simon，1998）；有些经济学家认为经济增长不一定需要自然资源（Solow，1974）；有些则认为人类的创造力是巨大的，能够克服一切可能的物理

约束，从而保障人类需求的持续增长（Radetzki，2009）。事实上，这种理念已经不是基于事实的分析，而更多的是一种"信念"。

在现实中，很多系统中的增长往往最终会受一些因素的限制，这些限制因素共同构成了事物发展的边界。例如，法国科学家 Verhulst 在 1838 年就提出，人口的增长将最终达到一定的饱和水平（即不能超过由环境、资源等形成的承载能力），这个饱和水平就形成了增长的上界（Verhulst，1838）。地球本身就是一个限制因素，地球边界的存在使得污染的排放增长、人类对资源的需求增长、资源开采的增长都将面临约束（Rockström et al.，2009）。事实上，所有发生于现实中的增长都受到一些自然法则的约束。

约束增长 I 类描述的是一种类似于 S 形增长的模式，即在增长开始到随后的一段时期内，增速持续增加，但当增加到一定程度后，再随着时间的推移，增速就将开始放缓，并最终趋向于 0，增长达到其上边界。增速的最大点是整个增长过程的拐点（inflection point）。这类增长常见于生态系统中，如前面提到的人口增长。此外，在能源系统中，很多可再生能源增长也表现出类 S 形增长；不可再生的化石能源资源其累计产出的增长也符合此类增长。

约束增长 II 类描述的一种类似于钟形曲线的增长模式，即在增长开始及随后的一段时期内，增长表现为正增长，当到达一定程度后（即增长的高点），随着时间的推移，增长转为负增长。其中，增长的高点就是该过程中的拐点。对于不可再生的自然资源，其供应增长往往表现为此种类型的增长。

2.4.2 油气开采模式

油气田的产量最终来源于单个的油气生产井。因此，分析油气生产模式，必须对油气井的生产过程有一定的了解。

地下富集的油气资源存在于高压环境下的油气储层的微小孔隙当中，当油气井钻到储层之后，由于井筒压力小于储层压力，在压力差的作用下，储层中的油气流到井筒，随后被开采出来。如果初始储层压力足够大，那么不借助外力，直接就可以将地下油气开采出来，这就是一次采油。许多早期发现的巨型油田，都存在一次采油的现象，且能维持较长时间。例如，大庆油田早期的生产井就存在这种情况。但一旦开始生产，地下压力就会开始下降，这意味着产量就将减少，所以，递减是油气井生产的基本规律，描述油气井产量递减的三种基本递减曲线是由 Arps（1956）提出的，即指数递减、双曲递减和调和递减。为了弥补或减缓储层压力的下降，往往需要人为补充压力，典型的方法就是向储层注水，这类开发称之为二次采油，也是全球油田普遍采用的开采方法。目前，大庆油田境内的新钻生产井几乎在开始生产之时就要进行注水。在注水开发到达一定程度后，如含水率在90%以上，继续注水已经不能够提高产量，这时，往往会向储层注一些化学及其他物质，或采用其他方法来缓解产量的下降，统称这类方法为三次采油。

  图2.10（a）描绘了指数递减曲线下单口井的生产规律。对于一个油田而言，显然不会只有一口生产井，随着生产井不断投产，产量也将不断增加，但是产量的增长却不是无限的。在"小油田"模型中［图2.10（b）］，产量增长到一定程度后，便开始以指数递减形式下降。但如果油田比较大，生产井数量非常多，则油田产量就可能表现出类似于图2.10（c）中的平台型，非常典型的例子就是我国的大庆油田。当然，大油田也有可能表现出如图2.10（d）所示的情景。由于地质环境的差异，不同类型、规模的油气田的具体生产曲线并不完全一致，但一个基本特征是，产量会经历从低到高，然后再从高到低的过程［图2.10（c）和图2.10（d）］，即钟形曲线。

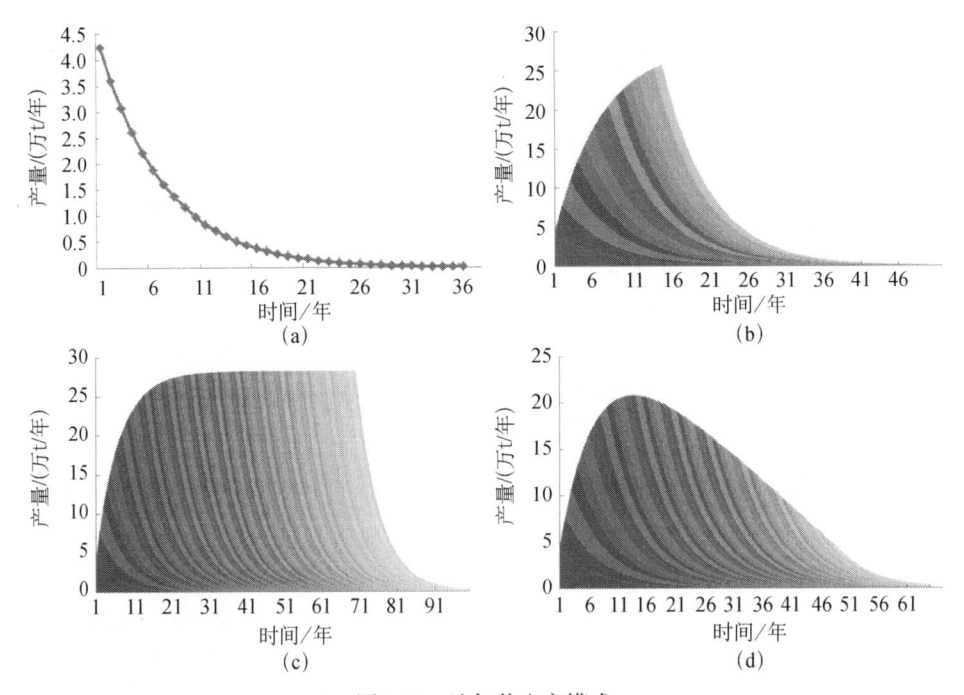

图2.10 油气井生产模式

图中所描绘的产量曲线是基于指数递减模型分析得出；(a) 单口井的产量曲线，其中，假设单口井的最终可采资源量=30万t，初始产量为5万t/a，递减率为15%；(b) 一个仅有15口井的"小油田"的情况，其中每口井都与(a)中描述的一样，且每口井的投产时间相隔1年；(c) 一个包含70多口井的"大油田"，每口井与(a)一样，投产时间相隔1年；(d) 描述的与(c) 相似，唯一不同的是每口井的最终可采资源量不是固定的，而是随着时间的推移而减小，后一口井比前一口井最终可采资源量减小0.1万t

2.4.3 煤炭开采模式

煤炭的开采一般可分为露天（地表）开采和地下开采两种。当矿层距离地表比较近时，往往通过露天开采的方式对其进行开采。而在开采之前，通常首先需要运用吊斗铲或其他相关的设备将煤矿的上部及周围的覆盖层（包括浮土和围岩等）予以剥离。与地下开采相比，露天开采方式对煤炭资源的回采率比较高，成本也相对较低。然而，露天开采也受一些因素的限制，如剥采比。剥采比越高，意味着为了开采煤矿所需剥离的覆盖层也越多，不断增加的剥离量将不断增加开采成本，从而降低开采经济性。因此，随着露天开采的继续，剥采比也会不断上升，当上升到一定程度之后，露天开采就失去了其经济性，从而转为地下开采。

由于绝大多数的煤炭都埋藏于距离地表较远的储层，不得不依赖于地下开采技术或手段，才能利用这些煤炭。与露天开采相比，地下开采则更为复杂，成本也更高，且煤炭回采率比较低，因为需要预留一定的煤量来支撑上覆地层。

就全球而言，目前超过 40%的煤炭采用露天开采方式，60%的煤炭则利用地下开采的方式（WCI，2005）。不同的开采方式对煤炭开采的经济性、技术要求等都有很大的影响，而这些也都将进一步影响煤炭的可回收量。

尽管煤炭的开采与油气存在差异，然而，作为不可再生性的化石能源，其开采量也遵循钟形曲线增长模式。图 2.11 显示了英国和日本的煤炭及德国硬煤的产量，基本也符合钟形曲线的增长模式。

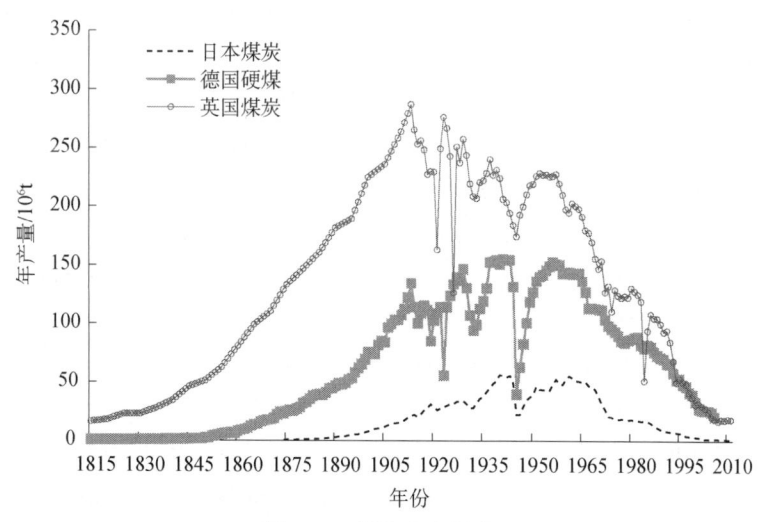

图 2.11 煤炭生产模式

参 考 文 献

陈荣书. 1994. 石油及天然气地质学. 武汉：中国地质大学出版社.

戴金星. 1979. 成煤作用中形成的天然气和石油. 石油勘探与开发, 6（3）：10-17.

戴金星. 2001. 油气地质学的若干问题. 地球科学进展, 16（5）：710-718.

郭永奇. 2013. 巴肯致密油特征研究及对我国致密油勘探开发的启示. 辽宁化工, 42（3）：309-317.

孙万禄，应文敏，王树华，等. 1997. 煤层气地质学基本问题的探讨. 石油与天然气地质, 18（3）：189-194.

滕吉文，阮小敏，张永谦，等. 2009. 沉积盆地、结晶基底和油、气成因理念与第二深度空间勘探和开发. 地球物理学报, 52（11）：2798-2817.

王雪吾，刘济民. 1994. 我国水溶性天然气资源分析与预测. 天然气工业, 14（4）：18-21.

王荣华，侯启军，徐树宝，等. 2000. 油气地质学新进展. 北京：石油工业出版社.

西北大学地质系石油地质教研室. 1979. 石油地质学. 北京：地质出版社.

叶文青，蔡进功，樊馥，等. 2009. 泥质烃源岩密度分级分离与有机碳分配. 高校地质学报, 15（4）：547-556.

赵文智，王红军，钱凯. 2009. 中国煤成气理论发展及其在天然气工业发展中的地位. 石油勘探与开发, 36（3）：280-289.

张厚福，张万选. 1989. 石油地质学. 2版. 北京：石油工业出版社.

张抗. 2008. 油价对非常规和替代石油发展的影响. 当代石油石化, 16（10）：7-10.

Arps J J. 1956. Estimation of primary oil reserves. Transaction of American Institute of Mining, Metallurgical, and Petroleum Engineers, 207：182-191.

ASTM.2000. Annual Book of ASTM standards（Section 5：Petroleum Products, Lubricants, and Fossil Fuels）. Conshohocken：American Society for Testing and Materials.

BGR. 2009. Energy Resources 2009：Reserves, Resources, Availability. Hannover：Bundesanstalt für Geowissenschaften und Rohstoffe.

EIA. 2013. Coal Basics 101. Washington, D C：Energy Information Administration.

EIA/ARI. 2013. Technically Recoverable Shale Oil and Shale Gas Resources：An Assessment of 137 Shale Formations in 41 Countries Outside the United States. Washington, D. C.：Energy Information Administration/ Advanced Resources International.

Fletcher S.2005. Unconventional gas vital to us supply. Oil and Gas Journal, 103（8）：20-25.

Gracceva F, Pearson I, Zeniewski P, et al. 2012. Unconventional gas：Potential energy market Impacts in the European Union. Circulation Arrhythmia & Electrophysiology, 1（3）：209-218.

Gregory K, Rogner H H. 1998. Energy resources and conversion technologies for the 21st century. Mitigation and Adaptation Strategies for Global Change, 3 (2/4): 171-230.

Höök M, Li J, Oba N, et al. 2011. Descriptive and predictive growth curves in energy system analysis. Natural Resources Research, 20 (2): 103-116.

IEA. 2011a. World Energy Outlook 2011. Paris: International Energy Agency.

IEA. 2011b. Coal Information (2011 Early Edition) - Documentation for Beyond 2020 Files. Paris: International Energy Agency.

IEA. 2012. World Energy Outlook 2012. Paris: International Energy Agency.

IIASA.2012. Global Energy Assessment: Toward a Sustainable Future. Cambridge: Cambridge University Press.

IPCC. 2000. Special Report on Emissions Scenarios. Cambridge: Cambridge University Press.

IPCC. 2006. 2006 IPCC Guidelines for National Greenhouse Gas Inventories Vloume 2: Energy. Hayama: Institute for Global Environmental Strategies (IGES).

KGS. 2006. Classification and Rank of Coal. Lexington: Kentucky Geological Survey.

Kvenvolden K A, Lorenson T D. 2001.The Global Occurrence of Natural Gas Hydrate. Washington, D C: American Geophysical Union.

Law B E. 2002. Basin-centered gas systems. AAPG bulletin, 86 (11): 1891-1919.

McKelvey V E. 1972. Mineral resource estimates and public policy: Better methods for estimating the magnitude of potential mineral resources are needed to provide the knowledge that should guide the design of many key public policies. American Scientis, 60 (1): 32-40.

Moniz E J, Jacoby H D, Meggs A J M. 2010. The Future of Natural gas. Massachusetts: Massachusetts Institute of Technology.

Patzek T W. 2008. Exponential growth, energetic Hubbert cycles, and the advancement of technology. Archives of Mining Sciences, 53 (2): 131-159.

Radetzki M. 2009. Råvarumarknaden (in Swedish). SNS Förlag, 461 (7263): 312.

Rockström J, Steffen W, Noone K, et al. 2009. A safe operating space for humanity. Nature, 461 (7263): 472-475.

Rogner H H. 1997. An assessment of world hydrocarbon resources. Annual Review of Energy and the Environment, 22 (1): 217-262.

Simon J L. 1998.The ultimate resource II: People, Materials, and Environment. Princeton: Princeton University Press.

Solow R M. 1974. The economics of resources or the resources of economics. The American Economic Review, 64 (2): 1-14.

SPE/AAPG/WPC/SPEE. 2007. Petroleum Resource Management System. Richardson: SPE Oil and Gas Reserves Committee (OGRC).

Tissot B P, Welte D H. 1984. Petroleum Formation and Occurrences. 2nd ed. Berlin: Springer and Verlag.

UN-ECE. 2002. International Codification System for Low-Rank Coal Utilization. Geneva: United Nations Economic Commission for Europe.

UN-ECE. 2004. United Nations Framework Classification for Fossil Energy and Mineral Resources. Geneva: United Nations Economic Commission for Europe.

UN-ECE. 2009. United Nations Framework Classification for Fossil Energy and Mineral Reserves and Resources 2009. Geneva: United Nations Economic Commission for Europe.

Verhulst P F. 1838. Notice sur la loi que la population suit dam son accroissement. Correspondence Mathematique et Physique, 10: 113-121.

WCI. 2005. The Coal Resource: A Comprehensive Overview of Coal. London: World Coal Institute.

WEC. 2010. 2010 Survey of Energy Resources. London: World Energy Council.

第3章 化石能源资源的可用性评估

在现实应用中，反映化石能源不可再生特性或可耗竭特性的重要变量就是资源可用性，严格意义上来说，这一可用性是在充分考虑考察期内技术、经济条件变化之后所评估出的在一定时期内能够最终开采出的资源数量，是累计产量、储量和资源量这三种类别的资源数量的总和。本书称之为最终可采资源量。由此可见，以地下可能富集的地质资源总量来反映资源可用性（政府间气候变化专门委员会的做法）或者仅仅采用累计发现储量（累计产量与储量之和）来反映资源可用性（很多学术界研究人员的做法）都是不合理的。本章将在全新的界定下，分国家、分地区全面系统地总结和分析不同类别的常规和非常规化石能源的资源可用性。

3.1 全球区域划分

全球可划分为七大区域，即北美洲（含格陵兰）、中南美洲、欧洲（含土耳其）、独联体地区、中东地区、非洲和亚太地区，如图3.1所示，后续对资源和供应的分析将以此七大区域为基础。需要指出的是，南极地区并没有包括在笔者的分析中。

图3.1 笔者所采用的地区分类

3.2 全球常规化石能源资源及其分布

常规化石能源资源是当前全球化石能源资源供应的主力，从细分类别来看，常规化石能源资源包括常规石油资源、常规天然气资源和煤炭资源，本部分将分别对这三类常规化石能源资源的资源可用性进行分析。

3.2.1 全球常规石油资源最终可采资源量分析

笔者对最终可采资源量的统计不仅考虑了"储量"，而且还考虑了在未来潜在可采的"资源量"，并认为"未来"很可能发生在2100年以前。因此，有理由相信笔者计算的最终可采资源量将显著高于学者预测所使用的最终可采资源量值（多数学者的最终可采资源量仅仅考虑了储量）。此外，本书中储量数据主要来自国际主流机构公布的最新结果，这些机构包括德国联邦地球科学与自然资源研究所、英国石油公司（British Petroleum, BP）、世界能源委员会、国际能源署和石油输出国组织（Organization of Petroleum Exporting Countries, OPEC）等。在获得这些储量数据之后，然后对其进行平均，得到本书所采用的储量数据。对于资源量，根据第2章的分析，只有德国联邦地球科学与自然资源研究所公布的油气资源量符合本书中所指的资源量，因此，该数据主要来自BGR。对常规石油的分析结果见表3.1（详细的分国家和地区的统计见本书附录A中的附表A.1）。需要指出的是，BP公司的数据中包含加拿大和委内瑞拉27.5Gtoe（1Gtoe为10亿t油当量）和35.25Gtoe的油砂和超重油等非常规石油资源，在笔者统计中扣除了这些数据的影响；世界能源委员会公布的最新资源调查结果也是2010年发布的，因此，表3.1中世界能源委员会的数据为2008年年底的数据。国际能源署的数据中也包括加拿大和委内瑞拉的非常规石油资源，表3.1也对其进行了剔除；此外，也扣除了石油输出国组织统计中所包括的委内瑞拉的超重油资源所对应的储量。根据分析，本书认为，全球常规石油资源的储量为168Gtoe，资源量为159Gtoe，资源基础为327Gtoe，总的最终可采资源量为492Gtoe。

表3.1 世界常规石油资源最终可采资源量 （单位：Mtoe）

区域	累计产量	储量	资源量	资源基础	最终可采资源量
欧洲	9366	1822	4644	6466	15834
独联体地区	25589	16041	27635	43676	68977
非洲	15163	17640	24010	41650	56807
中东地区	46006	105230	29925	135155	180262

续表

区域	累计产量	储量	资源量	资源基础	最终可采资源量
亚太地区	13415	5852	24532	30384	43540
北美洲	41549	6282	25527	31809	73585
中南美洲	15617	15271	22510	37781	52829
世界	166705	168138	158783	326921	491834

注：累计产量为2011年年底的结果；1Mtoe为百万吨油当量；原始数据来源、计算见附录A中的附表A.1。

图3.2比较了笔者所采用的最终可采资源量与其他国际机构、学者所建议的最终可采资源量。从图3.2中可以看出，学者和其他国际机构对最终可采资源量的估计值呈现出不断增长的趋势，特别是在1975年以前；但是在1975年之后，虽然评估值也在增加，但趋势明显放缓。通过比较可以发现，笔者所采用的最终可采资源量显著地高于绝大多数（95%左右）历史及现有研究中对最终可采资源量的估计值。

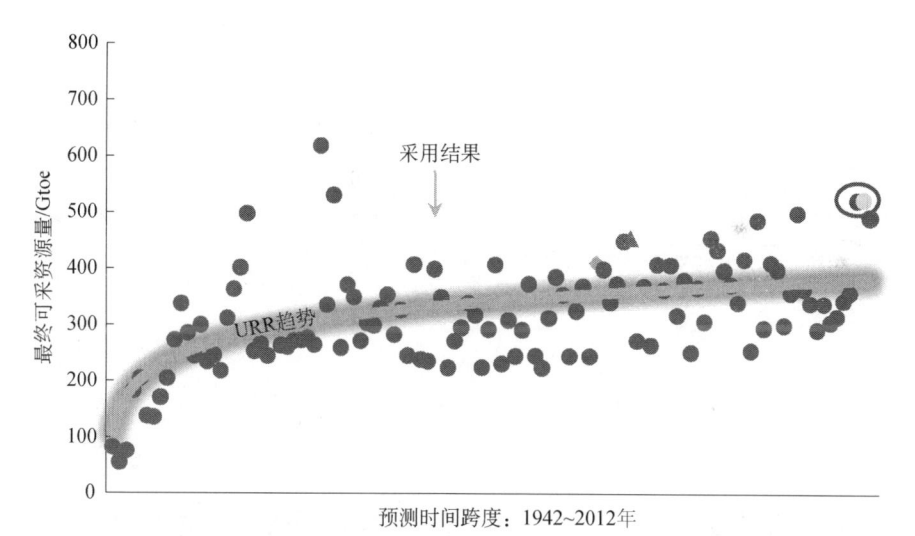

图3.2 世界常规石油资源（含天然气液）的最终可采资源量估计值

资料来源：Laherrère（2002a）；Rehrl和Friedrich（2006）；Mohr和Evans（2007a）；Brecha（2008）；Kharecha和Hansen（2008）；Tsoskounoglou等（2008）；Mohr和Evans（2008）；BGR（2009a）；Nel和Cooper（2009）；Kontorovich（2009）；Maggio和Cacciola（2009）；Mohr（2010）；Mohr和Evans（2010a）；Valero和Valero（2010，2011）；Gallagher（2011）；Wang等（2011）；Maggio和Cacciola（2012）；OPEC（2012a）；IEA（2012）

3.2.2 全球常规天然气资源最终可采资源量分析

常规天然气资源的分析考虑了储量和资源量的影响，最终分析结果见表3.2（详细的国家和世界常规天然气资源统计分析见附录 A 中的附表 A.2）。储量的分析仍然是基于多个数据源（德国联邦地球科学与自然资源研究所、英国石油公司、世界能源委员会、国际能源署和石油输出国组织），资源量基于德国联邦地球科学与自然资源研究所。需要指出的是，在储量分析的过程中，只有美国的储量数据扣除了非常规天然气储量（即页岩气、煤层气和致密气的储量），德国联邦地球科学与自然资源研究所储量中包括致密气的储量，其他数据源都包括部分或全部非常规天然气的储量，但由于这些数据源并没有做出清晰的解释，很难从中扣除这些非常规天然气储量。因此，表 3.2 中列示的常规天然气的储量可能略高于实际值。

表 3.2　世界常规天然气资源最终可采资源量　　　　　　（单位：Mtoe）

区域	累计产量	储量	资源量	资源基础	最终可采资源量
欧洲	10349	4087	4327	8414	18763
独联体地区	24498	57592	108946	166538	191036
非洲	3197	13135	29673	42808	46005
中东地区	5825	70235	38925	109160	114825
亚太地区	7259	14028	40199	54227	61485
北美洲	31179	4581	36268	40849	72028
中南美洲	3056	6779	18626	25404	28461
世界	85366	170437	276963	447400	532603

注：累计产量为 2011 年年底的结果；原始数据来源、计算见附录 A 中的附表 A.2。

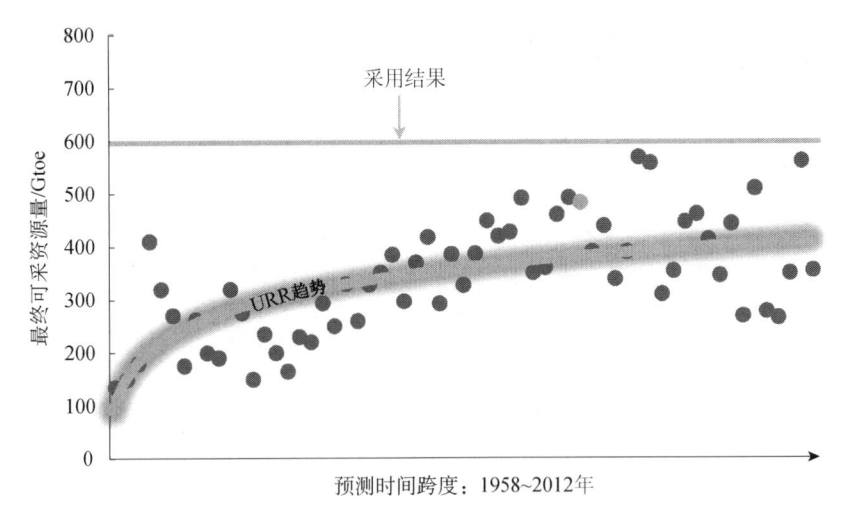

图 3.3　世界常规天然气资源的最终可采资源量估计值

资料来源：Laherrère（2002b）；Mohr and Evans（2007b）；Brecha（2008）；BGR（2009a）；Valero and Valero（2010，2011）；Mohr and Evans（2011）；Maggio and Cacciola（2012）；IEA（2012）

根据笔者的统计分析，全球常规天然气储量为170Gtoe，资源量为277Gtoe，资源基础为447Gtoe，总的最终可采资源量为533Gtoe。对比常规天然气和常规石油资源统计结果可以发现，无论是哪种层级的资源量，常规天然气都要高于常规石油。通过对比笔者对最终可采资源量的统计分析结果和历史及当前其他机构和学者的统计可以发现，笔者采用的最终可采资源量结果高于所有评估值（图3.3）。

3.2.3　全球煤炭资源最终可采资源量分析

世界煤炭储量的分析主要基于德国联邦地球科学与自然资源研究所、英国石油公司、世界能源委员会和国际能源署的数据，其中对于我国煤炭储量的分析，除了德国联邦地球科学与自然资源研究所之外，其他机构均采用了未更新的煤炭储量数据，这些数据大大地低估了我国煤炭的实际储量，造成这种问题的原因很多，一个很重要的原因就是我国资源分类与储量评估体系与国外存在着一定的差异，且我国很少连续性地公布其煤炭储量（Wang et al., 2013a, 2013b）。Wang等（2013a, 2013b）详细地分析了中国的煤炭储量和资源量，在与国际相匹配的资源分类体系下，探讨了中国的煤炭储量问题。因此，本书中有关我国煤炭储量的分析来自Wang等（2013a, 2013b）的研究。

对于煤炭资源量的分析，目前国际上尚无机构对其进行分析，德国联邦地球科学与自然资源研究所的报告中虽然有"资源量"这一类别的煤炭数据，但根据德国联邦地球科学与自然资源研究所的定义，该"资源量"与其公布的油气资源的"资源量"数据并不一致，煤炭的"资源量"数据实际上是指总的剩余煤炭地质资源量，而非未来潜在可采的资源量。只有Rogner（1997）在其1997年的文章中分析过全球主要区域的煤炭资源量，在他的分析中，其将煤炭分为五种资源级别，分别是级别A~E，并声称级别A对应于探明储量，级别B对应于概算储量，级别C对应于推定储量，级别D对应于推测储量，级别E对应于未发现资源量。但是通过分析其文章发现，Rogner的级别D并不属于推测储量，而是指20%的总的地质资源量，其余80%的地质资源量用级别E表示。对于后续储量和资源量的计算，Rogner（1997）根据上述五种资源类别计算，但是并没有说明如何计算，从数据结果来看，储量数据为级别A和级别C之和，而资源量的计算不仅包括了级别B、级别D及约30%的级别E，这显然是极不合适的，严重高估了储量和资源量，在这种情况下，其最终的资源量与储量的比值为2.38

（2397Gtoe/1003Gtoe）。

笔者对煤炭资源量的分析如下。

（1）对于剩余总的地质资源量少于储量的国家，假设资源量等于剩余总的地质资源量的50%。

（2）对于剩余总的地质资源量大于储量，但少于2倍的储量的国家，假设资源量等于储量。

（3）对于剩余总的地质资源量大于2倍储量的国家，假设资源量等于2倍的储量。

（4）当只有剩余地质资源量，尚无产量和/或储量的国家，资源量为剩余地质资源量的20%。

在这一假设下，结合对煤炭储量的分析，估计全球煤炭资源的最终可采资源量为1533Gtoe，其中储量为478Gtoe，资源量为893Gtoe，资源基础为1370Gtoe，附加地质资源量为9739Gtoe（表3.3）。

表3.3　世界煤炭资源最终可采资源量　　　　　　　　　（单位：Mtoe）

区域	累计产量	储量	资源量	资源基础	附加地质资源量	最终可采资源量
欧洲	54888	39991	70257	110248	329035	165135
独联体地区	18894	112335	207924	320259	1851651	339153
非洲	4473	16422	1870	18292	39098	22766
中东地区	26	601	1203	1804	18789	1830
亚太地区	46622	176968	352397	529365	3597744	575987
北美洲	37303	124768	249445	374214	3813785	411517
中南美洲	914	6440	9730	16170	13565	17084
世界	163121	477525	892826	1370352	9738636	1533473

注：附加地质资源量中包括南极洲的地质资源量，原始数据来源、计算见附录A中的附表A.3。

图3.4比较了笔者估计的煤炭资源的最终可采资源量与近期学术界有关世界煤炭最终可采资源量的研究结果，可以看出，笔者的估计结果显著高于当前所有有关煤炭资源最终可采资源量的估计。笔者有理由相信实际的最终可采资源量很难超过本书中的数值，特别是在全球煤炭储量不断下降的背景下（Heinberg and Fridley，2010）。

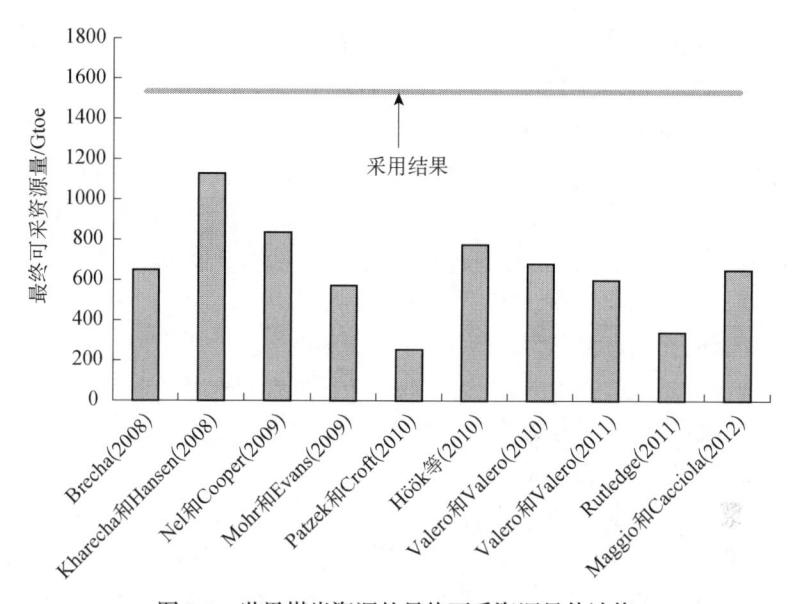

图 3.4　世界煤炭资源的最终可采资源量估计值

资料来源：Brecha（2008）；Kharecha 和 Hansen（2008）；Nel 和 Cooper（2009）；Mohr 和 Evans（2009）；Patzek 和 Croft（2010）；Höök 等（2010）；Valero 和 Valero（2010, 2011）；Rutledge（2011）；Maggio 和 Cacciola（2012）

3.3　全球非常规化石能源资源及其分布

非常规化石能源资源虽然在当前全球化石能源资源供给中所占比重较小，但在长期内，有可能在带动化石能源资源总供给增长中扮演重要作用。因此，本部分也将对非常规化石能源资源的资源可用性进行分析。

3.3.1　全球非常规石油资源最终可采资源量分析

根据第 2 章的界定，本书重点识别并分析四种非常规石油资源：页岩油、广义致密油（broad tight oil）、油砂（oil sands）和超重油。

这里的页岩油是指通过工业加热页岩来生产石油，这些加热的页岩中富含某种或某些类型的特定干酪根，对页岩加热能够使得干酪根转化为一定量的石油，此类富含干酪根的页岩称为油页岩（oil shale）。在中国，这种来自油页岩的石油也被称之为油页岩油（oil-shale oil）或页岩油（Zou et al., 2013）。

此外，页岩油还被用来指代另外一种石油资源，但这种资源却与从上面提到的来自油页岩的页岩油完全不同。为了了解这种资源，首先需要解释一下致密油（tight oil）的概念。

致密油的概念是从国外兴起的，国外所说的致密油一般指两种类型储藏的石油：一种是富集于页岩和黏土岩中的，另一种是富集于其他类型的岩石储层之中（IEA，2011；BGR，2012）。对于第一种岩石储层中的石油，其并没有被运移出烃源岩，即烃源岩既是生油层又是储集层。由于这一类岩石储层多是页岩，来自这些储层的原油也被称为页岩油（BGR，2012）。对于第二种岩石储层中的石油，其已经从烃源岩中运移出来，只是运移的距离非常小，且运移出来之后又聚集在其他渗透率非常低的岩石储集层中，如砂岩和碳酸盐岩（IEA，2011；BGR，2012）。来自这一类储层的原油也被称为致密油（周庆凡和杨国丰，2012）。准确界定这两种不同类型的资源是非常困难的，因为在现实中它们经常交叉（BGR，2012）。因此，许多国际研究机构往往将这两种类型的资源通称为致密油，用 tight oil 表示（IEA，2011；NEB，2011；BGR，2012）。

我国多数学者经常分别分析这两种类型的资源（Jia et al.，2012；邹才能等，2012）。进一步将富集于第一种岩石储层中的原油称为狭义页岩油，而将富集于第二种岩石储层中的原油称为狭义致密油（narrow tight oil）（周庆凡和杨国丰，2012；张抗等，2013）。除此之外，我国学者用广义致密油来指代富集于这两种类型的原油资源（周庆凡和杨国丰，2012；张抗等，2013）。可见，国外通常说的致密油与我国所说的广义致密油相似。而广义致密油与从油页岩中生产出来的页岩油或干酪根油是完全不同的两个概念。广义致密油（包括狭义页岩油）是本质上原油已经生成，只是其富集的储层具有低渗透性的特点，需要利用与生产页岩气相似的技术，如水平井和多阶段水力压裂技术等开采出来的石油资源。而油页岩中富集的并非已经成熟的原油，而是原油的前体物——干酪根，仍需经过加热等措施使其转化为原油。

在以往的勘探开发中，很多国家或机构都将广义致密油看成常规石油。例如，在 2012 年以前，在 IEA 的年度旗舰报告——《世界能源展望》中，把致密油资源量和产量都划归入常规石油当中（IEA，2011）。由于近些年兴起的美国页岩革命（美国兴起的页岩革命，并不是指来自油页岩的页岩油，而是指广义致密油和致密气），使得致密油被世界所关注，且由于其采用与致密气相似的技术，而致密气被看成非常规天然气，作为与致密气相对应的资源品种，广义致密油也被看成是非常规石油。基于此，在 2012 年以后的 IEA 的《世界能源展望》中，将广义致密油划归入非常规石油类别（IEA，2012）。对于我国而言，致密油的概念是后来引进过来的，但在此之前，我国就有了特低渗透油，而根据张抗等（2013）的分析，国际上近些年所说的致密油相当于国内长期以来开采的低渗透油（李自琴，2013）。同时，在我国的常规石油资源评价中，包括大量的低渗透和特低渗透油资源（国土资源部油气资源战略研究中心，2010）。

将广义致密油作为一类非常规石油资源，但包含此类资源量的结果很可能会使一部分资源重复计算，因为以往的一些学者在统计常规石油资源时已统计了部分此类资源。

本书所称的页岩油，仅指代那些通过加热油页岩而生产出的原油。最终分析得出的全球页岩油资源统计如表3.4所示。具体的分国家数据详见附录B中的附表B.1。根据分析，全球页岩油最终可采资源量为157Gtoe，其中储量为626.7Mtoe，资源量为156.48Gtoe。

表3.4 世界页岩油资源最终可采资源量 （单位：Mtoe）

区域	累计产量	储量	资源量	资源基础	附加地质资源量	总地质资源量	最终可采资源量
非洲	—	15	350	365	22952	23317	365
北美洲	—	260	136426	136686	167077	303762	136686
中南美洲	—	13.4	409	423	11371	11794	423
亚太地区	—	300	11928	12228	41150	53378	12228
欧洲	—	13.9	546	560	14249	14809	560
独联体地区	—	24.4	2729	2753	40480	43233	2753
中东地区	—	0	4093	4093	1701	5794	4093
世界	—	626.7	156480	157107	298980	456087	157107

注：分国家数据及其具体数据源、汇总依据见附录B中的附表B.1；"—"表示数据太小或无法获得，表3.4～表3.10都是此含义。

现有文献对全球广义致密油资源的统计非常少，只有美国EIA/ARI分别于2011年和2013年给出过详细的全球分析（EIA/ARI，2011，2013）。笔者对于致密油的资源分析主要来自EIA/ARI 2013年的分析结果，对于我国的分析，笔者所采用数据来自Wang等（2015）。具体统计结果如表3.5所示。根据统计，全球广义致密油最终可采资源量为49.83Gtoe。

表3.5 世界广义致密油资源最终可采资源量 （单位：Mtoe）

区域	累计产量	储量	资源量	资源基础	附加地质资源量	总地质资源量	最终可采资源量
非洲	—	—	5198	5198	115130	120327	5198
北美洲	—	—	10900	10900	48718	59618	10900
中南美洲	—	—	8145	8145	149018	157162	8145
亚太地区	—	—	12639	12639	154438	167077	12639
欧洲	—	—	2606	2606	53192	55798	2606

续表

区域	累计产量	储量	资源量	资源基础	附加地质资源量	总地质资源量	最终可采资源量
独联体地区	—	—	10327	10327	162387	172715	10327
中东地区	—	—	14	14	532	546	14
世界			49829	49829	683415	733243	49829

注：根据 Wang 等（2015）的综合分析，中国广义致密油的技术可采资源量为 6.95Gtoe，总地质资源量为 25.74Gtoe。而 EIA/ARI（2013）统计结果为 4.39Gtoe 和 87.86Gtoe。笔者利用前者的数据替换了后者中的对应数据，其他数据均来自后者。

超重油资源的统计分析结果见表 3.6，全球超重油最终可采资源量为 68.12Gtoe，其中储量为 7.34Gtoe，资源量为 60.78Gtoe。从资源分布上来看，几乎所有的超重油储量和资源量分布在中南美洲的委内瑞拉。从总的地质资源量的分布来看，除了中南美洲以外，北美洲和中东地区的地质资源量也非常丰富。

表 3.6　世界超重油资源最终可采资源量　　　　　（单位：Mtoe）

区域	累计产量	储量	资源量	资源基础	附加地质资源量	总地质资源量	最终可采资源量
非洲	—	8	8	16	757	773	16
北美洲	—	3	77	80	53398	53478	80
中南美洲	—	7167	60526	67693	94624	162316	67693
亚太地区		111	119	230	4824	5054	230
欧洲		30	29	59	2804	2862	59
独联体地区		20	21	41	9233	9274	41
中东地区		1	1	2	54 263	54265	2
世界		7339	60781	68120	219902	288022	68120

注：分国家数据及其具体数据源、汇总依据见附录表 B 中的附表 B.2。

油砂资源的统计分析结果见表 3.7，全球油砂最终可采资源量为 100.97Gtoe，其中储量为 34.06Gtoe，资源量为 66.91Gtoe。从资源分布上来看，70%以上的储量和资源量分布在北美洲（以加拿大为主）；除此之外，独联体地区是富含油砂的第二大地区，约占全球储量和资源量的 28.2%和 16.1%。

表 3.7　世界油砂资源最终可采资源量　　　　　（单位：Mtoe）

区域	累计产量	储量	资源量	资源基础	附加地质资源量	总地质资源量	最终可采资源量
非洲	—	245	716	961	7816	8777	961
北美洲	—	24120	55175	79295	260091	339386	79295

续表

区域	累计产量	储量	资源量	资源基础	附加地质资源量	总地质资源量	最终可采资源量
中南美洲	—	10	155	165	1235	1400	165
亚太地区	—	58	83	140	685	825	140
欧洲	—	29	30	59	229	288	59
独联体地区	—	9601	10750	20351	84350	104703	20351
中东地区	—	0	0	0	0	0	0
世界	—	34063	66908	100971	354408	455379	100971

注：分国家数据及其具体数据源、汇总依据见附录 B 中的附表 B.3。

3.3.2　全球非常规天然气资源最终可采资源量分析

本书重点识别并分析三种非常规天然气资源：页岩气、致密气和煤层气。三种非常规天然气资源的分析结果见表 3.8～表 3.10，详细的国家层面的资源数据及原始数据源见附录 B 中附表 B.4～附表 B.6。通过分析，全球页岩气、致密气和煤层气的总的地质资源量分别为 893.6Gtoe、190.7Gtoe 和 227.6Gtoe。其中，致密气和煤层气的评估结果与 Rogner（1997）分析的地质资源量基本一致，而页岩气地质资源量的评估是 Rogner（1997）分析数据的 2.2 倍（Rogner 的资源评估结果是目前为止被应用最为广泛的有关全球非常规油气资源的研究成果，包括国际能源署、美国能源信息署、政府间气候变化专门委员会在内的机构和学者都引用其资源作为分析的基础或比较的标准，政府间气候变化专门委员会甚至将其作为其全球气候预测中的资源假设）。但是就储量分析而言，Rogner（1997）估计的页岩气、致密气和煤层气的储量分别为 66Gtoe、31Gtoe 和 41Gtoe，该结果严重高估了当时的非常规天然气储量，而 Rogner（1997）的分析是基于世界能源委员会、德国联邦地球科学与自然资源研究所等的数据，而根据 BGR（2012）的评估，页岩气储量只有 2.5Gtoe，煤层气的储量只有 1.7Gtoe。本书估计的页岩气、致密气和煤层气的储量分别为 10Gtoe、7.4Gtoe 和 1.8Gtoe。就资源量而言，本书评估的致密气资源量与 Rogner（1997）相近，而页岩气高于 Rogner（1997）的评估（高出 53%）、煤层气低于 Rogner（1997）的评估（低出 34%）。从总的最终可采资源量评估结果来看，本书评价的三种资源的总最终可采资源量为 325.3Gtoe，Rogner（1997）为 396Gtoe。

表 3.8　世界页岩气资源最终可采资源量　　　　　（单位：Mtoe）

区域	累计产量	储量	资源量	资源基础	附加地质资源量	地质资源总量	最终可采资源量
非洲	—	1153	34711	35863	133970	169833	35863
北美洲	—	2483	45491	47974	154123	202097	47974
中南美洲	—	1239	36444	37683	125167	162850	37683
亚太地区	—	3810	46077	49887	162710	212597	49887
欧洲	—	337	14807	15143	58713	73856	15143
独联体地区	—	459	10525	10984	52550	63535	10984
中东地区	—	500	5276	5776	3105	8881	5776
世界	—	9980	193331	203311	690338	893649	203311

注：分国家数据及其具体数据源、汇总依据见附录 B 中的附表 B.4。

表 3.9　世界致密气资源最终可采资源量　　　　　（单位：Mtoe）

区域	累计产量	储量	资源量	资源基础	附加地质资源量	地质资源总量	最终可采资源量
非洲	—	239	4950	5189	25858	31048	5189
北美洲	—	2610	14850	17460	35778	53238	17460
中南美洲	—	1617	11400	13017	293	13310	13017
亚太地区	—	2310	18180	20490	14986	35476	20490
欧洲	—	51	104	155	8703	8857	155
独联体地区	—	516	18000	18516	12532	31048	18516
中东地区	—	75	675	750	16988	17738	750
世界	—	7418	68159	75577	115138	190714	75577

注：分国家数据及其具体数据源、汇总依据见附录 B 中的附表 B.5。

表 3.10　世界煤层气资源最终可采资源量　　　　　（单位：Mtoe）

区域	累计产量	储量	资源量	资源基础	附加地质资源量	地质资源总量	最终可采资源量
非洲	—	50	959	1009	3496	4505	1009
北美洲	—	501	7338	7839	63753	71592	7839
中南美洲	—	50	191	241	4639	4880	241
亚太地区	—	1118	20412	21530	30870	52400	21530
欧洲	—	50	1329	1379	7218	8597	1379
独联体地区	—	41	14447	14488	68838	83326	14488
中东地区	—	—	—	0	2329	2329	0
世界	—	1810	44676	46486	181142	227628	46486

注：分国家数据及其具体数据源、汇总依据见附录 B 中的附表 B.6。

参 考 文 献

国土资源部油气资源战略研究中心. 2010. 全国石油天然气资源评价.北京：中国大地出版社：1500.

李自琴. 2013. 张抗："致密油革命"玩个文字游戏. http://www.china5e. com/news/news-342031-1. html[2013-06-18].

张抗，张葵叶，张璐璐. 2013. 关于致密油气和页岩油气的讨论.天然气工业，33（9）：17-22.

周庆凡，杨国丰. 2012. 致密油与页岩油的概念与应用.石油与天然气地质，33（4）：541-544.

邹才能，朱如凯，吴松涛，等. 2012. 常规与非常规油气聚集类型、特征、机理及展望——以中国致密油和致密气为例.石油学报，33（2）：173-187.

BGR. 2009a. Energy Resources 2009：Reserves, Resources, Availability. Hannover：Bundesanstalt für Geowissenschaften und Rohstoffe.

BGR. 2009b. Reserves, Resources and Availability of Energy Resources 2009. Hannover：Bundesanstalt für Geowissenschaften und Rohstoffe.

BGR. 2012. Energy Study 2012：Reserves, Resources and Availability of Energy Resources. Hannover：Bundesanstalt für Geowissenschaften und Rohstoffe.

Boyer C M I, Bai Q Z. 1998. Methodology of coalbed methane resource assessment. International Journal of Coal Geology, 35（1）：349-368.

BP. 2012. Statistical Review of World Energy 2012. London：British Petroleum Company.

Brecha R J. 2008. Emission scenarios in the face of fossil-fuel peaking. Energy Policy, 36（9）：3492-3504.

Campbell C J, Heaps S. 2009. An Atlas of Oil and Gas Depletion.2nd ed. West Yorkshire：Jeremy Mills Publishing Limited.

Creedy D, Tilley H. 2003. Coalbed methane extraction and utilization. Proceedings of the Institution of Mechanical Engineers Part A Journal of Power & Energy, 217（1）：19-25.

Dong Z, Holditch S, McVay D, et al. 2012. Global unconventional gas resource assessment. SPE Economics & Management, 4（4）：222-234.

Dyni J R. 2006. Geology and Resources of Some World Oil-Shale Deposits. Washington, D C：US Department of the Interior, US Geological Survey.

EIA. 2011. Oil and Gas Supply Module.Washington, D. C.：U S Department of Energy, Energy Information Administration.

EIA. 2013. International Energy Statistics.Washington, D C：U S Department of Energy, Energy

Information Administration.

EIA/ARI. 2011. World Shale Gas Resources: An Initial Assessment of 14 Regions Outside the United States. Washington, D C: Energy Information Administration/ Advanced Resources International.

EIA/ARI. 2013. Technically Recoverable Shale Oil and Shale Gas Resources: An Assessment of 137 Shale Formations in 41 Countries Outside the United States. Washington, D C: Energy Information Administration/ Advanced Resources International.

Gallagher B. 2011. Peak oil analyzed with a logistic function and idealized Hubbert curve. Energy Policy, 39 (2): 790-802.

Heinberg R, Fridley D. 2010. The end of cheap coal. Nature, 468 (7322): 367-369.

Höök M, Zittel W, Schindler J, et al. 2010. Global coal production outlooks based on a logistic model. Fuel, 89 (11): 3546-3558.

IEA. 2011. World Energy Outlook 2011. Paris: International Energy Agency.

IEA. 2012. World Energy Outlook 2012. Paris: International Energy Agency.

IIASA.2012. Global Energy Assessment: Toward a Sustainable Future. Cambridge: Cambridge University Press.

Jia C Z, Zheng M, Zhang Y F. 2012. Unconventional hydrocarbon resources in China and the prospect of exploration and development. Petroleum Exploration and Development, 39 (2): 139-146.

Kharecha P A, Hansen J E. 2008. Implications of "peak oil" for atmospheric CO_2 and climate. Global Biogeochemical Cycles, 22 (3): 1-10.

Kontorovich A E. 2009. Estimate of global oil resource and the forecast for global oil production in the 21st century. Russian Geology and Geophysics, 50 (4): 237-242.

Kuuskra V A, Stevens S H. 2009. Worldwide gas shalesand unconventional gas: A status report. United Nations Climate Change Conference, COP15. Copenhagen, Demark.

Laherrère J H. 2002b. Forecasting future production from past discovery. International Journal of Global Energy Issues, 18 (2): 218-238.

Laherrère J H. 2002a. Modelling future liquids production from extrapolation of the past and from ultimates. Energy, Exploration & Exploitation, 20 (6): 457-479.

Maggio G, Cacciola G. 2009. A variant of the Hubbert curve for world oil production forecasts. Energy Policy, 37 (11): 4761-4770.

Maggio G, Cacciola G. 2012. When will oil, natural gas, and coal peak? Fuel, 98: 111-123.

Masters C D, Attanasi E D, Dietzman W D, et al. 1987. World resources of crude oil, natural gas, natural bitumen and shale oil. 12th World Petroleum Congress. Houston, USA.

Mohr S. 2010. Projection of world fossil fuel production with supply and demand interactions. PhD Thesis of University of Newcastle.

Mohr S H, Evans G M. 2007b. Model proposed for world conventional, unconventional gas. Oil & Gas Journal, 105 (47): 46-51.

Mohr S H, Evans G M. 2008. Peak oil: Testing Hubbert's curve via theoretical modeling. Natural Resources Research, 17 (1): 1-11.

Mohr S H, Evans G M. 2010b. Long term prediction of unconventional oil production. Energy Policy, 38 (1): 265-276.

Mohr S H, Evans G M. 2007a. Mathematical model forecasts year conventional oil will peak. Oil and Gas Journal, 105 (17): 45-46.

Mohr S H, Evans G M. 2009. Forecasting coal production until 2100. Fuel, 88 (11): 2059-2067.

Mohr S H, Evans G M. 2010a. Combined Generalized Hubbert-Bass model approach to include disruptions when predicting future oil production. Natural Resources, 1 (1): 28-33.

Mohr S H, Evans G M. 2011. Long term forecasting of natural gas production. Energy Policy, 39 (9): 5550-5560.

NEB. 2011. Tight Oil Developments in the Western Canada Sedimentary Basin. Calgary: National Energy Board of Canada.

Nel W P, Cooper C J. 2009. Implications of fossil fuel constraints on economic growth and global warming. Energy Policy, 37 (1): 166-180.

OPEC. 2012a. World Oil Outlook 2012. Vienna: Organization of Petroleum Exporting Countries.

OPEC. 2012b. Annual Statistical Bulletin 2012. Vienna: Organization of Petroleum Exporting Countries.

Patzek T W, Croft G D. 2010. A global coal production forecast with multi-Hubbert cycle analysis. Energy, 35 (8): 3109-3122.

Rehrl T, Friedrich R. 2006. Modelling long-term oil price and extraction with a Hubbert approach: The LOPEX model. Energy Policy, 34 (15): 2413-2428.

Rogner H H. 1997. An assessment of world hydrocarbon resources. Annual Review of Energy and the Environment, 22 (1): 217-262.

Rutledge D. 2011. Estimating long-term world coal production with logit and probit transforms. International Journal of Coal Geology, 85 (1): 23-33.

Tsoskounoglou M, Ayerides G, Tritopoulou E. 2008. The end of cheap oil: Current status and prospects. Energy Policy, 36 (10): 3797-3806.

UKERC. 2012. A review of regional and global estimates of unconventional gas resources. London:

UK Energy Research Center.

Valero A, Valero A. 2010. Physical geonomics: combining the exergy and Hubbert peak analysis for predicting mineral resources depletion. Resources, Conservation and Recycling, 54 (12): 1074-1083.

Valero A, Valero A. 2011. A prediction of the exergy loss of the world's mineral reserves in the 21st century. Energy, 36 (4): 1848-1854.

Wang J L, Feng L Y, Steve M, et al. 2015. China's unconventional oil: A review of its resources and outlook of long-term production. Energy, 82, 31-42.

Wang J L, Feng L Y, Zhao L, et al. 2011. A comparison of two typical multicyclic models used to forecast the world's conventional oil production. Energy Policy, 39 (12): 7616-7621.

Wang J, Feng L, Davidsson S, et al. 2013b. Chinese coal supply and future production outlooks. Energy, 60: 204-214.

Wang J, Feng L, Tverberg G E. 2013a. An analysis of China's coal supply and its impact on China's future economic growth. Energy Policy, 57: 542-551.

WEC. 2010a. 2010 Survey of Energy Resources. London: World Energy Council.

WEC. 2010b. Survey of Energy Resources: Focus on Shale Gas. London: World Energy Council.

Zou C N, Zhang G S, Yang Z, et al. 2013. Concepts, characteristics, potential and technology of unconventional hydrocarbons: On unconventional petroleum geology. Petroleum Exploration and Development, 40 (4): 413-428.

第4章 化石能源供应预测方法

化石能源资源的可耗竭特性及其开采的微观物理机理决定了其中长期供应增长必然遵循约束增长模式,这意味着年产量曲线必然遵循钟形或类似于钟形曲线的基本规律,而借助此类规律建立起来的曲线拟合方法也已成为当前资源约束背景下分析化石能源供应的主要研究方法。本章将系统地对此类方法的构建基础及应用历史,影响此类方法预测结果的关键因素进行介绍;在此基础上,分别针对常规和非常规化石能源的开发特点,构建符合自身特点的曲线拟合方法;最后,将这些方法应用到美国天然气供应预测的分析当中,以便从实证的角度分析所构建方法的合理性。

4.1 曲线拟合方法概述

曲线拟合方法是当前从供给侧角度预测化石能源资源中长期供应最为常用的方法,理解此类方法的建模的基本思路、表达式及发展历程对于后续建立适合的预测模型具有重要的意义。

4.1.1 曲线拟合模型构建的基本思路

Hubbert作为化石能源供应约束定量研究的先驱,其在1956年的文章中就已经给出了曲线拟合的基本思路,其指出,化石能源产量增长曲线的建立依赖两个基本假设:一是对于任何不可再生性的化石能源资源,其产量增长假设遵循钟形增长曲线,即在$t=0$时刻,产量将从0开始增长,然后经过一个或多个产量高峰之后,在$t=\infty$时刻点,产量又降为0;二是依据积分基本定理,具体阐述如下。

在数理统计中,对于连续型随机变量,累计分布函数(cumulative distribution function,CDF)$F(x)$和概率密度函数(probability density function,PDF)$f(x)$,的关系可以表示为

$$F(x) = \int_0^x f(x)\mathrm{d}x \tag{4.1}$$

根据连续型随机变量的特点，可以预期当 $x \to \infty$，可以得

$$F(x)_{x \to \infty} = \int_0^\infty f(x)\mathrm{d}x = 1 \tag{4.2}$$

与此类似，化石能源开采中的累计产量 $Q(t)$ 与年产量 $q(t)$ 的关系也可以表示为

$$Q(t) = \int_0^t q(t)\mathrm{d}t \tag{4.3}$$

当 $t \to \infty$，可以得

$$Q(t)_{t \to \infty} = \int_0^\infty q(t)\mathrm{d}t = N_R \tag{4.4}$$

式中，N_R 就是 URR。

将累积分布函数引入式（4.4）并对其进行变形可以得

$$F(t)_{t \to \infty} = \frac{Q(t)_{t \to \infty}}{N_R} = \int_0^\infty \frac{q(t)}{N_R}\mathrm{d}t = 1 \tag{4.5}$$

根据式（4.2）和式（4.5），得

$$f(x) = \frac{q(t)}{N_R} \tag{4.6}$$

如果给出随机变量的概率密度函数，并用 t 代替 x，然后，可以得到预测年产量的不同曲线拟合模型：

$$q(t) = N_R f(t) \tag{4.7}$$

此外，也可以利用随机变量 CDFs 来分析累计产量，即

$$Q(t) = N_R F(t) \tag{4.8}$$

4.1.2 曲线拟合模型的数学方程

曲线拟合模型的具体数学方程取决于所使用的概率密度函数或累积分布函数。例如，如果假设累计产量增长模式为 Logistic 分布，而 Logistic 分布的概率密度函数和累积分布函数分别为

$$f(x,\mu,s) = \frac{\mathrm{e}^{-\frac{x-\mu}{s}}}{s\left(1+\mathrm{e}^{-\frac{x-\mu}{s}}\right)^2} \tag{4.9}$$

$$F(x;\mu,s)=\frac{1}{1+\mathrm{e}^{\frac{x-\mu}{s}}} \quad (4.10)$$

式中，x 为连续型随机变量；μ 为期望值；s 为标准差。

让 $t=x$，$t_m=\mu$，$k=1/s$，进而可以获得用于预测年产量和累计产量的曲线拟合模型公式：

$$q(t)=N_R f(t)=N_R \frac{k\mathrm{e}^{-k(t-t_m)}}{\left(1+\mathrm{e}^{-k(t-t_m)}\right)^2} \quad (4.11)$$

$$Q(t)=N_R F(t)=N_R \frac{1}{1+\mathrm{e}^{-k(t-t_m)}} \quad (4.12)$$

式中，t_m 是峰值年份。式（4.11）就是著名的 Hubbert 模型，该模型最早由 Hubbert（1982）提出。可以看出，Hubbert 模型的本质实际上是 Logistic 模型的一阶导数。

利用同样的过程，可以得到多个曲线拟合模型的预测函数，并根据其假设的分布类型对模型进行具体命名，如 Gaussian、Gompertz、Weibull、Rayleigh 和 Log-Normal 模型。除了这些在数理统计中已经存在的模型外，学者还总结出其他一些模型，如 HCZ 模型（胡建国等，1995）、Generalized Weng 模型（陈元千，1996）和 Brody 模型（Brody，1945）等。此外，一些学者提出了更为广义的模型，可以涵盖多个具体的模型，如 Richards 模型就是一个广义的模型，Logistic 模型和 Gompertz 模型都是该模型的特殊形式（Höök et al.，2011）。表 4.1 给出了一些曲线拟合模型的具体函数。

表 4.1 曲线拟合模型的一些具体函数（Wang and Feng，2016）

模型名称	年产量 $q(t)$ 或累计产量 $Q(t)$ 表达式	拟合参数	曲线拐点
Hubbert	$q(t)=\mathrm{URR}\dfrac{k\mathrm{e}^{-k(t-t_m)}}{\left(1+\mathrm{e}^{-k(t-t_m)}\right)^2}$	t_m, k	0.5
Gaussian	$q(t)=\mathrm{URR}\dfrac{1}{s\sqrt{2p}}\mathrm{e}^{-\frac{(t-t_m)^2}{2s^2}}$	s, t_m	0.5
Weibull	$q(t)=\mathrm{URR}\dfrac{b+1}{c}t^b\mathrm{e}^{-\frac{t^{b+1}}{c}}$	b, c	$\mathrm{e}^{-1}\approx 0.37$
Rayleigh	$q(t)=\mathrm{URR}\dfrac{1}{c^2}t\mathrm{e}^{-\frac{t^2}{2c^2}}$	c	n.a.
HCZ	$q(t)=\mathrm{URR}\,a\mathrm{e}^{-\frac{a}{b}\mathrm{e}^{-bt}-bt}$	a, b	$\mathrm{e}^{-1}\approx 0.37$

续表

模型名称	年产量 $q(t)$ 或累计产量 $Q(t)$ 表达式	拟合参数	曲线拐点
Generalized Weng	$q(t) = \text{URR} \dfrac{1}{c^{b+1}\Gamma(b+1)} t^b e^{-\frac{t}{c}}$	b, c	<0.5
Generalized Verhulst	$q(t) = \text{URR} \dfrac{k}{n} \dfrac{(2^n-1)e^{k(t-t_{0.5})}}{\left[1+(2^n-1)e^{k(t-t_{0.5})}\right]^{\frac{n+1}{n}}}$	n, k, $t_{0.5}$	n.a.
Exponential	$q(t) = \text{URR} k e^{k(t-t_m)}$	t_m, k	n.a.
Logistic	$Q(t) = \text{URR} \dfrac{1}{1+e^{-k(t-t_m)}}$	t_m, k	0.5
Gompertz	$Q(t) = \text{URR} e^{-e^{-k(t-t_m)}}$	t_m, k	$e^{-1} \approx 0.37$
Richards	$Q(t) = \text{URR} \dfrac{1}{\left(1+be^{-k(t-t_m)}\right)^{1/b}}$	t_m, b, k	$[b+1]^{-1/b}$

注：拐点（inflection point）是描述曲线增长率（对于累计产量曲线，增长率不断增大转为增长率不断减小）或增长方向（对于产量曲线，从正向增长转为负向增长）的重要点，该点一般与最大年产量的发生点相联系。对于对称曲线或模型而言，其转折点为 50%，即最终可采资源量的一半被消耗掉时出现拐点；对于非对称曲线或模型，拐点则是任意的。此外，在本表中，Richards 模型和 Generalized Verhulst 模型均属于广义型模型。对 Richards 模型而言，$b=1$ 时相当于 Logistic 模型；$b \to 0$ 时为 Gompertz 模型。对于 Generalized Verhulst 模型，当 $n=1$ 时即为 Hubbert 模型，此时，模型中的 $t_{0.5}$ 表示的是资源消耗掉一半时的时间。

4.1.3 曲线拟合模型应用的简要回顾及预测步骤

Hubbert 于 1949 年发表在 *Science* 上的文章指出，化石能源的生产将不可避免遭受到物理资源的约束，这一约束决定了化石能源产量的增长不可能是无限制的。为了描述这一特征，Hubbert 手绘了一个钟形曲线，并以此来研究资源约束对化石能源生产的影响。在 1956 年的文章中，Hubbert 对此预测方法的构建思路进行了阐述（如 4.1.1 小节中描述的那样）。在 1959 年的文章中，Hubbert 调查了美国的石油产量，发现其累计产量可以用 Logistic 曲线很好地拟合，并利用其一阶导数的函数形式预测美国的石油产量将在 1970 年左右达到高峰（该模型即是后来的 Hubbert 模型）。该预测随后得到了证实，由于 Hubbert 成功地预测了美国 48 个州的石油产量，许多学者沿着其思路，提出了许多其他的曲线模型来研究不同区域的化石能源产量（一些模型的具体函数见表 4.1）。

在研究的初始阶段，绝大多数的研究仅使用一个产量循环来对历史产量进行拟合并预测未来趋势（统称为单循环曲线拟合模型，或简称为单循环模型）。然而，在现实中，由于受多种因素的影响（如政治、经济、技术等），许多化石能源产区往往表现出多个产量循环（Al-Fattah and Startzman, 1999; Nashawi et al., 2010），而单循环模型并不能有效地描绘这些特征（Wang et al., 2011）。在此背景下，许多随后的研究开始通过加入额外产量循环的方法对原始的单循环模型进行改进，以提高预测产量与历史产量的拟合程度，这些模型统称为多循环曲线拟合模型，或简称为多循环模型，如多循环 Hubbert 模型、Logistic 模型、Generalized Weng 模型等（Wang et al.，2011，Maggio and Cacciola，2012）。

截至现在，学术界已提出多种曲线拟合模型，而新的曲线拟合模型也不断地被提出来，有关模型本身的探讨和改进性文章也不断涌现。然而，无论是何种类型的曲线拟合方法，无论是否被改进，其预测步骤基本一致，主要有以下几步（Brandt，2010）。

（1）对于给定的数据集，选择适合的数学函数。
（2）对模型引入合适的约束条件以提高预测的准确性。
（3）利用选择的数学函数，结合若干约束条件，对给定数据集进行历史拟合并对未来趋势进行预测。

在实践中，对模型的求解过程往往利用最小二乘、最大似然估计或回归技术，借用计算机软件实现。在此过程中，为了衡量预测的优劣，多数的学者选用了"拟合优度"（goodness of fit）这一指标，用以判别预测值与历史实际值的拟合程度。在回归分析中，该指标可以是"决定系数"（coefficient of determination）R^2（即相关系数的平方），该系数最大为 1，最小为 0。该值越接近于 1，则说明预测值与历史值拟合程度越好；越接近于 0，则说明拟合程度越差（Wang et al.，2011）。除了决定系数外，均值平方根（root-mean-square error，RMSE）也是被广为使用的。均值平方根越小，表明拟合程度越好，反之，则意味着拟合程度越差（冯连勇等，2010）。

4.2　影响曲线拟合模型预测结果的关键因素

对于任何模型而言，影响其预测结果的因素也是众多的，但作为建模而言，不可能考虑所有因素，而只能针对一些关键因素。因此，本部分将首先识别影响曲线拟合模型的关键因素，然后分析每项因素的影响机理，进而为后续建模提供必要支撑。

4.2.1　关键影响因素识别

通过对曲线拟合模型构建的基本思路、数学函数、预测步骤等的介绍，可以发现：预测步骤 1 中所选用的数学函数、预测步骤 2 中引入的约束条件及预测过程中为提高拟合优度所增加的产量循环的个数都会显著影响预测结果。一些学者也已经开始关注这些因素的影响，如 Sorrell 等通过分析 14 项有关全球未来石油供应的研究指出，最终可采资源量（即步骤 2 中引入的一个重要的约束条件之一）和曲线形状（由在步骤 1 中所选用的数学函数决定）是造成预测结果差异的主要原因（Sorrell et al.，2010）。Anderson 和 Conder 的研究指出，所运用的产量循环的个数对于结果有着显著的影响，进一步的研究显示，过多的产量循环可能会引发"过度拟合"现象的出现，而一旦出现过度拟合现象，就将使得预测结果的准确性大大降低，尽管在此情况下，拟合优度仍然是不断提高的（Anderson and Conder，2011）。

尽管现有研究已经开始关注这些影响因素，但是需要指出的是，这些研究往往是不全面的，对于多因素的系统分析文献尚没有发现。除此之外，现有文献中很少涉及另一重要因素的影响，即剩余资源的最大耗竭率约束。Höök 和 Aleklett（2010）及 Mohr 等（2011）的研究指出，剩余资源的最大耗竭率约束是非常重要的，对最大耗竭率的适当考虑将避免出现不切实际的高峰产量。

笔者首次关注以下四个因素：最终可采资源量、曲线形状、产量循环的个数和剩余资源的最大耗竭率。通过对这些因素的介绍，理解其如何影响预测结果，并通过实证分析，来说明如何通过对这些因素的适当考量来降低预测结果的差异性，从而得到较为一致的预测结果。

4.2.2　因素一：最终可采资源量

最终可采资源量是影响曲线拟合模型预测结果的重要因素之一。从曲线拟合模型构建的基本思路中可以看出，最终可采资源量控制了钟形产量曲线下的面积，这意味着在其他条件不变的情况下，最终可采资源量越大，峰值产量越大，峰值时间越晚。可靠的预测首先需要有可靠的最终可采资源量估计值，然而，在现实中，这一点确实是非常难做到的。一个可能的原因在于最终可采资源量的复杂性，根据美国地质调查局的定义，最终可采资源量可以分为四个部分，如图 4.1 所示。

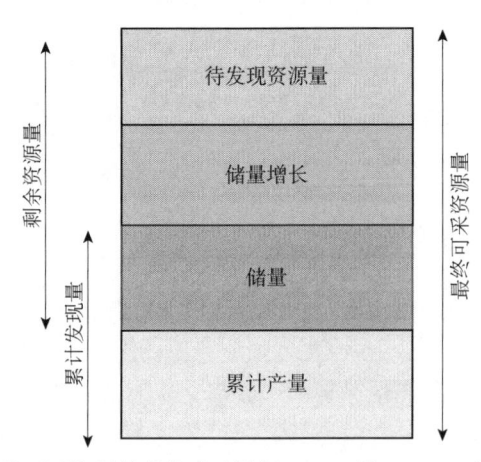

图 4.1　最终可采资源量的构成（根据 Sorrell 等，2010，加工制作）

1. 外部最终可采资源量

绝大多数的曲线拟合模型将最终可采资源量视为预测的一个外部输入变量，以此来约束预测过程。然而，除了美国地质调查局和国际等机构偶尔会发布最终可采资源量的相关数据外，几乎没有其他机构或国家发布此类数据。因此，直接获取最终可采资源量数据就变得非常困难。在现实中，多数的机构或国家仅仅报告产量和储量数据，如德国联邦地球科学与自然资源研究所、石油输出国组织、世界能源委员会、英国石油公司、美国信息处理服务公司（Information Handling Services, IHS）等。因此，一个粗略的估计最终可采资源量的方法就是通过对累计产量和储量求和来获得，该方法被当前的大量文献所采用。然而，这种方法存在着很明显的问题。首先，如果假设各个机构公布的储量数据是真实的，那么运用此类方法来研究未来供应则明显低估了化石能源的供应潜力；其次，很多国家或机构公布的储量数据受到越来越多的质疑，换句话说，公布的储量数据并非是真实的（Bentley, 2002）。以石油储量为例，历史上观察到的常规石油储量的增长（以 OPEC 国家为主）主要是由各种政治因素引起的（Bentley et al., 2007）。正如 2011 年 2 月维基解密公布的那样，出于某些政治原因，沙特阿拉伯的石油储量可能被高估了 40%[①]。Laherrère（2003）将由这些原因导致的储量变化称之为"政治储量"。

除了政治储量之外，报告储量质量降低的另一个原因是各国储量分级分类的差异及对不同储量报告系统的误读。例如，我国官方公布的油气储量多是技术可采资源量，与国外通常意义上理解的经济可采储量有较大差异（Wang et al., 2013a）。对于我国的煤炭储量和资源量而言，许多的国际机构和学者都引用了不准确的结果作为其报告或研究的基础。例如，在澳大利亚贸易委员会（Australian Trade Commission）的报告中称我国的"煤炭总储量约为 5.6 万亿吨"（ATC, 2009），而实际的情况是，这一数字是我国总的煤炭资源量，相当于原始地质资源量。Tu（2011）在其研究报告中指出，"中国煤炭总储量为 1.16 万亿吨"，而实际上，这一数字是指我国总的查明资源量（identified resources）或已发现资源量。此外，世界能源委员会和德国联邦地球科学与自然资源研究所等机构对我国煤炭资源的分析也存在很多的问题。而所有的这些问题都与对我国煤炭储量分类的理解偏差有着密切的关系，对此的详细分析见 Wang 等（2013b，2013c）的文献。

---

① http://www.imrltd.ca/news/WikiLeaks%20cables_Saudi%20Arabia%20cannot%20pump%20enough%20 oil%20to%20keep%20a%20lid%20on%20prices.pdf[2011-02-09].

总之，数据报道的不完备性与报道数据质量的问题，使得在获取外部最终可采资源量数据的过程中存在着很多问题，而这些问题至今尚未得到有效解决。

2. 内部最终可采资源量

一些学者也将最终可采资源量视为模型的内部变量，与产量一样，作为模型预测的输出变量，从而达到同时预测最终可采资源量和产量的目的（Sorrell and Speirs，2010）。例如，我国的陈元千教授就建立了许多的此类曲线拟合模型（陈元千，1997）。然而，这种方法本质上并未起到最终可采资源量对产量的约束作用。此外，运用此类方法计算最终可采资源量也存在很多问题或者依赖于许多苛刻的要求。例如，Rutledge（2011）提出的 LPT（logit-probit transforms）方法要求变形处理后的数据必须表现出稳定的长期趋势。如果在不满足方法要求的前提下对其进行预测，往往会导致预测结果存在显著的不稳定性，从而显著高估或低估潜在的最终可采资源量。例如，尽管我国试图控制国内煤炭产量，但实际的情况是，煤炭产量在近些年快速增长。这种快速增长打破了以前历史数据所表现出来的趋势，在此背景下，如果利用曲线拟合模型来预测产量和最终可采资源量，则会出现预测结果不稳定，且显著依赖于所选用数据段的问题，如图 4.2 所示。

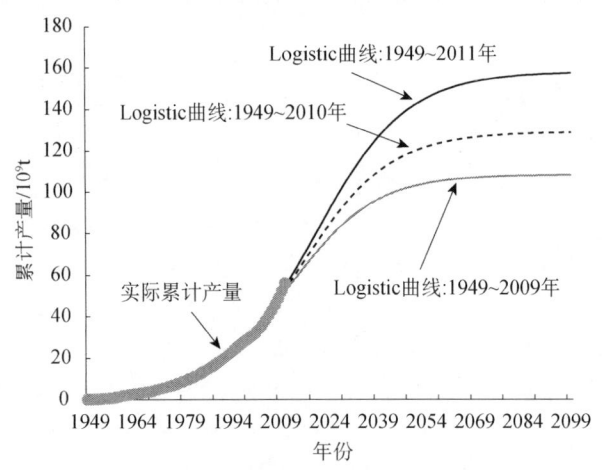

图 4.2　利用 Logistic 模型预测我国煤炭累计产量

Logistic 模型表达式如表 4.1 所示

另一个例子是 Caithamer（2008）利用 Hubbert 模型拟合 1970 年的世界石油产量，并据此预测未来石油生产趋势和最终可采资源量。结果显示，全球石油产量将在 2098 年达到峰值，与其相应的最终可采资源量为 2570 万亿桶，该值比美国地质调查局评估结果大 3 个数量级以上（USGS，2000）。导致这些结果的主要原因是，对于那些尚处于峰值前，且产量快速增长的地区，其历史产量数据并不能提供足够的信息或并不能表现出一致的趋势，从而导致曲线拟合模型中参数估计的稳定性变差，进而影响预测结果（Brandt，2009）。因此，采用此类方法估计最终可采资源量仅适用于那些成熟产区，其产量已经达到峰值并处于明显的递减期。

4.2.3 因素二：曲线形状

曲线形状本质上由所假设的随机变量的概率密度函数决定。一般而言，可以将曲线形状分为两大类，即对称性曲线（symmetrical curve）和非对称性曲线（asymmetrical curve）。非对称性曲线可以进一步细分为左偏（或负偏）性曲线（negatively skewed curve）和右偏（或正偏）性曲线（positively skewed curve），如图 4.3 所示。上述这几种类型的曲线都可以通过其拐点加以区分。例如，对于对称性曲线，其拐点为 0.5 或 50%；对于左偏性曲线，其拐点一般大于 0.5 或 50%；对于右偏性曲线，其拐点一般小于 0.5 或 50%。对于拐点相近或相同的曲线，其预测结果也相近。例如，Logistic 曲线、Gaussian 曲线（Bartlett，2000；Patzek，2008）。从图 4.3 可以看出，不同的曲线形状将直接决定预测的峰值产量和峰值时间。此外，通过对比左偏性曲线和右偏性曲线可以发现，左偏性曲线虽然能够延缓产量峰值时间和增加峰值产量，但其代价是峰值后更快的产量递减速度。

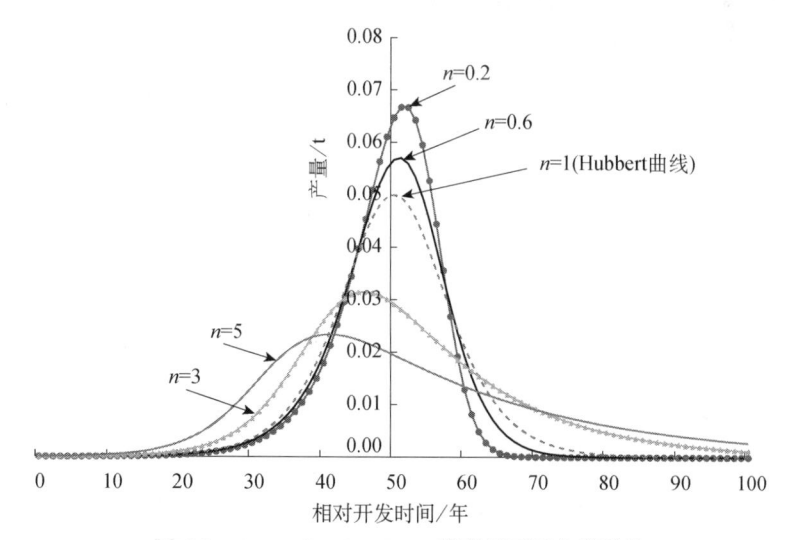

图 4.3 Generalized Verhulst 模型的不同曲线形状

模型方程来自表 4-1；令模型的其他参数固定，即最终可采资源量=1t，$k=0.2$，$t_{0.5}=50$，只让 n 变化；一般而言，$n>1$ 表示右偏；$n<1$ 表示左偏；拐点由 k 和 n 共同决定

在化石能源的开采过程中，不同区域的生产行为往往存在较大差异，特别是对于那些小的资源产区。这意味着在现实中，构建一个适用于所有产区的曲线拟合模型是不可能的。因此，最好的预测就是根据不同的资源产区所表现出的生产行为来选择合适的曲线形状，这对于成熟产区而言是可行的。然而，对于那些尚处于峰值前的未成熟产区，很难根据现有的数据来判定其符合哪种类型的增长曲线形状。

作为石油峰值理论的奠基者，Hubbert 选择使用一个对称的钟形曲线来模拟美国的石油产量。事实上，Hubbert（1982）提出的预测曲线仅仅是其对美国生产行为进行研究之后提出的，并且尝试去避免涉及一些复杂的生产模式。而美国恰好也是目前研究当中显示的为数不多的生产行为接近于对称性曲线的几个产区之一（Nehring，2006a，2006b，2006c）。然而，美国的此类生产行为并不一定适用于全球其他产区（Bardi，2005）。Brandt（2007）定量分析了 67 个产区的石油生产行为，指出相对于对称性曲线，非对称性曲线能够更好地对其进行拟合。其总结称，峰值前产量增长率中值为 7.8%，而峰值后的产量递减率中值为 2.6%，这意味着多数的区域产量呈现出右偏态分布，用右偏性曲线拟合更好。一个可能的原因是在油气生产的后期，为了获取更大的经济效益，资源产区经营者往往会采取一些措施来延缓产量递减的速度，如采用的提高采收率（enhanced oil recovery，EOR）技术。

总之，现实中的生产行为受诸多因素的影响，往往表现出偏态而非正态分布，这种特点决定了实际的产量曲线往往是非对称的，而在非对称的曲线当中，右偏性曲线更为常见。此外，从可持续发展的角度而言，让峰值早到一些，高峰产量维持长一些，峰值后递减率低一些的做法比峰值前尽可能采取加速开采方式延长产量增长期，而在峰值后产量快速下降的做法更为可取。因此，在对于尚处于峰值前的未成熟产区进行产量预测时，选用右偏性曲线进行预测可能是一个较好的选择。当然，也可以利用多个形状的曲线对其进行拟合，最后给出一个综合的分析（Laherrère，2000）。

4.2.4　因素三：产量循环的个数

正如 Hubbert 在其 1956 年文章中所指出的产量有可能会经历一个或者多个产量高峰最后再非对称地下降一样，实际生产的复杂性决定了历史产量出现多个产量高峰的现象是完全可能的。在此情况下，许多学者采用多循环模型来对历史产量进行模拟，以期获得更为准确的预测结果。例如，图 4.4 显示了运用多循环模型拟合英国石油产量，可以看出，多循环模型的应用显著提高了模型的拟合程度。

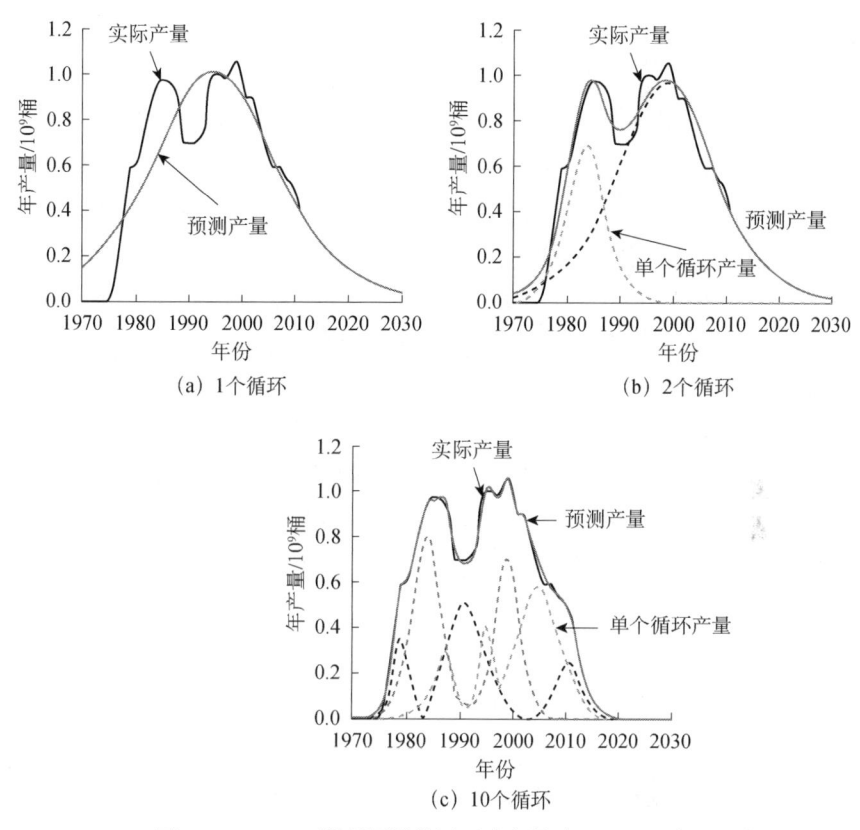

图 4.4 Hubbert 模型预测英国石油产量（BP，2012）

一般而言，在多循环模型的使用当中，加入的额外产量循环越多，模型的拟合程度也就越好。然而，好的拟合程度并不一定意味着高的预测准确性和可靠性。为了理解这一点，笔者提出"描述能力"（descriptive power）和"预测能力"（predictive power）两个概念。在曲线拟合模型中，描述能力被定义为模型对历史数据的重现程度，如果模型能够很好地重现历史数据（即模型模拟出的数据与历史实际数据之间的差异非常小或拟合程度非常高），则意味着其描述能力非常强。预测能力被定义为利用模型对未来产量进行预测的可靠性或准确性。由于描述能力是可观测的，而预测能力是不可观测的。因此，在实践中，很多学者通常认为，具有较好描述能力的模型也具有较高的预测能力。在一定的条件下，二者确实存在类似的关系，但需要指出的是，二者并不一定遵从这种关系。因此，多个产量循环的引入必然会提高模型的描述能力，但并一定提高模型的预测能力。

在实际的运用中，一些学者为了提高模型的描述能力，加入了过多的产量循环，有些产量循环的引入甚至缺乏足够的数据点支撑，这意味着这些曲线参数的确定所依赖的有效数据是非常小的。Sorrell 和 Speirs（2010）指出，如果要获得较好的参数估计结果，所依赖的数据点至少在 10 个以上。更为严重的结果是，过多的产量循环很可能导致过度拟合现象的出现（Anderson and Conder, 2011），而一旦出现过度拟合，必然降低模型的预测能力，尽管在这一条件下，模型的描述能力仍然是不断提高的。图 4.4、图 4.5 和表 4.2 描述了这种情况，从中可以看出，2 个循环就已经可以较好地描述历史产量（均值平方根从 0.1558 下降到 0.0642），且在这种情况下，模型自身预测的最终可采资源量（即内部最终可采资源量）与外部最佳最终可采资源量估计值也十分相近。而如果继续加入额外循环，如 3 个或 4 个产量循环，结果是拟合程度进一步提高（即均值平方根进一步降低），但提高的幅度已显著低于 2 个循环时的情况，且对于未来的预测产量影响并不显著，这再一次说明了 2 个循环已经足够。如果进一步引入产量循环，如将产量循环的个数增加到 10 个，此时，拟合优度也随之提高（均值平方根降至 0.0167），但预测结果与其他几种情况相比，显然更为悲观，其对最终可采资源量的预测值也与外部最佳估计的最终可采资源量出现较大差异，这很可能就是由过度拟合现象造成的。

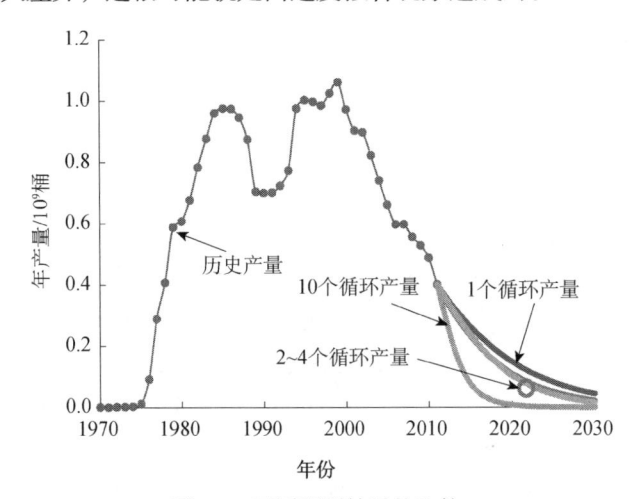

图 4.5　不同预测结果的比较

表 4.2　不同结果的描述与对比（BP，2012）

预测方法	产量循环的个数/个	均值平方根	外部最终可采资源量最佳估计值/Gb	模型自身输出最终可采资源量值/Gb	预测的平均递减率/%（2012～2030 年）
Hubbert 模型	1	0.1558	29.71	31.73	-11.01
	2	0.0642		30.17	-14.22
	3	0.0509		30.20	-14.11
	4	0.0319		29.43	-15.73
	10	0.0167		27.75	-33.40

注：外部最终可采资源量最佳估计值=累计产量+储量，1Gb=10^9 桶，1 桶=158.98 升或 42 加仑。

对于由于模型引入过多产量循环而引起的过度拟合现象，理论上可以通过分析每一个产量循环增加背后的原因或依据，如果某一产量循环的增加是有充分原因或依据的，则认为选择增加的行为是合理的；反之，则应该拒绝增加产量循环。然而，现实的情况是很多的研究仅利用多循环模型却很少给出具体运用了几个产量循环及为什么选择使用这几个产量循环（Patzek and Croft，2010）。Anderson 和 Conder（2011）指出，现实中很难找到充分的理由解释每一个产量循环，但可以尝试利用其他一些统计方法来对增加的额外产量循环提供解释。为此，他们提出了通过 F 检验来确定产量循环的个数。尽管为每一个产量循环的增加提供足够的理由很难，且建立的统计方法也可能存在着一些问题，但对相关问题的思考或方法的改进却是必不可少的。

4.2.5　因素四：剩余资源的最大耗竭率

耗竭率（depletion rate）的定义主要有两种：一种是针对资源总量的耗竭率，称之为"总资源耗竭率"（depletion rate of ultimate recoverable resources）；另一种是针对剩余资源量的耗竭率，称之为"剩余资源耗竭率"（depletion rate of remaining recoverable resources）。两者可以用以下两个公式加以描述：

$$D(t) = \frac{q(t)}{\text{URR}} \quad (4.13)$$

$$d(t) = \frac{q(t)}{\text{URR} - Q(t)} \quad (4.14)$$

式中，$D(t)$ 为总资源耗竭率；$d(t)$ 为剩余资源耗竭率；$q(t)$ 为年产量；$Q(t)$ 为累计产量，本书中所采用的是剩余资源耗竭率。

本书第 2 章介绍了化石能源的形成及开采，实际上，对于经历数百万年才能形成的化石能源资源而言，一旦开采活动开始，即意味着对有效资源的耗竭。化石能源生产的本质实际上就是对地下有限资源的耗竭过程（Höök，2010），耗竭越快，意味着对资源的开采速度越快，将使有限的资源在短期内得到大量的开发利用。一般而言，高的资源耗竭率往往意味着高的峰值产量和峰值后高的产量递减率（Höök et al.，2009）（图 4.6）。

在现实中，受经济、技术和其他各种因素的影响，资源耗竭率不可能无限制的增长。进一步，极其高的耗竭率往往意味着对地下资源的破坏式加速开采，这对于可持续发展而言也是不利的。因此，在实际的生产中，资源产区的剩余资源耗竭率往往会存在最大值，之后开始下降，该现象在 Höök 等（2009）调查了全球 300 多个巨型油田之后，已经得到了证实。

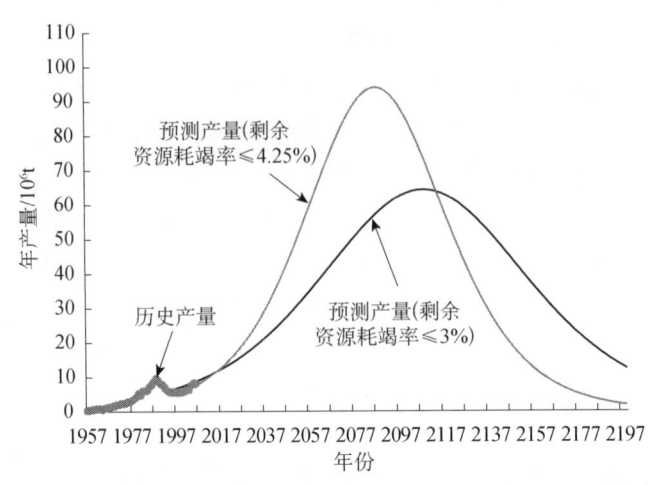

图 4.6　剩余资源耗竭率对预测结果的影响——以蒙古国煤炭产量预测为例
最终可采资源量假设为 80 亿 t，产量数据来源于 Mohr 和 Evans（2009）所提供的支撑材料

既然剩余资源的耗竭率存在最大值，那么就可以利用这一特点来对有限资源的开采行为进行约束（Höök and Aleklett, 2010; Höök et al., 2010）。Sorrell 等（2012）指出，对于任何预测结果，如果其自身的资源耗竭率显著超过历史产区的最大耗竭率时，预测者就有必要对其预测结果进行仔细检查。这意味着，最大耗竭率还可以用来检验现有预测的可靠性（Jakobsson et al., 2009）。例如，Aleklett 等（2010）应用耗竭率方法分析了 IEA《世界能源展望 2008》中参考情景下的世界石油产量预测，结果发现，对于新发现资源量，IEA 的平均耗竭率达到了 10%，这一数字远超过世界其他任何地区以往的资源耗竭率，而这在现实中是很难实现的。

由于个体的差异，不同层面资源产区的最大耗竭率是有差别的，而即使同一层面的资源产区，其最大耗竭率也可能存在差异。因此，利用最大耗竭率来约束未来产量走势，必须依赖于大量的数据和统计分析，只有这样才能从历史中总结出规律。然而，由于缺乏高质量的数据，绝大多数学者很难给出最大耗竭率具体是多少。只有少数掌握数据的学者对此问题进行了较为系统的研究。Höök 等（2009）对全球数百个巨型油田的综合分析显示，这些巨型油田的最大耗竭率的平均值为 8.1%每年（Höök et al., 2009）。Sorrell 等（2012）对 37 个已过峰值国家或地区的研究显示，其最大耗竭率不超过 5%每年。Höök 等（2009）与 Sorrell 等（2012）研究结论的差异可以解释为资源产区的层级越高（即资源量越大），其相应的最大耗竭率也越小，这可以从式（4.14）中得到。此外，Höök 和 Aleklett（2010）也对美国煤炭的最大耗竭率进行了研究，结果发现，对于美国的煤炭而言，其最大耗竭率不超过 3%/年。

总之，剩余资源的最大耗竭率是从历史经验或规律的角度出发，对未来化石能源供应进行约束,避免出现不切实际的峰值产量及加速的产量递减率问题。

4.3 化石能源中长期供应曲线拟合模型构建

曲线拟合模型自 20 世纪 50 年代产生至今,已经历几十年的发展,模型也进行了多次改进。但仍然存在对相关关键要素考虑不全面,对非常规化石能源模拟较差等问题。因此,本部分将构建考虑多个关键要素的曲线拟合模型,针对非常规化石能源资源的特点,为其单独构建相应的预测模型。

4.3.1 常规化石能源供应预测的曲线拟合模型

对于常规化石能源供应,拟构建多因素广义曲线拟合模型,构建思路如下。

首先,选用 Richards 模型作为基本预测模型,在 Richards 模型的基础上,综合考虑 4.2 节提到的四个关键因素,即曲线形状(通过 b 值控制)、URR、产量循环的个数和剩余资源的最大耗竭率。

Richards 模型的表达式如下:

$$Q(t) = \frac{\text{URR}}{\left(1 + be^{-k(t-t_m)}\right)^{1/b}} \quad (4.15)$$

求解函数

$$q(t) = Q(t) - Q(t-1) \quad (4.16)$$

式中,$q(t)$ 为产量;$Q(t)$ 为累计产量;t_m 为峰值产量对应的时间。对模型描述能力的评估通过 RMSE 实现,其表示如下:

$$\text{RMSE} = \sqrt{\frac{\sum_{i=1}^{n}(q_{\text{act}} - q_{\text{for}})^2}{n}} \quad (4.17)$$

式中,n 为实证数据的个数;q_{act} 为实际历史产量数据;q_{for} 为相应的预测产量数据。模型求解目标是 RMSE 最小。

约束条件的分析如下。

(1)对于曲线形状:笔者综合考虑三种类型的曲线形状,为此对 b 值设定三种情景。①右偏性曲线情景:$b \to 0$,曲线拐点为 37%,相当于 Gompertz 模型。②对称性曲线情景:$b=1$,曲线拐点为 50%,相当于 Logisitc 模型。③左偏性曲线情景:$b=2.3898$,曲线拐点为 60%。

(2)对于最终可采资源量:笔者采用外部最终可采资源量对预测进行约束。

(3)对于产量循环的个数:利用 F 检验来确定最优产量循环的个数。F 检验构建过程如下。

由式（4.17）可以得出，样本序列的方差为

$$S^2 = \frac{\sum_{i=1}^{n}(q_{act}-q_{for})^2}{n-m-1} = \frac{\text{RMSE}^2 n}{n-m-1} \tag{4.18}$$

式中，m 是模型中待求参数的个数；$n-m-1$ 表示样本自由度。则对两组预测结果（一组为额外产量循环增加前；一组为额外产量循环增加后）建立 F 统计量为

$$F_{value} = \frac{S_1^2}{S_2^2} = \frac{\dfrac{\text{RMSE}_1^2 n}{n-m_1-1}}{\dfrac{\text{RMSE}_2^2 n}{n-m_2-1}} = \frac{\text{RMSE}_1^2}{\text{RMSE}_2^2} \cdot \frac{n-m_2-1}{n-m_1-1} \tag{4.19}$$

式中，RMSE_1 和 RMSE_2 分别为额外产量循环增加前和增加后的均值平方根，一般有 $\text{RMSE}_1 > \text{RMSE}_2$；$m_1$ 和 m_2 分别为额外产量循环增加前和增加后模型中自由变量的个数，即带求解参数的个数，一般有 $m_1 < m_2$；n 与式（4.17）中的意义相同。

只有当满足下列条件时，才可以增加产量循环：

$$F_{value} > F_\alpha (n-m_1-1, n-m_2-1) \tag{4.20}$$

式中，α 为显著性水平，在本书中，$\alpha = 0.01$。

F 检验的意义是：只有在能够显著改善模型拟合优度的情况下，新增产量循环才是被允许的。

（4）剩余资源的最大耗竭率：基于文献或自有数据库的研究确定。

综上所述，多因素广义曲线拟合模型的表达式可表示为

$$\begin{cases} \text{RMSE}_{min} = \sqrt{\dfrac{\sum_{i=1}^{n}(q_{act}-q_{for})^2}{n}} \\ q(t) = \dfrac{\text{URR}_{En.}}{\left(1+b e^{-k(t-t_m)}\right)^{1/b}} - \dfrac{\text{URR}_{En.}}{\left(1+b e^{-k(t-1-t_m)}\right)^{1/b}} \\ b = \text{"}\to 0\text{", or "}1\text{", or "}2.3898\text{"} \\ \text{s.t.} \begin{cases} \text{URR}_{En.} = \text{URR}_{Ex.} \\ F_{value} > F_\alpha(n-m_1-1, n-m_2-1) \\ d(t) = \dfrac{q(t)}{\text{URR}_{En.} - Q(t)} \leq d_{max} \\ b > 0, c > 0 \end{cases} \end{cases} \tag{4.21}$$

式中，$URR_{En.}$表示模型的内部最终可采资源量；$URR_{Ex.}$表示外部给定的最终可采资源量；d_{max}代表本书调查的剩余资源最大耗竭率。

4.3.2 非常规化石能源供应预测的曲线拟合模型

对于非常规化石能源，由于其开发历史较短，尚处于开发的早期阶段，其产量占总化石能源供应的比例非常小，且统计数据不完备，仅能获取个别国家或地区的部分历史数据，因此，既无法确定曲线形状，也无法利用上述拟合优度最小化的求解思路，且基本不存在产量循环的问题；与此同时，未来增长的不确定性非常大，用某一个曲线很难描述。针对非常规化石能源的这些特点，笔者借鉴Ward等（2012）的研究思路，用一组增长曲线来描述其未来产量。

虽然无法获得历史产量数据，但通过文献及机构报告调查，获得不同地区某一年的产量值是可行的。因此，将这些地区特定年份的产量值作为增长曲线开始的初始产量，即采用从某一给定值（初始产量）开始的一组增长曲线来模拟未来产量。这一组曲线的差异由产量增长率来区分，而产量增长率则允许在某一范畴内随机给出（范畴上限和下限将由本书分析得出，具体见第5章分析），以反映未来增长的不确定性。对于具体的曲线形状，本书选用改进的Hubbert模型。具体构建过程及此类改进的意图阐述如下。

表4.1中的Hubbert模型还可以表示为

$$q(t) = \frac{ak\text{URR}e^{-kt}}{\left(1+ae^{-kt}\right)^2} \tag{4.22}$$

式中，k为产量初始增长率；a为模型参数；t为相对开发时间；$q(t)$为年产量。其对应的累积产量可表示为

$$Q(t) = \frac{\text{URR}}{1+ae^{-kt}} \tag{4.23}$$

根据式（4.22）和式（4.23）有

$$q(t) = \frac{ak\text{URR}e^{-kt}}{\left(1+ae^{-kt}\right)^2} = \frac{ak\text{URR}e^{-kt}+k\text{URR}-k\text{URR}}{\left(1+ae^{-kt}\right)^2}$$

$$= \frac{k\text{URR}\left(1+ae^{-kt}\right)-k\text{URR}}{\left(1+ae^{-kt}\right)^2}$$

$$= \frac{k\text{URR}}{1+ae^{-kt}} - \frac{k\text{URR}}{\left(1+ae^{-kt}\right)^2}$$

$$
\begin{aligned}
&= \frac{k\text{URR}}{\frac{\text{URR}}{Q(t)}} - \frac{k\text{URR}}{\left(\frac{\text{URR}}{Q(t)}\right)^2} \\
&= kQ(t) - \frac{k(Q(t))^2}{\text{URR}} \\
&= kQ(t)\left(1 - \frac{Q(t)}{\text{URR}}\right)
\end{aligned}
\quad (4.24)
$$

由于历史产量未知或不确定，将式（4.24）的前半部分进行改写，改写后的方程如下：

$$q(t) = q_0 e^{kt}\left(1 - \frac{Q(t)}{\text{URR}}\right) \quad (4.25)$$

式中，q_0 表示模拟开始时的初始产量；k 表示初始指数增长率；$t=0$ 时，$Q=0$。这一改进的实质是将 Hubbert 模型改写为产量从某一给定点开始的非对称增长模式曲线。具体而言，该非对称曲线属于左偏性曲线，与对称性曲线和右偏性曲线相比，左偏性曲线允许产量保持更长的产量增长期、更高的峰值产量。通过这种改进，就能让非常规化石能源资源尽可能快地得到开发，将非常规化石能源对化石能源总产量的带动作用发挥到最大。

图 4.7（a）描述了给定资源量和初始产量情况下，不同初始指数增长率对曲

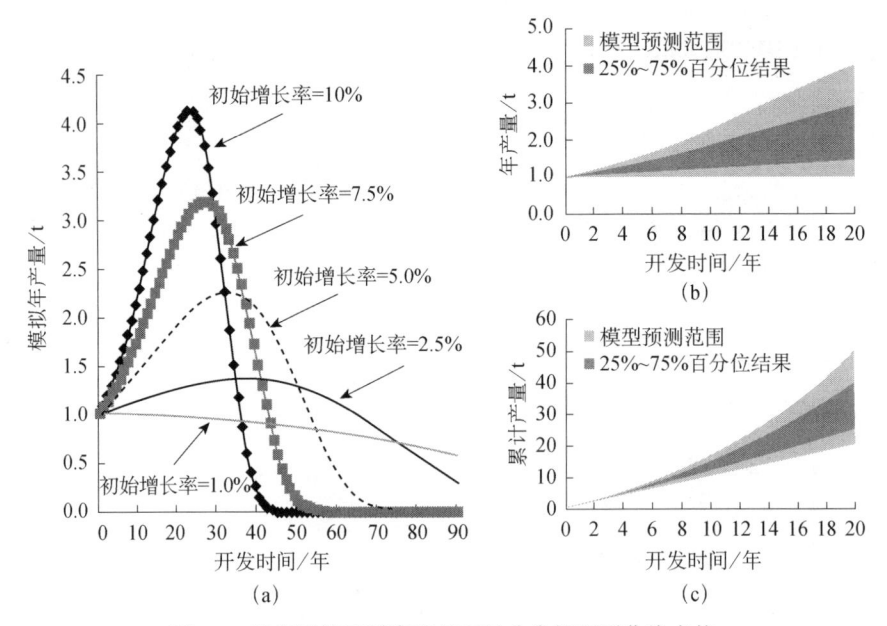

图 4.7 给定最终可采资源量下的非常规预测曲线走势

（a）若干个初始增长率的曲线形状（假设最终可采资源量=100，初始年产量=1t）；（b）一组初始增长率之后模拟（模拟次数为5000次）的产量结果，初始增长率的上限为10%，下限为3%；（c）为（b）对应的累计产量

线形状的影响。可以看出，初始增长率与峰值产量、峰值时间密切相关：初始增长率越高，曲线越早达到峰值，且峰值产量越高。但无论哪种情况下，曲线的拐点都大于 50%。图 4.7（b）和图 4.7（c）仅给出产量初始指数增长率的范畴（上限为 10%，下限为 3%），具体增长率随机给出，并模拟 5000 次的结果。可以看出，这种随机模拟的结果能够充分考虑未来非常规化石能源产量增长的不确定性。

4.4 基于实证分析的预测模型有效性检验

在本章中，利用上述方法分别对美国的天然气产量进行预测。美国天然气历史产量如图 4.8 所示，资源量的统计结果如表 4.3 所示。

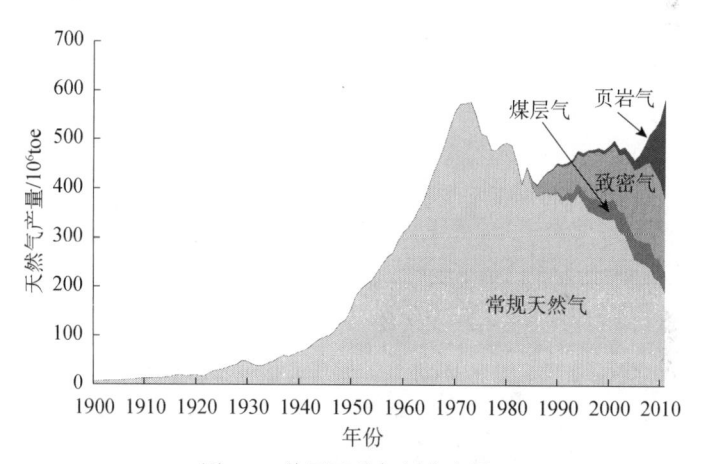

图 4.8 美国天然气历史产量

总的天然气产量来自 EIA（2013a）；非常规天然气产量来自 EIA（2013b）

表 4.3 美国天然气资源量统计 （单位：Mtoe）

资源类别	2011年产量	2011年年底累计产量	储量	资源量	资源基础	附加资源量	总地质资源量	最终可采资源量
常规天然气	191	24880	2686	23038	25724	—	—	50604
总的非常规天然气	393	4078	5539	34091	39630	101702	141332	43708
页岩气	200	714	2483	21968	24451	59242	83693	25165
煤层气	44	765	446	4023	4469	19456	23925	5234
致密气	149	2600	2610	8100	10710	23004	33714	13310
总的天然气	584	28958	8225	57129	65354	—	—	94312

资料来源：产量数据与累计产量数据与图 4.8 一致；储量、资源量的详细分析见本书第 3 章；"—"表示数据无法获得。

4.4.1 美国常规天然气产量预测

1. 相关说明及产量预测情景设计

美国常规天然气最终可采资源量数据来源于表4.3中的数值；剩余资源最大耗竭率为2.14%，该值为全球已过峰值或进入平台期的国家历史剩余资源最大耗竭率统计的平均值（详细的统计分析见本书第5章剩余资源最大耗竭率分析部分）；对于最优产量循环个数的判断，是在给定最终可采资源量（即最终可采资源量=50604Mtoe）的情况下，运用F检验进行的。通过本次的分析，美国常规天然气产量预测中的最优产量循环个数为4个，具体统计见表4.4。

表4.4 最优产量循环个数确定

曲线形状	产量循环的个数/个	RMSE/Mtoe	变量个数/个	F检验 F值	F_α	最优循环的个数/个
右偏性曲线（拐点=37%）	1	72.2339	3	—	—	4
	2	21.0315	6	11.5320	1.5020	
	3	12.9551	9	2.5751	1.5092	
	4	10.3304	12	1.5358	1.5166	
	5	8.6752	15	1.3840	1.5244	
	6	7.7399	18	1.2254	1.5325	
	7	7.5004	21	1.0380	1.5409	
对称性曲线（拐点=50%）	1	94.0784	3	—	—	4
	2	23.4780	6	15.6973	1.5020	
	3	14.0376	9	2.7332	1.5092	
	4	8.1362	12	2.9070	1.5166	
	5	7.9141	15	1.0315	1.5244	
	6	6.6008	18	1.4021	1.5325	
	7	6.5454	21	0.9914	1.5409	
左偏性曲线（拐点=60%）	1	108.5804	3	—	—	5
	2	35.0671	6	9.3728	1.5020	
	3	11.0017	9	9.9271	1.5092	
	4	8.5070	12	1.6333	1.5166	
	5	6.7467	15	1.5517	1.5244	
	6	6.5492	18	1.0351	1.5325	
	7	5.7877	21	1.2482	1.5409	

注：本次模拟的历史数据期限为1874～2011年，共138个数据点，即$n=138$；"—"表示数据不存在。

为了描述四个关键因素对产量预测结果的影响，以及体现对多因素的考虑降低预测结果差异的效应，笔者设计四种产量预测情景。

情景 A：在该情景中仅仅考虑曲线形状的影响，即在不考虑最终可采资源量、耗竭率及产量循环的情况下，利用不同曲线形状下的单循环 Richards 模型来预测产量。

情景 B：在情景 A 的基础上，增加最终可采资源量的影响，但仍不考虑耗竭率和产量循环个数的影响（即仍然利用单循环模型拟合）。

情景 C：在情景 B 的基础上，增加最优产量循环个数的影响，即在给定最终可采资源量情况下，利用最优产量循环个数下的多循环模型来预测产量。

情景 D：在情景 C 的基础上，再利用剩余资源最大耗竭率对多循环模型的预测结果进行进一步的约束。

2. 预测结果及其分析

美国常规天然气产量预测结果如图 4.9 和表 4.5 所示。由于美国的常规天然气产量峰值已过，且产量处于稳步下降阶段，因此，在情景 A 中，由曲线形状导致的预测结果差异并不显著，预测的峰值时间为 1978±3.4 年，峰值产量为 502±6.5Mtoe。

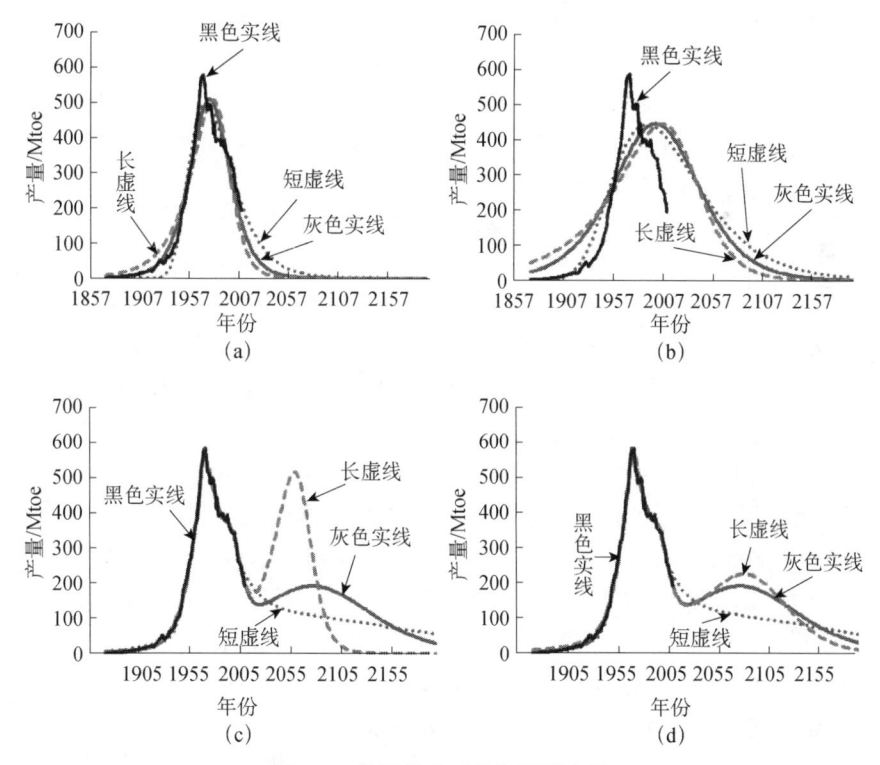

图 4.9　美国常规天然气预测产量

黑色实线代表历史产量；间断性的长虚线代表拐点为 60% 的左偏性曲线；灰色实线代表对称性曲线；间断性的短虚线代表拐点为 37% 的右偏性曲线。(c) 和 (d) 中的产量循环个数均为 4 个

表 4.5 不同情景下预测结果对比

预测情景	曲线拐点/%	产量循环个数/个	主峰值产量/Mtoe	主峰值年份	次峰值产量/Mtoe	次峰值年份	最终可采资源量/Mtoe	均值平方根	耗竭率/%
情景 A	60	1	507	1982	—	—	27490	51.208	1.43
	50	1	509	1979	—	—	27365	33.946	1.43
	30	1	496	1975	—	—	28698	28.092	1.43
情景 B	60	1	438	2005	—	—	50604	108.58	1.88
	50	1	439	1999	—	—	50604	94.078	1.78
	30	1	436	1990	—	—	50604	72.234	1.67
情景 C	60	4	582	1972	512	2060	50604	8.507	10.41
	50	4	579	1972	190	2078	50604	8.136	1.62
	30	4	565	1972	—	—	50604	10.330	1.43
情景 D	60	4	559	1973	224	2082	50604	12.807	2.14
	50	4	579	1972	190	2078	50604	8.136	1.62
	30	4	565	1972	—	—	50604	10.330	1.43

注:"—"表示数据不存在。

但该情景下预测的最终可采资源量仅为 28031±666.4Mtoe,与表 4.3 中仅考虑累计产量与储量之和情况下的最终可采资源量相近,但明显低于综合考虑累计产量、储量和资源量后的最终可采资源量结果。因此,该情景下的预测结果更多的可以看成是现有储量的未来开采趋势,而不能反映未来技术和经济条件改善下额外新增储量(即表 4.3 中的资源量)引起的产量增长。

在情景 B 中,虽然考虑了资源量的影响,但是尽管三种不同曲线预测结果比较相近,但三种曲线的模拟产量与历史产量的拟合程度非常差,换句话说,模型不具备较好的描述能力,导致这种现象的原因是资源量与储量的差异,储量可以立即投入开发并进入现有生产系统;资源量从发现、经济技术条件可行,到最终的开采需要时间,对其未来生产的描述需要通过新的产量循环来描述,这也是多循环模型运用的一个重要原因。

在情景 C 中,通过综合考虑最终可采资源量和最优产量循环个数的影响,不同类型曲线拟合的均值平方根显著降低(以左偏性曲线为例,均值平方根从情景 B 中的 108.58 降低到情景 C 中的 8.507,见表 4.5),模型描述能力大大提升。但模型的描述能力与预测能力并不直接相关,从图 4.9(c)中可以看出,不同类型曲线预测结果的差异非常大。左偏性曲线预测的第二阶段峰值时间和峰值产量分别为 2060 年和 512Mtoe;而对称性曲线预测的第二阶段峰值时间和峰值产量为 2078 年和 190Mtoe;右偏性曲线预测产量将在未来持续下降,但下降速度显著减缓,预测期内并无二次峰值的出现。这种现象的本质原因可以由不同类型曲线的特性加以解释,即拐点越大,产量上升速度越快,峰值产量也越高,但出现相应的峰值后递减率也越高。

不同类型曲线所导致的产量上升速度的差异可以进一步由剩余资源的耗竭速度来解释，因为生产的本质就是资源的耗竭过程。比较表 4.5 中情景 C 中不同类型曲线的剩余资源最大耗竭率可以发现，左偏性曲线的最大耗竭率为 10.41%，远超过其他两种类型曲线的最大耗竭率，也远大于全球已过峰值或进入平台期的天然气生产国的历史最大耗竭率均值。这意味着，如此高的耗竭率很可能是不现实的。因此，在情景 D 中，利用历史最大耗竭率对不同类型曲线预测产量进行约束，可以看出，约束后的左偏性曲线与未约束曲线相比，产量上升速度和峰值产量水平都大大降低。在此情况下，三种类型曲线预测结果间的差异也大大降低。

4.4.2 美国非常规天然气产量预测

美国非常规天然气预测过程中的初始产量、最终可采资源量均来自表 4.3，对于产量初始指数增长率，笔者利用《2013 年年度能源展望》（*Annual Energy Outlook* 2013，AEO2013）中有关美国非常规天然气的相关统计数据，具体如表 4.6 所示。一般而言，在较长时间段内，指数增长率不会超过算数平均增长率。且对于已开发地区，特别是已经具备一定规模的已开发地区，未来增长率往往低于历史增长率，这一点可以从全球不同区域范畴内化石能源系统的历史产量增长率趋势得到印证。具体的有关非常规油气产量增长率的论述见本书第 5 章。

表 4.6 美国非常规天然气产量增长率统计

预测或分析机构	资源类别	历史增长率 算术平均增长率/%	同期指数增长率/%	预测增长率 算术平均增长率/%
EIA（2013b）	美国非常规天然气	9.50	7.93	1.85
	页岩气	23.71	17.03	2.65
	煤层气	14.04	—	0.75
	致密气	6.82	6.44	0.79

注：历史增长率计算期为 1990～2011 年；预测增长率为 2011～2040 年。指数增长率为利用指数曲线拟合历史产量得出。"—"表示 1990～2011 年煤层气历史产量难以用指数曲线拟合，因此未统计。

在本章的实证阶段，利用 7.93%作为页岩气的初始增长率上限；6.44%作为煤层气和致密气的初始增长率上限；三种非常规天然气初始增长率下限均为 1%。据此，可获得美国非常规天然气资源的预测结果，如图 4.10 所示。与 EIA 的预测相比，笔者的预测结果要更高一些，造成这种现象的原因主要由三方面构成：一是所选用的左偏性曲线往往会使产量保持较长的快速增长期，从而产生更高的峰值产量；二是所选用的初始增长率；三是对于非常规天然气产量的预测，笔者

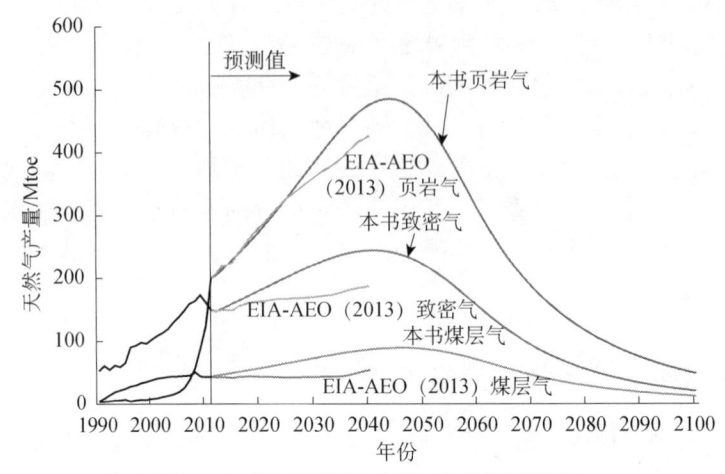

并没有用最大耗竭率原则对其预测产量进行约束。

图 4.10 美国非常规天然气产量预测结果

4.4.3 美国天然气总产量预测

综合分析常规与非常规天然气产量之后,笔者预测美国总的天然气产量将在未来保持快速增长(2050 年前)。其中,常规天然气产量在未来几年经历短暂的持续下降期之后,逐渐开始缓慢增长;非常规天然气产量,特别是页岩气产量,将在未来几十年内快速增长,成为未来数十年美国天然气增长的主力,如图 4.11 所示。

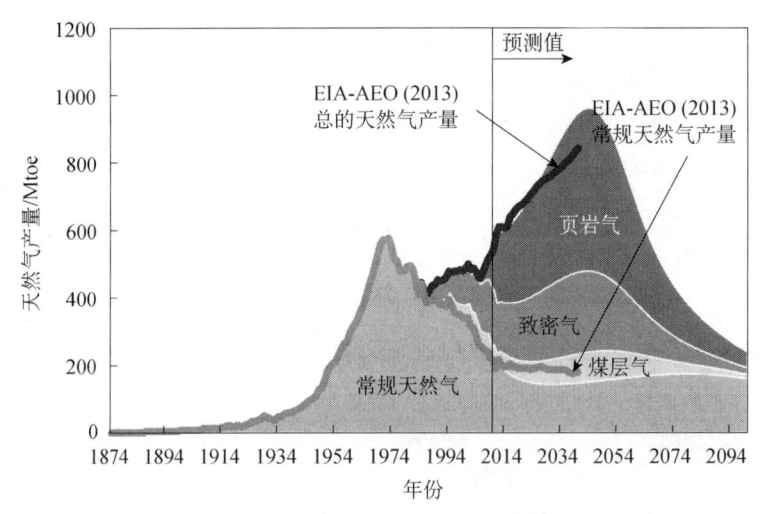

图 4.11 美国天然气产量预测结果

常规天然气产量预测结果为三种类型曲线预测结果的平均值

参 考 文 献

陈元千. 1996. 对翁氏预测模型的推导及应用. 天然气工业, 16（2）: 22-26.

陈元千. 1997. 预测油气田产量和可采储量的新模型. 石油学报, 18（2）: 84-88.

冯连勇, 王建良, 赵林. 2010. 预测天然气产量的多循环模型的构建及应用.天然气工业, 30（7）: 114-116.

胡建国, 陈元千, 张盛宗. 1995. 预测油气田产量的新模型.石油学报, 16（1）: 79-86.

Aleklett K, Höök M, Jakobsson K, et al. 2010. The peak of the oil age–analyzing the world oil production reference scenario in world energy outlook 2008. Energy Policy, 38（3）: 1398-1414.

Al-Fattah S M, Startzman R A. 1999. Analysis of worldwide natural gas production. SPE Eastern Regional Conference and Enhibition, Charleston, West Virginia.

Anderson K B, Conder J A. 2011. Discussion of multicyclichubbert modeling as a method for forecasting future petroleum production. Energy & Fuels, 25（4）: 1578-1584.

ATC.2009. China Coal Industry Report. Sydney: Australian Trade Commission.

Bardi U. 2005 . The mineral economy: A model for the shape of oil production curves. Energy Policy, 33（1）: 53-61.

Bartlett A A. 2000. An analysis of US and world oil production patterns using Hubbert-style curves. Mathematical Geology, 32（1）: 1-17.

Bentley R W, Mannan S A, Wheeler S J. 2007. Assessing the date of the global oil peak: The need to use 2P reserves. Energy Policy, 35（12）: 6364-6382.

Bentley R W. 2002. Global oil & gas depletion: An overview. Energy policy, 30（3）: 189-205.

BP. 2012. Statistical Review of World Energy 2012. London: British Petroleum Company.

Brandt A R. 2007. Testing Hubbert. Energy Policy, 35（5）: 3074-3088.

Brandt A R. 2009. Technical Report 6: Methods of Forecasting Future Oil Supply. London: UK Energy Research Centre.

Brandt A R. 2010. Review of mathematical models of future oil supply: Historical overview and synthesizing critique. Energy, 35（9）: 3958-3974.

Brody S. 1945. Bioenergetics and Growth. New York: Reinhold Publishing.

Caithamer P. 2008. Regression and time series analysis of the world oil peak of production: Another look. Mathematical geosciences, 40（6）: 653-670.

EIA. 2013a. Natural Gas Gross Withdrawals and Production. Washington, DC: Energy Information Administration.

EIA. 2013b. AEO2013 Early Release Overview. Washington, DC: Energy Information

Administration.

Höök M. 2010. Coal and oil: The dark monarchs of global energy-understanding supply and extraction patterns and their importance for future production. Uppsala: Uppsala University.

Höök M, Aleklett K. 2010. Trends in US recoverable coal supply estimates and future production outlooks. Natural Resources Research, 19 (3): 189-208.

Höök M, Li J, Oba N, et al. 2011. Descriptive and predictive growth curves in energy system analysis. Natural Resources Research, 20 (2): 103-116.

Höök M, Söderbergh B, Jakobsson K, et al. 2009. The evolution of giant oil field production behavior. Natural Resources Research, 18 (1): 39-56.

Höök M, Xu T, Xiongqi P, et al. 2010. Development journey and outlook of Chinese giant oilfields. Petroleum Exploration and Development, 37 (2): 237-249.

Hubbert M K. 1949. Energy from fossil fuels. Science, 109 (2823): 103-109.

Hubbert M K. 1956. Nuclear energy and the fossil fuels. Meeting of the Southern Dsitrict, Division of Production, San Antonio: American Petroleum Institute.

Hubbert M K. 1959. Techniques of prediction with application to the petroleum industry. 44th Annual Meeting of the American Association of Petroleum Geologists, Dallas.

Hubbert M K. 1982.Techniques of prediction as applied to the production of oil and gas. Washington, D C: National Bureau of Standards of US.

Jakobsson K, Söderbergh B, Höök M, et al. 2009. How reasonable are oil production scenarios from public agencies? Energy Policy, 37 (11): 4809-4818.

Laherrère J. 2000. Distribution of field sizes in a petroleum system: Parabolic fractal, lognormal or stretched exponential? Marine and Petroleum Geology, 17 (4): 539-546.

Laherrère J. 2003. Future of oil supplies. Energy Exploration and Exploitation, 21 (3) :227-267.

Maggio G, Cacciola G. 2012. When will oil, natural gas, and coal peak? Fuel, 98: 111-123.

Mohr S H, Evans G M. 2009. Forecasting coal production until 2100. Fuel, 88 (11): 2059-2067.

Mohr S, Höök M, Mudd G, et al. 2011. Projection of long-term paths for Australian coal production: Comparisons of four models. International Journal of Coal Geology, 86 (4): 329-341.

Nashawi I S, Malallah A, Al-Bisharah M. 2010. Forecasting world crude oil production using multicyclic Hubbert model. Energy & Fuels, 24 (3): 1788-1800.

Nehring R. 2006a. Two basins show Hubbert's method underestimates future oil production. Oil & Gas Journal, 104 (13): 37-42.

Nehring R. 2006b. How Hubbert method fails to predict oil production in the Permian Basin. Oil & Gas Journal, 104 (15): 30-35.

Nehring R. 2006c. Post-Hubbert challenge is to find new methods to predict production. Oil & Gas Journal, 104（16）: 43-46.

Patzek T W, Croft G D. 2010. A global coal production forecast with multi-Hubbert cycle analysis. Energy, 35（8）: 3109-3122.

Patzek T W. 2008. Exponential growth, energetic Hubbert cycles, and the advancement of technology. Archives of Mining Sciences, 53（2）: 131-159.

Rutledge D. 2011. Estimating long-term world coal production with logit and probit transforms. International Journal of Coal Geology, 85（1）: 23-33.

Sorrell S, Miller R, Bentley R et al. 2010. Oil futures: A comparison of global supply forecasts. Energy Policy, 38（9）: 4990-5003.

Sorrell S, Speirs J, Bentley R et al. 2012. Shaping the global oil peak: A review of the evidence on field sizes, reserve growth, decline rates and depletion rates. Energy, 37（1）: 709-724.

Sorrell S, Speirs J. 2010. Hubbert's legacy: A review of curve-fitting methods to estimate ultimately recoverable resources. Natural resources research, 19（3）: 209-230.

Tu J J. 2011. Industrial Organization of the Chinese Coal Industry.Palo Alto: Program on Energy & Sustainable Development.

USGS. 2000. World Petroleum Assessment 2000. Washington D C: U.S. Geological Survey.

Wang J L, Feng L Y, Davidsson S, et al. 2013c. Chinese coal supply and future production outlooks. Energy, 60: 204-214.

Wang J L, Feng L Y, Tverberg G E. 2013b. An analysis of China's coal supply and its impact on China's future economic growth. Energy Policy, 57: 542-551.

Wang J L, Feng L Y, Zhao L, et al. 2011. A comparison of two typical multicyclic models used to forecast the world's conventional oil production. Energy Policy, 39（12）: 7616-7621.

Wang J L, Feng L Y, Zhao L, et al. 2013a. China's natural gas: Resources, production and its impacts. Energy Policy, 55: 690–698.

Wang J L, Feng L Y. 2016. Curve-fitting models for fossil fuel production forecasting: Key influence factors. Journal of Natural Gas Science and Engineering, 32: 138-149.

Ward J D, Mohr S H, Myers B R, et al. 2012. High estimates of supply constrained emissions scenarios for long-term climate risk assessment. Energy Policy , 51: 598-604.

第5章　化石能源未来供应潜力分析

以往的主流机构对于化石能源供应的分析多是从需求侧角度出发，其所依赖的前提假设是在其分析期内，生产不受资源约束。如果人类对化石能源的索取在其资源约束范围之内，则实际产出和消费由需求决定，即需求侧角度分析是可取的。然而，如果对化石能源的索取超过了其资源约束范畴，则实际的产出将由资源决定。可见，资源约束下的化石能源最大供应能力或潜力是上述判别中最为关键的评判标准。本章的目的不是准确预测未来化石能源实际产量有多少，而是以供应侧为视角，量化评估在资源可用性这一约束下未来化石能源的最大供应潜力。特别地，我们区分了常规和非常规化石能源，以回答近年来兴起并被主流机构寄予厚望的非常规化石能源革命能否显著改变全球总的化石能源供应这一热点问题。

5.1 常规化石能源供应预测中的关键参数确定

根据第4章建立的用于预测常规化石能源供应的多因素广义曲线拟合模型，影响预测结果的关键参数总共有四个，即最终可采资源量、曲线形状、最优产量循环个数、剩余资源的最大耗竭率。在第3章的分析中，我们已经确定了不同国家、不同地区和全球的最终可采资源量。对于曲线形状，在第4章的模型构建中，我们选用了Richards模型作为基础模型，并且通过赋予模型中参数b不同的数值来反映不同类型曲线形状的影响。因此，本章仅重点介绍如何确定最优产量循环个数和剩余资源的最大耗竭率这两个参数。

5.1.1 最优产量循环个数确定

同对全球化石能源资源分析时的区域划分一致，本书对于全球化石能源供应的研究也是基于全球七大区域。对于煤炭而言，由于我国的煤炭产量占到整个亚太地区的73%，整个世界的近50%（BP，2012），对亚太地区煤炭的分析时将其区分为两个子区域：一是"亚太-中国"区域；二是"亚太-中国以外"区域。根据这两个子区域的预测，最终获得亚太整个地区的预测结果。因此，在产量循环的确定过程中，亚太地区也按上述两个细分区域来统计分析。利用第4章中F检验方法，笔者最终确定的最优产量循环个数如表5.1所示（各地区不同曲线所对应的最优产量循环个数的详细数据及其他相关信息见附录C）。

表5.1　最优产量循环个数　　　　　　　　　　（单位：个）

地区	最终选用的最优循环个数		
	常规石油	常规天然气	煤炭
北美洲	2	4	3
独联体	2	2	3
非洲	3	1	3
亚太地区	3	1	—
亚太-中国	—	—	1
亚太-中国以外	—	—	2
欧洲	2	4	4
中南美洲	3	2	1
中东	2	1	2

注："—"表示不存在或不可用。

5.1.2　剩余资源的最大耗竭率分析

对剩余资源耗竭率的分析，本次研究的基本思路是利用历史产量、累计产量和本书第3章中所分析的各国的最终可采资源量等数据，结合第4章介绍的剩余资源耗竭率计算公式，对全球已度过常规化石能源峰值或已经处于峰值平台期的国家和地区进行分析，并从这些分析结果中总结出一定的规律。统计分析结果如图5.1～图5.4所示。

根据分析，全球常规石油、常规天然气和煤炭的剩余资源最大耗竭率均值分别为2.20%、2.14%和2.27%。这些数值均小于目前学者研究建议的数值。如Höök等（2009）对全球数百个巨型油田的综合分析显示，这些巨型油田的最大耗竭率的平均值为8.1%；Sorrell等（2012）通过对全球已过石油峰值的数十个国家的分析指出，对于国家层面而言，石油开采的剩余资源最大耗竭率不超过5%。此外，

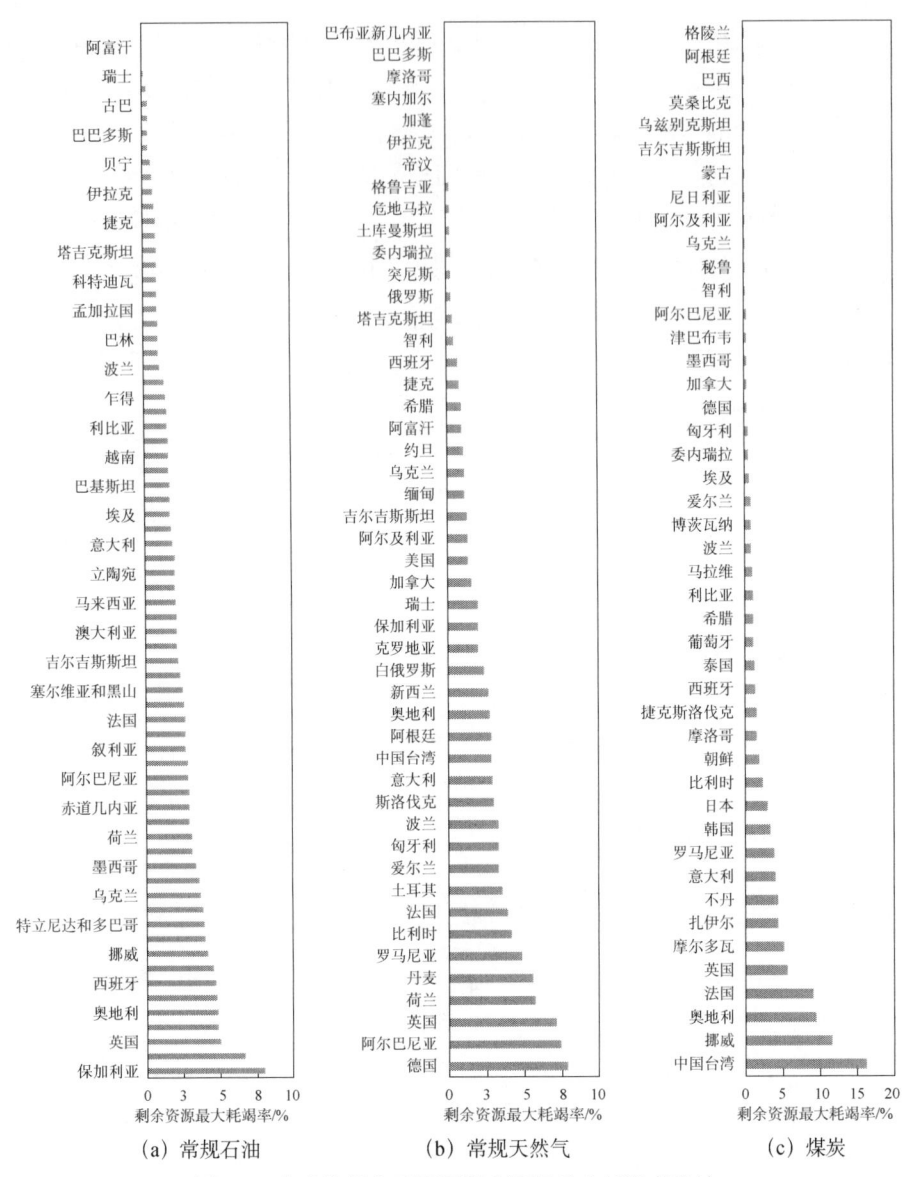

图 5.1 全球常规化石能源剩余资源最大耗竭率统计

　　Höök 和 Aleklett（2010）也对美国煤炭的最大耗竭率进行了研究，结果发现对于美国的煤炭而言，其最大耗竭率不超过 3%。在第 4 章中已经指出，一般而言，资源量越大，对应的最大耗竭率也就越小。而正如在本书第 3 章中总结的，笔者所采用的最终可采资源量应视为高值估计，这在很大程度上解释为什么笔者的最大耗竭率研究低于其他学者的研究。

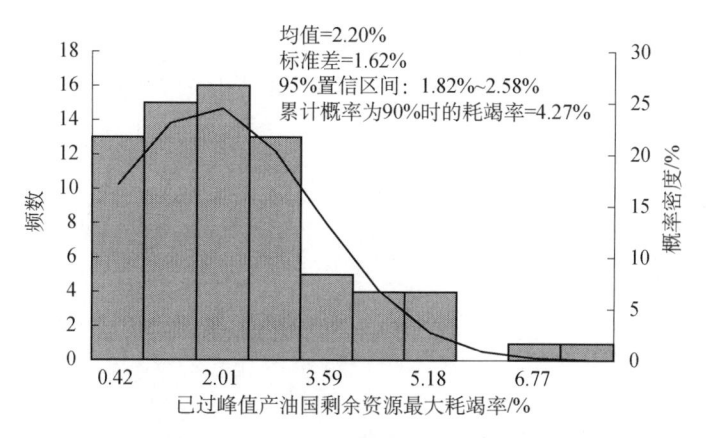

图 5.2　全球常规石油剩余资源最大耗竭率统计描述

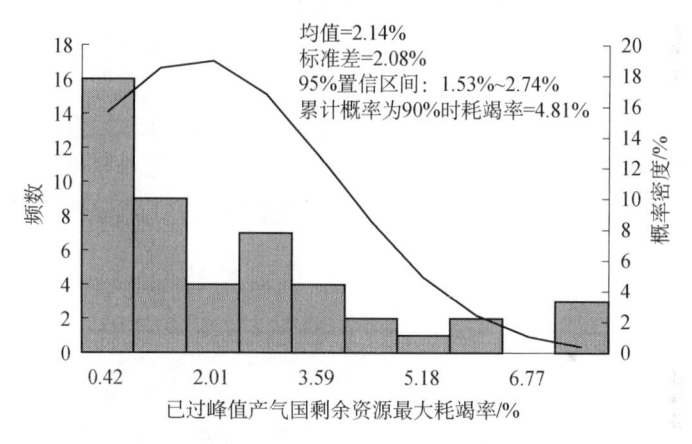

图 5.3　全球常规天然气剩余资源最大耗竭率统计描述

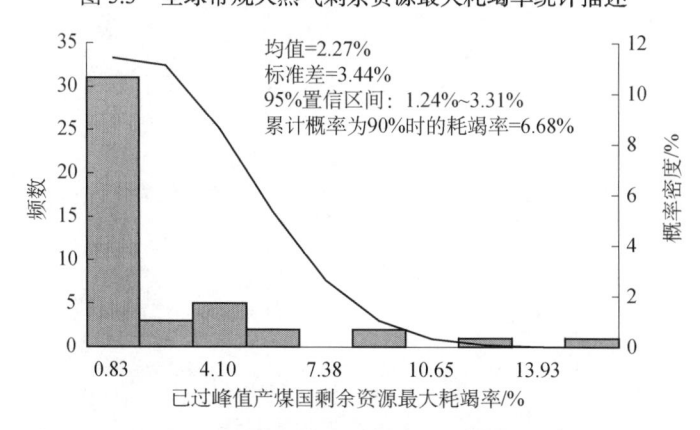

图 5.4　全球煤炭剩余资源最大耗竭率统计描述

为使得本次研究的最大耗竭率更具代表性，采用 90%累计概率所对应的最大耗竭率，这意味着 90%的被统计国家的最大耗竭率小于笔者所采用的耗竭率数值，且这种做法也可以在一定程度最大化未来化石能源供应的潜力。根据分析，90%累计概率所对应的最大耗竭率分别为4.27%（常规石油）、4.81%（常规天然气）和6.68%（煤炭）。

5.2　全球常规化石能源供应预测

在对模型四个关键参数确定之后，本部分利用第4章中建立的多因素广义曲线拟合模型对全球常规化石能源产量进行预测。

5.2.1　全球常规石油产量预测结果

全球常规石油未来产量的预测结果如图5.5和表5.2所示（分地区预测结果见附录D）。正如在第4章中总结的，一般而言，左偏性曲线的预测结果往往最高（即峰值产量最大），但代价是峰值后更快的产量递减速度；而右偏性曲线虽然预测出较低的峰值产量，但峰值后递减率却也最低，更利于能源的可持续发展和能源之间的平稳过渡。根据预测，全球常规石油产量将在2025～2037年达到峰值，峰值产量在4.26～5.43Gtoe。

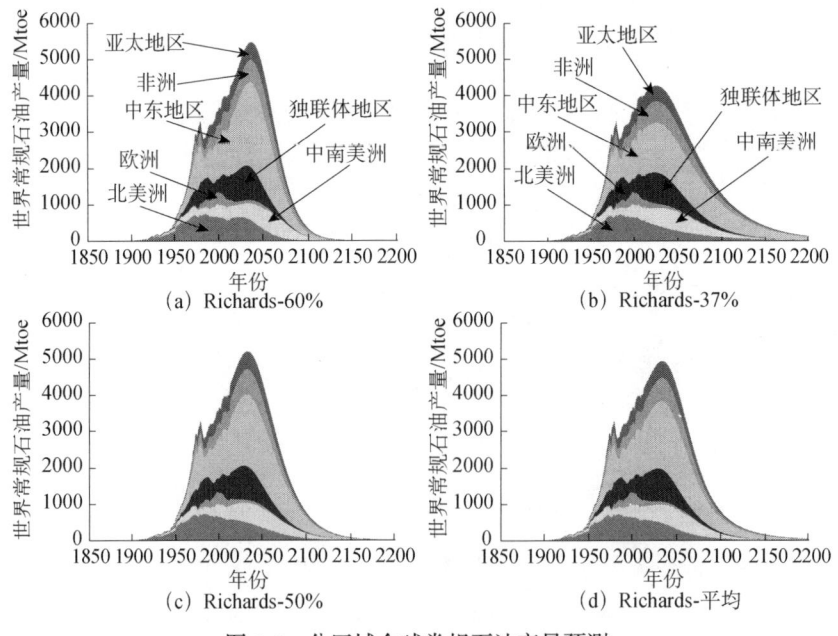

图5.5　分区域全球常规石油产量预测
(a)中的图例适用于(b)、(c)、(d)

表 5.2　不同曲线下全球常规石油总产量预测结果

曲线形状	拐点/%	峰值年份	峰值产量/Mtoe	峰值后 50 年平均递减率/%
右偏性曲线	37	2025	4259	−1.30
对称性曲线	50	2033	5189	−2.44
左偏性曲线	60	2037	5432	−3.70
均值结果	—	2034	4908	−2.45

注："—"表示不存在或不可用。

笔者统计分析了 2000 年以后学术界经同行评议发表的科学文献中对有关常规化石能源供应的预测结果。图 5.6 比较了本次研究的平均预测结果和拐点为 37%右偏性曲线预测结果与学者的研究结果。可以看出，本次研究的平均预测结果，由于考虑了 50%和 60%拐点曲线的结果，其预测的峰值产量几乎高于所有当前学者的研究。需要注意的是，现有学者研究的统计中，包括学者们研究中的高情景，而这些高情景被学者们认为是很难实现的。而对于本次研究的 37%拐点曲线，虽然峰值产量要低于本次研究平均结果，但峰值后递减率更为平缓，在 2100 年，其预测产量仍然高于 90%的现有预测结果。而无论是本次研究的平均预测结果还是 37%拐点曲线结果，均显著高于现有学者研究的均值。对于 2000～2010 年的预测结果，可以看出，学者平均值要略大于实际值，原因是这些学者在预测的过程中，历史产量直接使用的是现有统计机构公布的数据，如 BP。而这些数据中包含了一定量的非常规石油产量。而在本次的分析中，对于石油而言，扣除了美国致密油和加拿大油砂的历史产量。

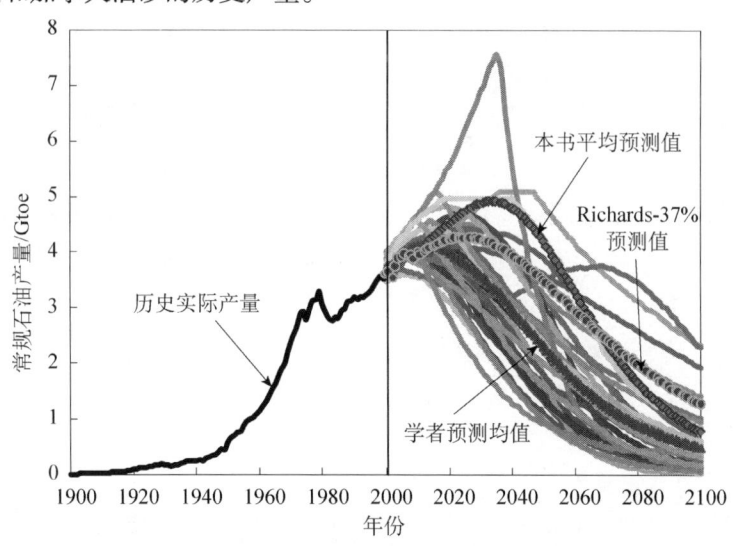

图 5.6　笔者预测的常规石油产量与学者预测比较
未标注的线条为各个学者具体的预测结果，此类结果数据来源于 Wang 等（2016）

5.2.2 全球常规天然气产量预测结果

全球常规天然气未来产量的预测结果如图 5.7 和表 5.3 所示（分地区预测结果见附录 D）。基本结论与常规石油相似，右偏性曲线的峰值产量 3.52Gtoe，对应的峰值后 50 年平均递减率仅为－0.73%/年；而对称性曲线和左偏性曲线虽然拥有较高的峰值产量，但峰值后的递减率也更高，以左偏性曲线为例，峰值后 50 年平均递减率高达－4.08%/年。综合来看，全球常规天然气产量将在 2051～2059 年达到峰值，峰值产量在 3.52～6.79Gtoe。

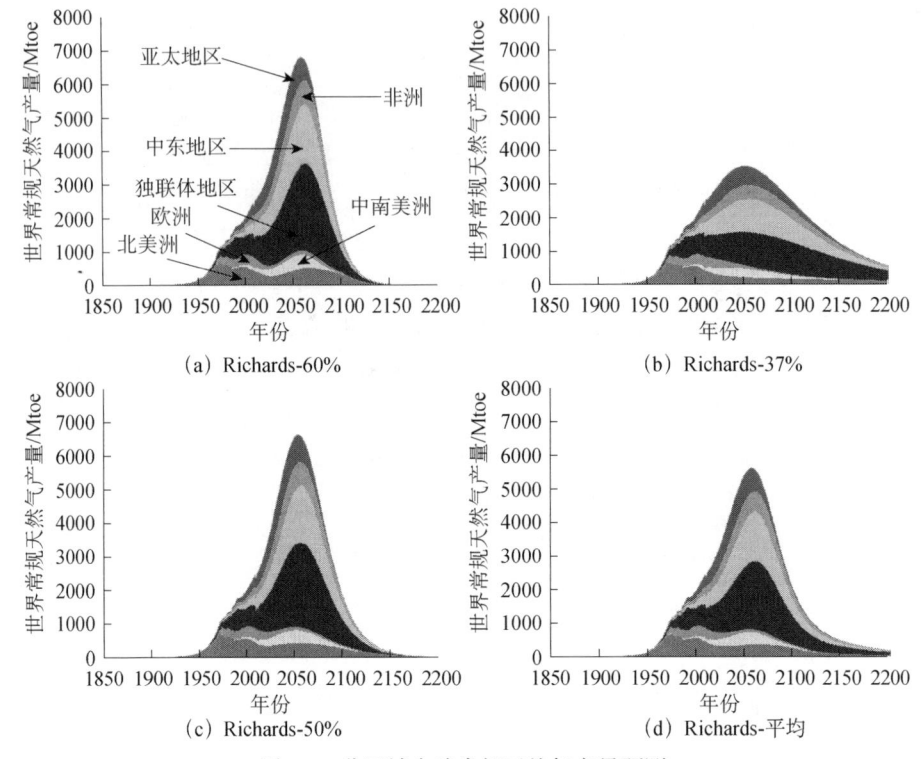

图 5.7 分区域全球常规天然气产量预测
(a)中的图例同样适用于(b)、(c)、(d)

表 5.3 不同曲线下全球常规天然气总产量预测结果

曲线形状	拐点/%	峰值年份	峰值产量/Mtoe	峰值后 50 年平均递减率/%
右偏性曲线	37	2051	3521	-0.73
对称性曲线	50	2053	6615	-2.85
左偏性曲线	60	2059	6785	-4.08
均值结果	—	2056	5602	-2.52

注："—"表示不存在或不可用。

图 5.8 比较了本书的平均预测结果与 2000 年之后经同行评议的科学文献的研究结果。从图 5.8 中可以看出，本书的平均预测结果高于所有的学者预测值，即使是 37%拐点曲线的预测结果也显著高于绝大多数现有研究。与常规石油一样，对学者研究的统计中也包含学者研究的高情景，如果仅考虑学者的标准情景或建议的情景，那么即使本书 37%拐点曲线结果，也将高于几乎所有的现有研究。对于 2000~2020 年学者预测均值高于本书研究的原因与常规石油相似，是因为在这些学者在研究中，历史产量并没有剔除非常规石油的影响，本书虽然也未能全部剔除非常规石油历史产量，但根据所能找到的数据，剔除了美国致密气、煤层气和页岩气的 1990~2011 年的历史产量。

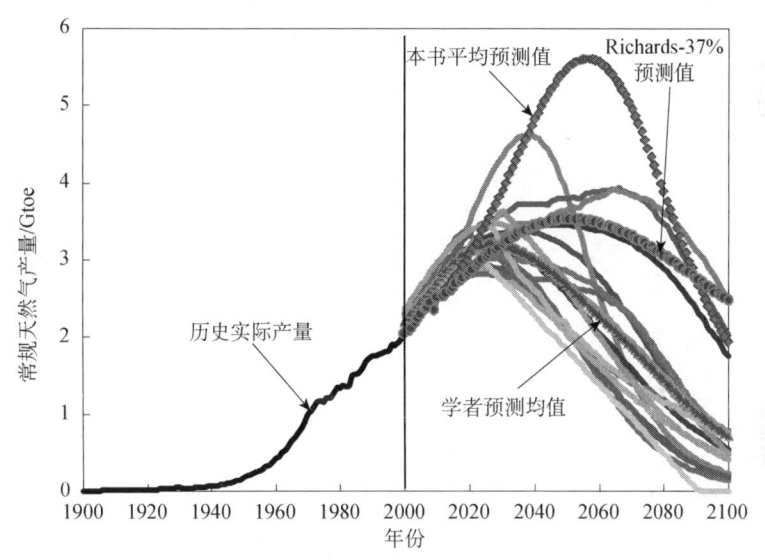

图 5.8 本次研究预测的常规天然气产量与学者预测比较
未标注的线条为各个学者具体的预测结果，此类结果数据来源于 Wang 等（2016）

5.2.3 全球煤炭产量预测结果

全球煤炭未来产量的预测结果如图 5.9 和表 5.4 所示（分地区预测结果见附录 D）。根据预测，全球煤炭产量峰值将在 2055~2061 年到达，峰值产量为 6.19~12.52Gtoe。根据 60%拐点曲线的预测结果，世界各地区的煤炭产量仍然具有非常大的增长潜力，特别是亚太地区，原因是亚太地区近些年的煤炭产量增速非常快，且资源总量比较丰富。以我国为例，我国的煤炭产量在 2002 年之后基本上维持了年均 10%的增长，尽管我国政府一再强调要控制煤炭消费和生产。这种大强度的快速开采必然加速资源的耗竭速度，如果我国不做出切实的改变，按照 60%

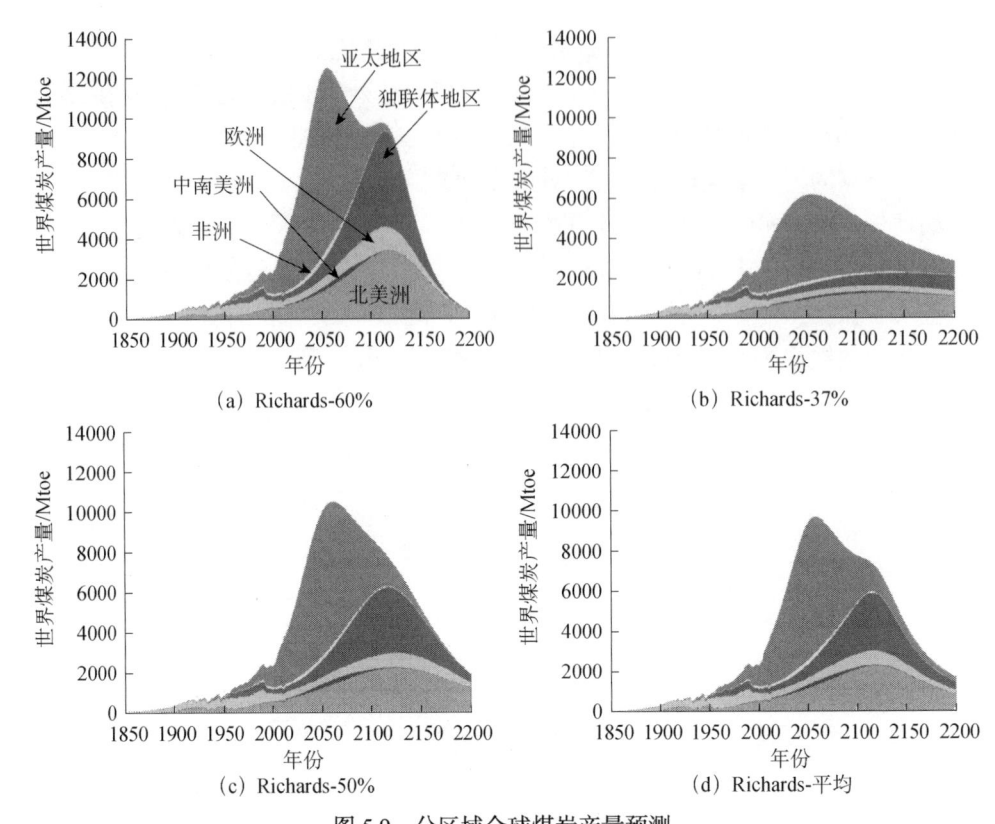

图 5.9 分区域全球煤炭产量预测

由于中东地区煤炭资源和产量非常小，未标注出中东地区的煤炭产量；(a)中的图例同样适用于(b)、(c)、(d)

表 5.4 不同曲线下全球煤炭总产量预测结果

曲线形状	拐点/%	峰值年份	峰值产量/Mtoe	峰值后 50 年平均递减率/%	峰值后 100 年平均递减率/%
右偏性曲线	37	2055	6194	−0.44	−0.52
对称性曲线	50	2061	10481	−0.52	−0.91
左偏性曲线	60	2056	12520	−0.51	−1.32
均值结果	—	2057	9712	−0.48	−0.94

注："—"表示不存在或不可用。

拐点曲线所预测的快速消耗情景，煤炭产量将在 2048 年达到 5.91Gtoe，之后将以−7.2%/年的速度快速下降（峰值后 50 年平均递减律），这种快速的下降对我国的经济和能源安全无疑都是一个巨大的挑战和威胁。因为煤炭占到我国一次能源消费的 70%，且如果在未来加速开采煤炭，则必然导致对其他可再生能源投资和研究力度的下降，这种情况下，峰值后快速下降的煤炭产量的影响将更为巨大。

为了尽可能地避免这一问题的出现,我国的"十二五"能源规划再次强调要将煤炭消费和生产控制在 2.05Gtoe 以内。因此,笔者认为,60%拐点曲线下的加速开采模式在未来是不切实际的。

图 5.10 比较了笔者平均预测结果与 2000 年后经同行评议的科学文献对世界煤炭产量的研究结果。与常规石油和天然气相似,本次研究的平均结果几乎高于所有现有预测,即使 37%拐点曲线预测结果也高于 90%的现有预测。

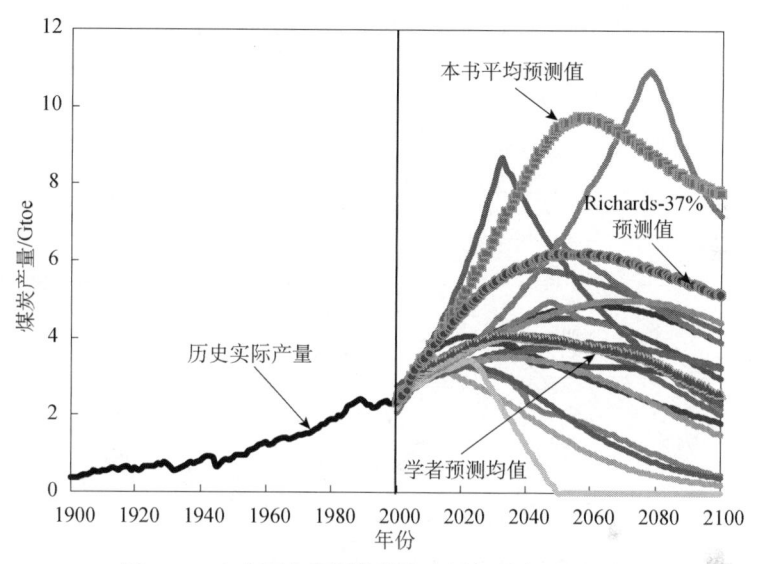

图 5.10 本次研究预测的煤炭产量与学者预测比较
未标注的线条为各个学者具体的预测结果,此类结果数据来源于 Wang 等(2016)

5.2.4 讨论与小结

尽管本部分有关常规化石能源供应的预测综合考虑了最终可采资源量、最优产量循环个数、剩余资源的最大耗竭率等因素,从而最大限度地减小了由于曲线形状所产生的预测结果的差异性,然而,从最后的预测结果来看,曲线形状的影响仍然很大。从笔者的预测结果来看,右偏性曲线预测的峰值时间相对较早、峰值产量相对较低、峰值后递减率也最低,这意味着,能源过渡也更加平稳;左偏性曲线预测的峰值相对较晚、峰值产量较高(峰值前产量快速增长)、峰值后递减率非常高。

表 5.5 分析了不同类型曲线拟合程度(即对历史事件的描述能力),可以发现,在统计的 21 项地区性预测结果中,有 14 项预测显示右偏性曲线能够更好地描述历史产量(即均值平方根最低);3 项预测显示对称性曲线能够较好地描述历史产

量；4 项预测结果显示左偏性曲线能够较好地描述历史产量。这一结论与 Brandt（2007）基本一致，其分析了 67 个产区的石油生产行为，结果显示绝大多数地区的石油生产呈现出右偏态分布的特点，能够用右偏性曲线很好地拟合。因此，笔者认为，常规化石能源未来产量比较现实的走势应该是右偏性曲线所描述的那样，左偏性曲线很可能高估了未来的化石能源供应潜力。

表 5.5　不同曲线的拟合程度（均值平方根）统计

地区	曲线拐点/%	均值平方根/Mtoe 常规石油	常规天然气	煤炭
北美洲	60	92.88	111.93	59.45
	50	62.27	94.33	59.20
	37	29.78	65.26	59.22
中南美洲	60	38.66	7.71	1.48
	50	37.90	7.88	1.50
	37	37.95	10.12	2.16
欧洲	60	40.94	42.85	98.65
	50	30.81	34.06	89.71
	37	24.53	23.30	74.47
中东地区	60	201.61	6.09	0.12
	50	189.49	6.68	0.12
	37	161.92	15.60	0.23
非洲	60	66.78	8.03	10.68
	50	61.30	7.35	9.15
	37	50.31	5.14	6.65
亚太地区	60	51.87	11.25	36.85
	50	42.50	8.94	40.28
	37	21.85	8.66	82.91
独联体地区	60	131.15	113.55	81.57
	50	124.59	107.78	80.42
	37	109.75	84.08	72.70

注：亚太地区的煤炭 RMSE 为"亚太-中国"和"亚太-中国以外"的平均值；该统计结果是在假设 1 个产量循环、给定最终可采资源量约束、无剩余资源最大耗竭率等约束条件下统计的均值平方根。

综上，选择右偏性曲线的预测结果作为本书基准情景，反映一种可持续的能源生产情景；而选择综合考虑左偏性曲线、对称性曲线和右偏性曲线的均值预测结果作为本书的高生产情景，反映一种加速开采的能源生产情景；最后，将 2000 年后经同行评议发表的科学文献中学者的估计结果作为本书的低情景。由于学者的研究中对未来潜在可采的资源考虑不足，主要是基于对储量的分析所得出的结果，该低情景可以看成是未来技术和经济条件未能发生根本改变下的资源约束情景。需要指出的是，无论是基准生产情景还是高生产情景，其所依赖的资源假设都建立在本书第 3 章的分地区不同种类化石能源最终可采资源量分析的基础上。

而正如第 3 章所论述的，该资源分析应该被视为资源评估的上限。三种情景下的全球常规化石能源供应如图 5.11 所示。低情景下，全球常规化石能源将在 2025 年迎来产量高峰，峰值产量为 10.90Gtoe；在基准情景下，产量高峰时间将被推迟到 2042 年，峰值产量也将达到 13.33Gtoe；在高情景下，全球常规化石能源峰值将出现在 2052 年，峰值产量为 19.14Gtoe。

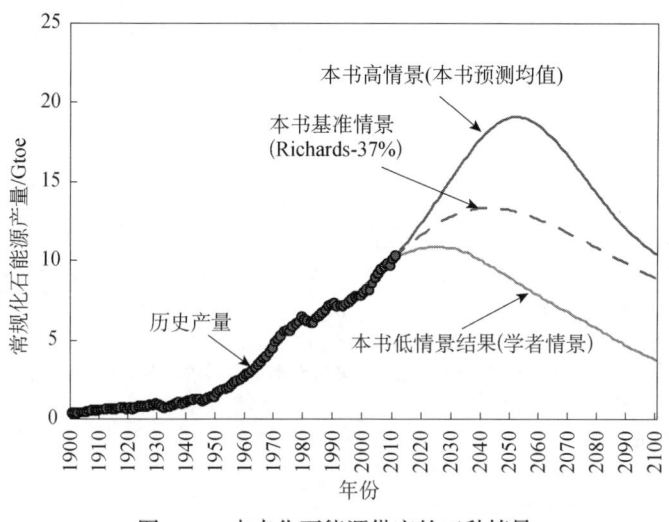

图 5.11　未来化石能源供应的三种情景

5.3　非常规化石能源供应预测中的关键参数确定

根据第 4 章建立的非常规化石能源供应预测的随机模拟模型，影响预测结果的三个关键参数分别是最终可采资源量、非常规化石能源初始产量及非常规化石能源产量的初始指数增长率。最终可采资源量已经由本书第 3 章所确定，本部分重点确定后两个因素，即非常规化石能源初始产量和非常规化石能源产量的初始指数增长率。

5.3.1　非常规化石能源初始产量确定

本书对非常规化石能源产量预测的初始时间设定为 2011 年，因此，初始产量即为 2010 年的产量。然而，由于缺乏系统的国家及地区的非常规生产数据，本书的非常规化石能源初始产量数据主要来自 Ward 等（2012）的分析，并利用部分本书所获得的数据对 Ward 等（2012）的数据进行部分更新。对于 Ward 等（2012）没有分析的国家或尚无非常规化石能源生产的地区，笔者统一对其赋值

[与 Ward 等（2012）相同，均赋 0.01G 桶，即 0.1 亿桶］。最终统计的各地区非常规化石能源初始产量如表 5.6 所示。

表 5.6　非常规化石能源初始产量统计　　　（单位：Mtoe）

地区	广义致密油	页岩油	超重油	油砂	页岩气	致密气	煤层气
非洲	2.17	3.7	0.5	3.4	0.51	0.76	0.25
北美洲	71.47	2.5	0.5	87.8	193.00	150.00	59.09
中南美洲	3.68	0.2	40.0	0.5	0.25	0.51	0.25
亚太地区	5.73	4.5	0.5	2.2	0.76	1.02	6.37
欧洲	1.23	7.9	1.1	1.1	0.51	1.02	1.85
独联体地区	3.68	1.3	0.5	2.2	0.25	0.25	0.25
中东地区	0.00	2.5	0.0	0.0	0.25	0.25	0.00
世界	87.93	22.6	43.1	97.2	195.55	153.82	68.06

注：委内瑞拉的超重油产量来自 IEA（2012a）和 Laherrère（2012）的综合分析；中国、爱沙尼亚和巴西的页岩油产量来自金融界（2013）；加拿大油砂产量来自 CAPP（2013）；加拿大致密油产量来自 IEA（2012a）；美国非常规天然气产量来自 EIA（2013）；中东超重油产量为假设值；其余数据均来自 Ward 等（2012）。对于广义致密油资源的初始产量，美国致密油产量来自 EIA（2013）。对于其他国家和地区的广义致密油初始产量，赋值原则如下，在资源量大于 400～1000Mtoe 时，赋值为 Ward 原始赋值的 1/3；资源量在 100～400Mtoe 时，赋值为 Ward 原始赋值的 1/10；资源量在 1000Mtoe 以上时，赋值与 Ward 赋值相同；但对于俄罗斯而言，由于其资源量非常巨大，超过 10000Mtoe，赋值为 Ward 赋值的 3 倍。

5.3.2　非常规化石能源产量的初始指数增长率确定

Höök 等（2012）对全球能源系统增长率的问题进行了较为系统的研究，认为全球能源系统增长一般遵循以下规律，即初始增长率一般比较高，在随后的长期内，产量增长率将呈现下降的趋势。通过对不同种类能源系统历史增长率的研究，Höök 等（2012）指出，能源系统的稳定初始增长率不超过 10%。Ward 等（2012）在对全球化石能源生产系统的研究中，也将 10% 作为初始产量增长率的上限，但其目的是了解化石能源的最大供应能力（即高估值），现实的增长率显然小于 10%。然而，Höök 等（2012）和 Ward 等（2012）的分析都是年均算术增长率（即第 i 年产量/第 $i-1$ 年产量-1）的分析，一般而言，年均算术增长率值高于对应的指数增长率（图 5.12）。

根据相关资料，笔者调查和总结了全球油气系统增长率，如表 5.7 所示。基于此，假设对于非常规石油而言，指数增长率上限为 8.48%，下限为 1%；对于非常规天然气，除了北美地区以外（北美地区的指数增长率上限设定为 7.93%），其余地区的指数增长率上限均为 10%，所有地区的非常规天然气指数增长率下限均设置为 1%。与 Ward 等（2012）的一样，本书对非常规指数增长率的设置同样是比较高的,特别是非常规天然气,这样就能最大化非常规化石能源的生产贡献。

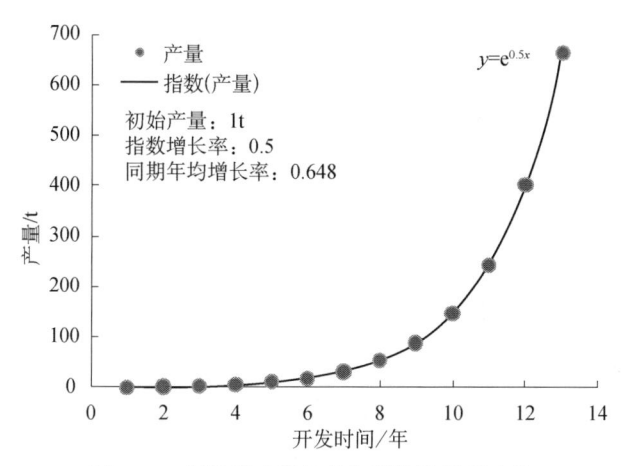

图 5.12 年均算术增长率与指数增长率比较

表 5.7 非常规化石能源产量增长率统计

研究系统	研究出处	研究对象	历史平均增长率/%	未来预测增长率/%	评论	历史同期指数增长率/%
油气系统	Ward 等(2012)	非常规油气	—	0.01~10	作者以 0.1%~10%的增长率范围研究全球非常规油气未来趋势	—
	Höök 等(2012)	全球能源系统	<10	—	作者通过对全球能源系统的研究,指出全球能源长期增长率不超过 10%	
石油系统	笔者分析	世界常规石油	8.40	—	增长率为世界石油产量快速增长期的值(1900~1973 年)	7.16
	EIA(2011)	世界非常规石油	9.90	4.61	历史增长率计算期为 1990~2008 年;预测增长率计算期为 2008~2035 年	8.48
		世界超重油	—	3.10		—
		世界油砂	—	4.40		—
	IEA(2012)	总的非常规石油	—	5.21	预测增长率计算期为 2011~2035 年	
		加拿大油砂	—	4.10		
		委内瑞拉超重油	—	5.60		
	OPEC(2011)	世界非常规石油	—	5.90		
	CAPP(2013)	加拿大油砂	—	5.95	预测增长率计算期为 2011~2030 年	
天然气系统	笔者分析	世界常规天然气	8.2	—	增长率为世界天然气产量快速增长期的值(1920~1970 年)	7.70
	EIA(2011)	世界非常规气	—	3.30	预测增长率计算期为 2009~2035 年	
	IEA(2012)	世界非常规气	—	2.78	预测增长率计算期为 2010~2035 年	
	EIA(2013)	美国非常规气	9.50	1.85	历史增长率计算期为 1990~2011 年;预测增长率计算期为 2011~2040 年	7.93

注:"—"表示不存在或不可用。

5.4 全球非常规化石能源供应预测

本节利用第 4 章中建立的非常规化石能源产量预测方法对非常规化石能源（即非常规油气）产量进行预测。

5.4.1 非常规石油产量预测结果

图 5.13 和图 5.14 显示了非常规石油的预测结果。根据预测，非常规石油产量峰值将出现在 2077 年，峰值产量为 2.92Gtoe，是 2012 年全球常规石油产量的 71.4%。

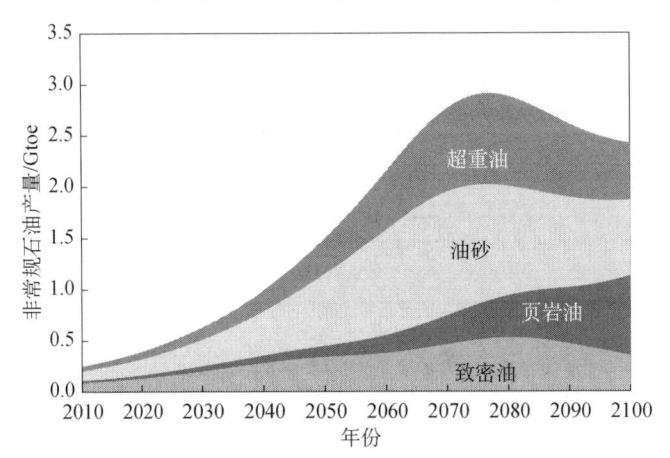

图 5.13　全球非常规石油分种类产量模拟结果（均值）

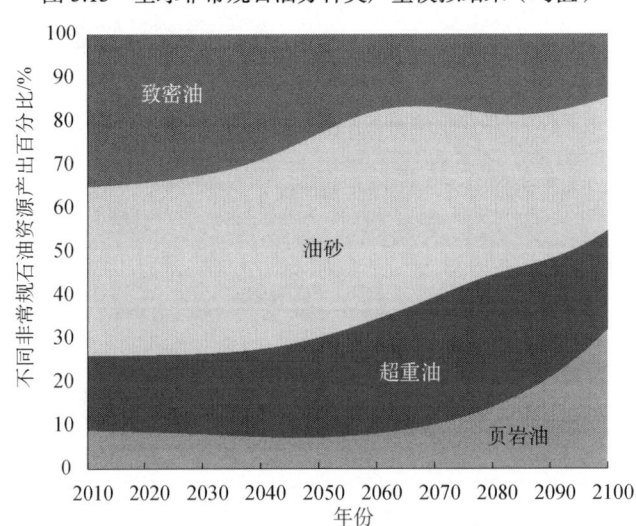

图 5.14　全球非常规石油资源产出百分比

从不同资源类别来看（图 5.13），油砂产量将在未来持续增长，到 2070 年达到峰值,峰值产量1.21Gtoe,峰值前年均增长率为4.3%;超重油的峰值产量出现在2077年,峰值产量为0.89Gtoe,峰值前年均增长率达到4.6%;致密油将在2080年达到峰值,峰值产量为0.53Gtoe,峰值前年均增长率为2.6%;页岩油产量将在预测期内持续增长,并无产量峰值现象,到2100年,其产量将达到0.78Gtoe,预测期内年均增长率为4.0%。

从产出构成来看(图5.14),2010~2050年,油砂对非常规石油总产出的贡献最大,其次是致密油、超重油和页岩油;2050~2086年,对非常规石油总产出贡献排序为油砂、超重油、致密油和页岩油;2087年,页岩油对总产出的贡献超过致密油;2095年,页岩油对总产出的贡献超过超重油;2098年,页岩油对总产出的贡献超过油砂。可以预见,在更长期的时间内,页岩油将成为全球最为主要的非常规油气资源,但在本书所考虑的时间范畴内,页岩油产出不及其他三类非常规石油。

图5.15比较了笔者模拟结果与2000年后经同行评议的科学文献中的学者研究及各主流研究机构近期出版的研究报告中的预测结果,需要指出的是,这些学者和机构的研究中几乎包括所有的非常规液体产量,如煤制油、气变油,也包括炼厂加工所获的液体燃料等。在这些预测中,Ward等(2012)的预测最高,而正如Ward等(2012)在其研究中指出的那样,其目的是为了充分高估全球化石能源供应;为达到这一目的,一方面采用比笔者更高的资源假设,另一方面,选用更高产量增长率上限模拟。除了Ward等(2012)之外,笔者研究结果低于Mohr和Evans(2010)的高情景和Rehrl和Friedrich(2006)的结果,而与Mohr和Evans(2010)的中情景极为近似,显著高于其他结果及学者与机构研究均值。

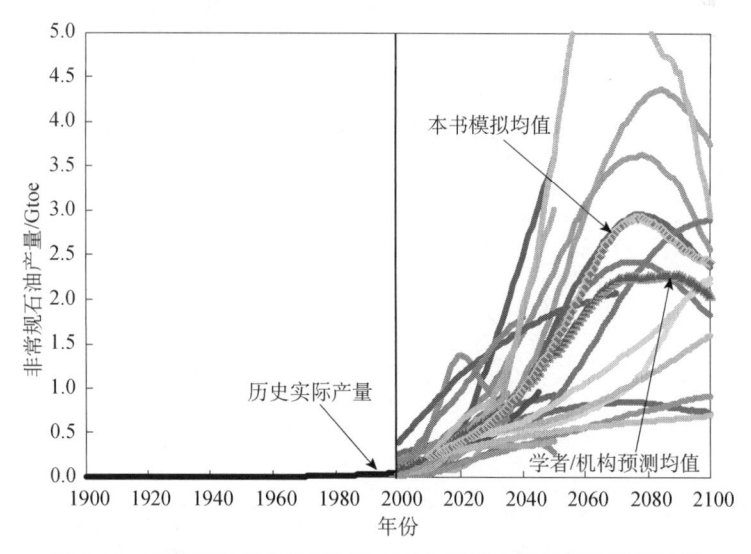

图5.15 笔者预测的非常规石油产量与学者和机构预测结果比较
未标注的线条为各个学者或机构具体的预测结果,此类结果数据来源于Wang等(2016)

5.4.2 非常规天然气产量预测结果

图 5.16 和图 5.17 显示了非常规天然气产量预测结果。根据预测，非常规天然气产量的第一个峰值将出现在 2052 年，峰值产量为 1.39Gtoe，之后产量经历十几年的缓慢下降后，又进入新一轮的产量增长，且在模拟期内（2100 年前）保持这种趋势，到 2100 年，产量达到 2.38Gtoe，接近 2011 年的世界常规天然气产量（2011 年世界常规天然气产量约 2.54Gtoe）。

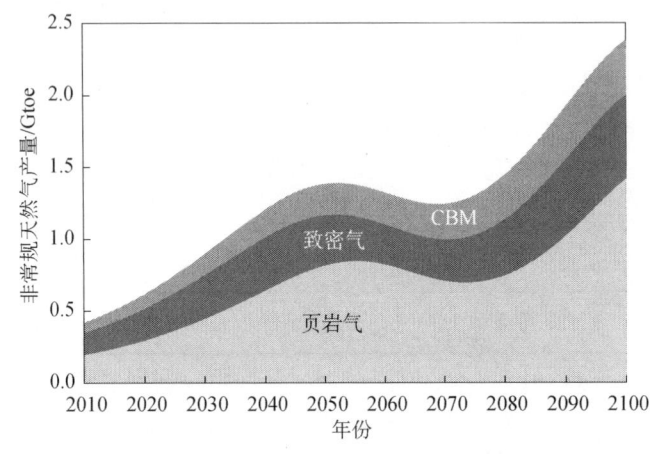

图 5.16　全球非常规天然气分种类产量模拟结果（均值）

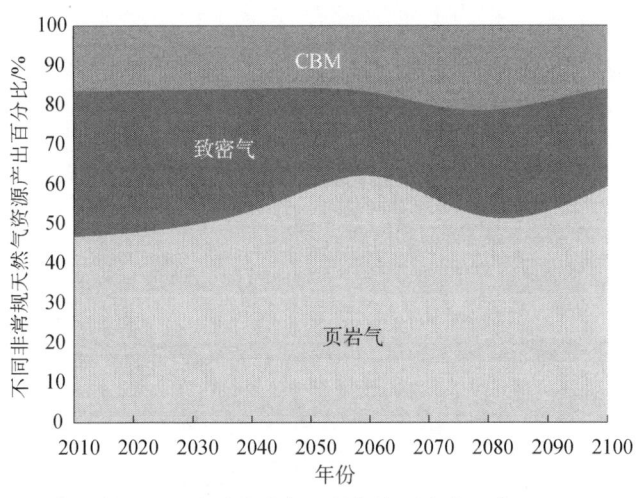

图 5.17　全球非常规天然气资源产出百分比

从不同资源类别来看（图 5.16），煤层气在预测期内产量将持续增长，到 2100 年，产量为 0.38Gtoe，预测期内年均增长率为 1.9%。与煤层气不同，致密气和页岩气在预测期内均呈现出明显的多峰特点，对于致密气而言，其首先将在 2043 年达到第一个峰值，之后产量进入一段时期的下滑期，之后又开始增长，到 2100 年，产量接近 0.6Gtoe。对于页岩气而言，第一个产量高峰将出现在 2055 年，之后与致密气一样，在经历一段下降期后再次增长，到预测期末，产量达到 1.42Gtoe。

从产出构成来看（图 5.17），在整个预测期内，尽管页岩气的比重有所波动，但均占据最大比例的位置，其次是致密气和煤层气。

图 5.18 比较了笔者模拟结果与 2000 年后经同行评议的科学文献中的学者研究及各主流研究机构近期出版的研究报告的预测结果。与非常规石油结果类似，在非常规天然气产量的预测中，Ward 等（2012）的研究结果也最高，原因除了上面提到的两个之外，还有一个就是其将大量的天然气水合物考虑在内。就学者和机构研究的均值来看，基本与笔者模拟均值相近，只是在 2030~2060 年低于笔者模拟值。

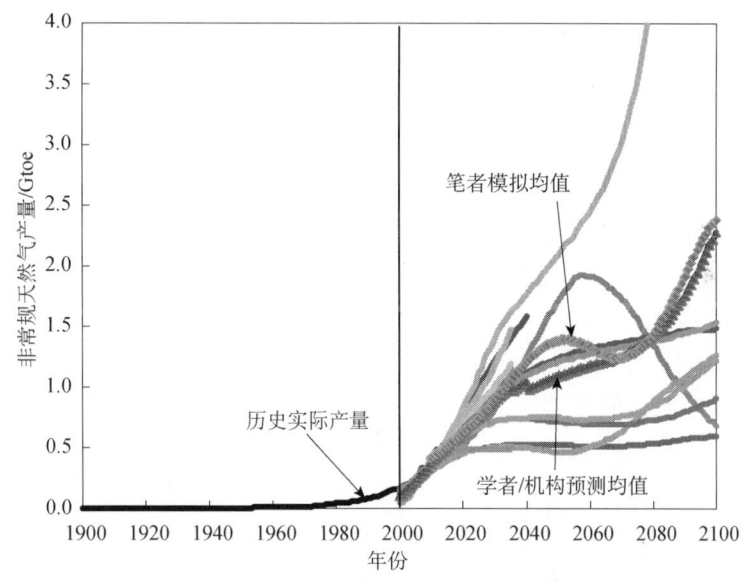

图 5.18　笔者预测的非常规天然气产量与学者和机构预测结果比较
未标注的线条为各个学者或机构具体的预测结果，此类结果数据来源于 Wang 等（2016）

5.4.3　讨论与小结

根据笔者的模拟结果，全球非常规油气产量将在未来快速增长，到 2100 年，产量将达到 4.8Gtoe，占到当前全球常规油气总产量的 73.3%。学者和机构的研究均值显示，非常规化石能源将在未来长期保持拟线性增长，2070年之后产量增长率减缓。对比笔者研究结果和学者与机构的研究，可以看出，在趋势上，笔者的模拟结果与学者及机构研究均值有着较好的一致性（图 5.19）；在数量上，2040年以前，二者非常基本一致，在 2040 年以后，笔者的研究结果要高于学者及机构研究均值。如果剔除学者的研究，仅仅分析主流机构的研究（主流机构的多数研究在 2035 年以前），可以看出，在 2035 年以前，笔者模拟均值与主流机构研究均值相近，而在 2035 年之后，高于主流机构研究结果的线性趋势。

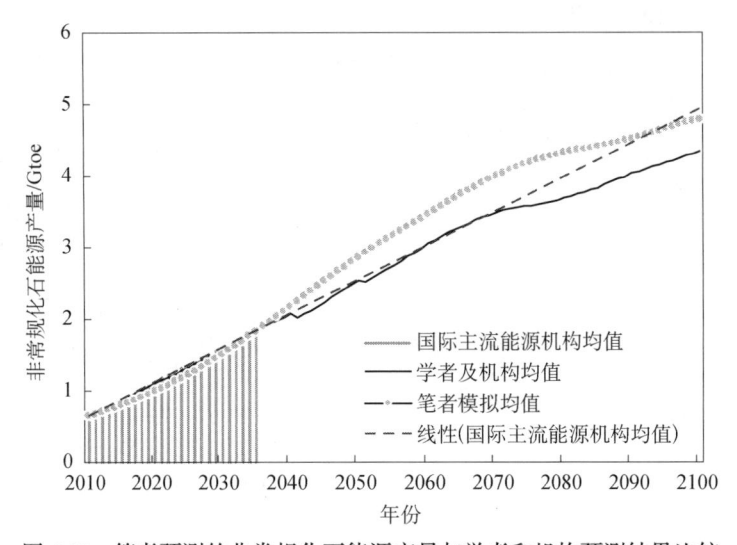

图 5.19　笔者预测的非常规化石能源产量与学者和机构预测结果比较
国际主流机构数据来源包括 BGR（2004）、Jackson（2006）、Sweetnam（2008）、BGR（2011）、EIA（2011）、OPEC（2012）、IEA（2012a，2012b）、ExxonMobil（2013）、BP（2013）

将笔者模拟均值作为非常规油气生产的高情景；将学者及机构研究均值作为非常规油气生产的低情景；将笔者模拟均值和学者及机构研究均值的平均值作为非常规油气生产的中情景。将非常规油气生产的三种情景与常规油气生产的三种情景综合考虑，很容易得到未来总的油气产出，而如果再考虑煤炭生产的三种情景，就可以得到未来总的化石能源供应。图 5.20 分析了非常规油气生产对总油气供应能力的影响。从图 5.20 中可以看出，常规油气生产的基准情景与非常规油气生产的中情景结合下的油气总供应与 IEA 预测结果一致。然而，在该情景下，可以发现，非常规油气对总油气产出的贡献表现在：能够在一定程度上提高峰值产量，推迟峰值到来时间，但更重要的是，延长峰值平台期，降低峰值后递减率，但不能彻底解决资源约束背景下油气供应受限的现实。因此，试图依赖非常规油气来实现总油气产出在未来的持续大规模增长是不切实际的。

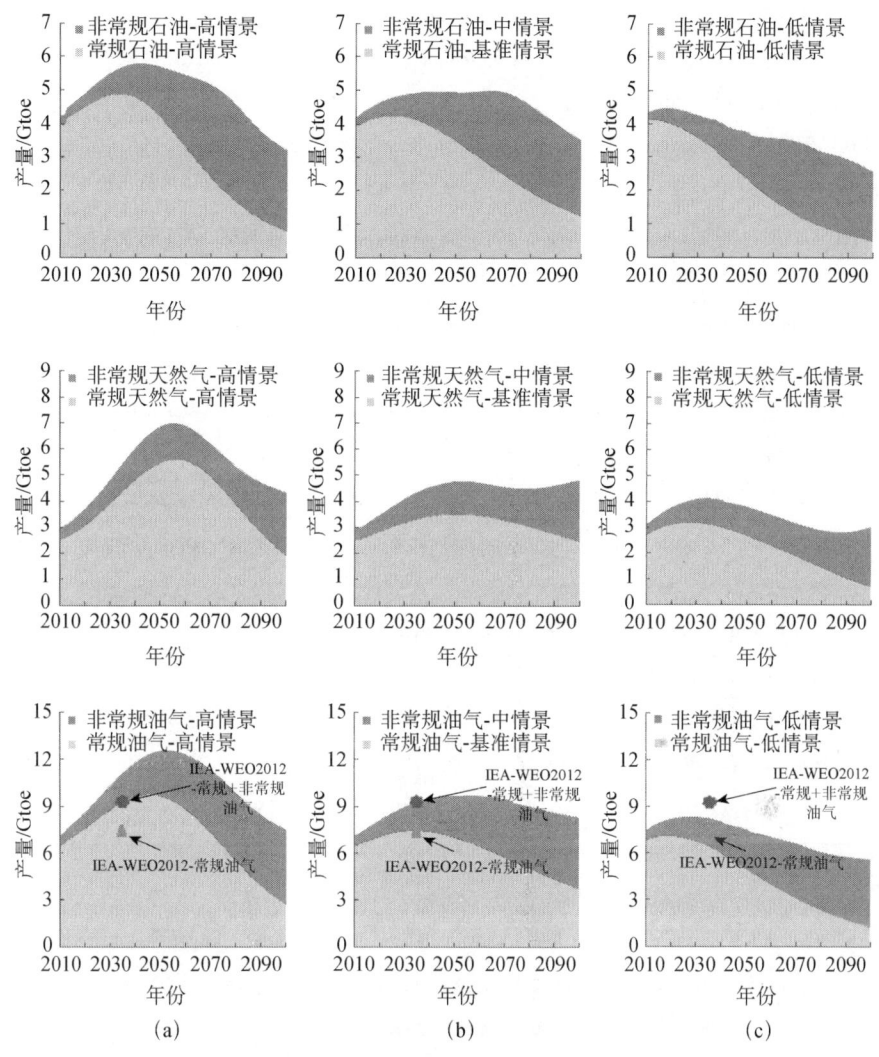

图 5.20 非常规油气资源对世界油气总产量的贡献
IEA-WEO2012 预测结果数据来源见文献 IEA（2012a）

参 考 文 献

金融界. 2013. 岩油崛起——浅析页岩油的由来、现状、影响与发展前景.http：//futures.jrj.com.cn/2013/05/08133215285437.shtml［2013-05-08］.

BGR. 2004. Reserves, Resources and Availability of Energy Resources 2004. Hannover：

Bundesanstaltfür Geowissenschaften und Rohstoffe.
BGR. 2011. Reserves, Resources and Availability of Energy Resources 2011.Hannover: Bundesanstaltfür Geowissenschaften und Rohstoffe.
BP. 2012. Statistical Review of World Energy 2012. London: British Petroleum Company.
BP. 2013. BP Energy Outlook 2030. London: British Petroleum Company.
Brandt A R. 2007. Testing Hubbert. Energy Policy, 35 (5): 3074-3088.
CAPP. 2013. 2013 Crude Oil Forecast, Markets & Transportation. Calgary: Canadian Association of Petroleum Producers.
EIA. 2011. International Energy Outlook 2011.Washington, D C: U.S. Department of Energy, Energy Information Administration.
EIA. 2013. AEO 2013 Early Release Overview.Washington, D C: U.S. Department of Energy, Energy Information Administration.
ExxonMobil. 2013. The Outlook for Energy: A View to 2040. Texas: Exxon Mobil Corporation.
Höök M, Aleklett K. 2010. Trends in US recoverable coal supply estimates and future production outlooks. Natural Resources Research, 19 (3): 189-208.
Höök M, Li J, Johansson K, et al. 2012. Growth rates of global energy systems and future outlooks. Natural Resources Research, 21 (1): 23-41.
Höök M, Söderbergh B, Jakobsson K, et al. 2009. The evolution of giant oil field production behavior. Natural Resources Research, 18 (1): 39-56.
IEA. 2012a. World Energy Outlook 2012. Paris: International Energy Agency.
IEA. 2012b. Golden Rules for a Golden Age of Gas: World Energy Outlook- Special Report on Unconventional Gas. Paris: International Energy Agency.
Jackson P M. 2006.Why the "Peak Oil" Theory Falls Down: Myths, Legends, and the Future of Oil Resources. Houston: Cambridge Energy Research Associates, CERA.
Laherrère J H. 2012. Production of Crude Less Extra-heavy Oil in Venezuela. Paris: Association for the Study of Peak Oil and Gas France.
Mohr S H, Evans G M. 2010. Long term prediction of unconventional oil production. Energy policy, 38 (1): 265-276.
OPEC. 2011. World Oil Outlook 2011. Vienna: Organization of Petroleum Exporting Countries.
OPEC. 2012. World Oil Outlook 2012. Vienna: Organization of Petroleum Exporting Countries.
Rehrl T, Friedrich R. 2006. Modelling long-term oil price and extraction with a Hubbert approach: The LOPEX model. Energy Policy, 34 (15): 2413-2428.
Sorrell S, Speirs J, Bentley R, et al. 2012. Shaping the global oil peak: A review of the evidence on

field sizes, reserve growth, decline rates and depletion rates. Energy, 37 (1): 709-724.

Sweetnam G. 2008. Long-term global oil scenarios: Looking beyond 2030. EIA 2008 Energy Conference. Washington, DC.

Wang J L, Feng L Y, Tang X, et al. 2016. The implications of fossil fuel supply constraints on climate change projections: A supply-side analysis. Futures, 45: 2129-2144.

Ward J D, Mohr S H, Myers B R, et al. 2012. High estimates of supply constrained emissions scenarios for long-term climate risk assessment. Energy Policy, 51: 598-604.

第6章 资源约束下的全球气候变化评估

以总的地质资源量作为资源可用性，从需求侧视角来分析未来化石能源供应及消费，进而设计不同的碳排放情景是以往气候变化评估所依赖的主要做法。这种对资源可用性的严重高估和为满足经济发展而对化石能源资源的无约束索取，使得在主流机构的碳排放情景中包含诸多极高的碳排放情景假设。这种做法不仅增加了碳排放情景的不确定性，而且还会借助气候模拟过程放大预测结果的不确定性（情景不确定性是影响预测结果不确定性的主要因素之一）。这都将极大地增加气候政策制定和实施的成本和风险。本章从供应侧视角出发，以化石能源最大供应潜力分析结果为基础设计多种供应侧排放驱动情景，并采用与当前研究可比较的气候模拟模型量化评估资源约束对气候变化的影响，同时对当前学术界有关供应侧气候变化研究结果差异的主要原因进行分析，从而为合理评估气候变化和制定气候政策提供参考。

6.1 供应侧碳排放情景设计

碳排放情景是气候变化评估过程中不可或缺的要素，是整个气候变化评估的第一个环节。本部分将基于本书前几章的预测分析，从于传统需求侧相对应的供应侧角度，设计碳排放情景，作为后续气候变化评估的基础。

6.1.1 碳排放情景与气候模拟

全球气候模拟及其结果是国际气候谈判和气候政策制定的基本依据，提高气候模拟的精度和模拟结果的可靠性、降低预测的不确定性是气候研究中一直关注的重点。然而，由于气候模拟是一项很复杂的工作，不同环节中的诸多因素自身就存在一定的不确定性，且前一环节的不确定性也会被进一步耦合进后一环节的模拟中，导致最终的气候预测存在巨大的不确定性。所以，识别关键的不确定性因素，并对其进行改进，能够起到显著降低最终结果不确定性的效果。

Hawkins 和 Sutton（2009）识别了在当前全球气候（温度）模拟中的三个主要不确定性因素源。

一是内部的不稳定性或变异，主要指气候自身的变异或短期的变化，从而导致其暂时偏离长期趋势。

二是模型的不确定性，如模型假设、耦合过程、参数化过程等的差异。

三是情景的不确定性，主要指由于对未来温室气体排放假设的差异及其导致的气候强迫（climate forcing）的差异。

一般而言，内部不稳定性或变异导致的暂时性偏离往往对短期的气候模拟影响较为明显，在长期内，如整个 21 世纪，则可以忽略；而对于中长期（数十年）的气候模拟，模型的差异对全球气候模拟（全球平均温度模拟）总体的不确定性贡献最为显著。然而，随着时间跨度的增加，来自情景的不确定性将变得越来越显著，并成为长期内影响气候模拟最重要的因素（其对最终结果的不确定性贡献几乎是模型不确定性贡献的 4 倍）。

当然，上述研究是针对全球气候温度模拟的结果，对气候变化其他方面的模拟结论可能有所差别，如气候变化对全球降水的影响模拟就与温度模拟略有不同，在全球降水的长期气候模拟中，来自模型不确定性（即将各阶段所有由于模型因素引起的不确定性综合考虑）比情景不确定性对最终模拟结果的影响可能更大（Arnell，1999；Covey et al.，2003；Hawkins and Sutton，2011）。总的来说，来自模型和情景的不确定性对全球长期气候模拟具有显著的影响，而对有关情景和模型的研究也是长期以来学者和机构研究的重点。

在本章中，重点讨论情景不确定性的影响，不仅因为其对全球温度模拟在长期内具有更为显著的影响，而且还因为其是整个全球气候预测的起点，其不确定性将不断被耦合进气候模拟随后的各个环节而被放大，如全球碳循环（Friedlingstein et al.，2006），最终导致巨大的气候模拟差异（Ward et al.，2011；Rogelj et al.，2012）。

目前气候变化的主流研究中所使用的碳排放情景基本上来自政府间气候变化专门委员会。在 1990 年的第一次评估报告中（IPCC-FAR）使用了四种情景（SA90）（IPCC，1990）。随后，在 1992 年，政府间气候变化专门委员会认为其情景开发中所依赖的一些假设条件发生了变化，出现了一些新的信息，因此，其更新了 1990 年的排放情景，提供了六种情景（IS92a-f）（IPCC，1992），该排放情景也被应用于随后的第二次评估报告中（IPCC-SAR）（IPCC，1995）。2000 年，政府间气候变化专门委员会再一次更新了其碳排放情景（IPCC-SRES）（IPCC，2000），该排放情景被用在政府间气候变化专门委员会的第三次和第四次评估报告中（IPCC，2001，2007a）。之后，在2009年，新的排放情景（即四种典型浓度路径情景）被开发出来（Moss et al.，2010），并被用于政府间气候变化专门委员会第五次气候变化评估报告（Rogelj et al.，2012）。然而，所有的这些排放情景的设置中，对于化石能源消费的分析都是从需求的角度进行的，忽视了潜在供应受限导致的消费约束，而化石能源作为高含碳能源，对其的开采利用被认为是目前人类所观察到的气候变化的主要原因（IPCC，2007b），因此，对化石能源消费的不同假设将直接影响整个排放情景。然而，学术界内不断增加的有关全球化石能源供应将在21世纪存在显著供应风险的文献不断挑战政府间气候变化专门委员会等主流机构极其高的温室气体排放情景假设，"供应侧"因素必须纳入未来气候变化的研究当中。

本章将在第5章研究的基础上，从供应侧角度分析未来碳排放情景，以期降低总体气候预测结果的不确定性，同时提高预测的可靠性。

6.1.2 供应侧驱动下的碳排放情景

供应侧排放驱动情景设计的主要目的是研究未来全球碳排放的合理上限。如前所述，与低碳或无碳的可再生能源相比，化石能源是高含碳能源资源，而只有这种高含碳能源资源才能最终决定全球气候变化趋势。在供应侧驱动排放情景中，假设未来化石能源供应（指在分析期内合理的最大供应潜力）决定化石能源消费（指最大可消耗的化石能源数量），进而决定相应的碳排放（由最大可供消耗的化石能源使用引起的碳排放上限）。

1. 化石能源供应情景

在本章中，共设计两类供应情景，即仅考虑常规化石能源供应情景与综合考虑常规化石能源和非常规化石能源的供应情景。进一步，每类供应情景又分高、中、低三种细分供应情景。据此，可以获得两类共六种化石能源供应情景。

表6.1总结了六种情景的主要特征，其中，C-L代表了学术界峰值主义学派对全球化石能源供应的看法，也是引起产业界和学术界有关化石能源供应短缺争论并推动其影响研究的主要依据，该情景设计的主要目的是探讨当前学术界对全球化石能源峰值的预期是否意味着气候变化问题将得以有效解决（该问题是学术界争论之一）；C+U-L情景的主要目的是探讨在当前学界有关峰值研究结果的背景下，主流能源机构所声称的非常规化石能源的大力开发对全球化石能源供应及其全球气候变化的影响。C-L和C+U-L都将作为比较情景，与本次的研究结果相

比较。六种化石能源供应情景如图 6.1 所示。

表 6.1　全球化石能源供应情景

类别	情景代码	供应描述	其他说明
常规化石能源供应情景	C-H	Richards-Average	该情景在高资源假设的前提下，综合考虑了不同路径（曲线形状）下的常规化石能源供应潜在走势；在本书中用来代表高资源、潜在技术应用的快速开采模式下的全球常规化石能源供应
	C-M	Richards-37%	该情景在高资源假设的前提下，考虑的供应路径（曲线形状）与多数实际油气产区生产路径相似，且符合可持续发展的理念；在本书中用来代表高资源、潜在技术应用的可持续开采模式下的全球常规化石能源供应
	C-L	学者均值	该情景在现有可采资源（即当前剩余经济可采储量）假设前提下，综合考虑 2000 年以来经同行评议的科学文献中学者的估计；在本书中用来代表现有可采资源下、现有可采技术应用下全球常规化石能源供应
化石能源（常规+非常规）供应情景	C+U-H	Richards-Average+本书非常规	在 C-H 的基础上，综合考虑本书中非常规预测结果，用以代表全球化石能源的潜在最大供应量
	C+U-M	Richards-37%+（本书非常规+学者及机构非常规均值）/2	在 C-M 的基础上，综合考虑本书和其他学者及机构对非常规的研究结果，用以代表本书中的最佳化石能源供应
	C+U-L	学者均值+学者及机构非常规均值	在 C-L 的基础上，综合考虑学者及机构对非常规的预测结果，用以代表现有学术界及产业界预期的化石能源供应

注：C 代表常规化石能源（conventional fossil fuels）；C+U 代表常规化石能源和非常规化石能源（conventional &unconventional fossil fuels）；H 代表高情景（high scenario）；M 代表中情景或标准情景（medium scenario）；L 代表低情景（low scenario）。

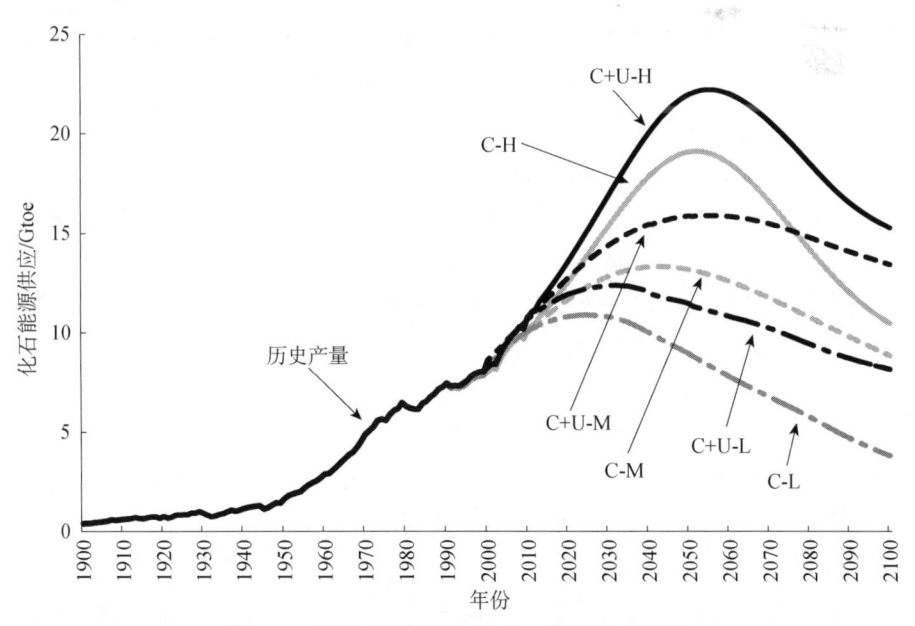

图 6.1　笔者所采用的六种化石能源供应情景

2. 化石能源碳排放因子

笔者所采用的常规化石能源碳排放因子来自IPCC（2006），如表6.2所示。对于非常规化石能源的碳排放因子，在IPCC（2000）的排放情景分析（SRES2000）中，其并没有将其单独列示并分析，即SRES2000中常规与非常规化石能源的碳排放因子是相同的。然而，事实上的情况是，除了在终端利用环节二者碳排放或温室气体排放相同之外，在上游开采、中游运输和下游炼化等很多环节，二者的碳排放并不相同。

表6.2 化石能源碳排放因子

化石能源	净发热量/（TJ/Gg）	碳含量/（kg C/GJ）	碳排放因子/（Gt CO_2/Gtoe）	碳排放因子/（Gt C/Gtoe）
常规石油	42.3	20	3.102	0.846
常规天然气	48	15.3	2.343	0.639
煤炭	25.8	25.8	4.002	1.091

注：TJ/Gg表示太焦/百万千克，kg C/GJ表示千克碳/吉焦，Gt表示千亿吨。

以往对化石能源碳排放的研究与比较不同种类化石能源碳排放的过程一般仅局限于终端利用环节的碳排放，认为开发过程等其他环节中的碳排放相差不大，且相对于燃烧阶段的碳排放非常小，可以忽略，因此无论在制定相关政策，还是制订油气开发方案中都忽略了这一排放。然而，随着非常规油气的大规模开发，非常规油气开发阶段的碳排放逐渐受到重视，一些学者认为开发过程等其他环节，特别是上游开采各阶段的碳排放被严重低估了（Pétron et al., 2012）。以非常规天然气为例，美国环境保护署（U.S.Environmental Protection Agency, EPA）专门在2010年更新了（这里的更新指提高）其在1996年所发布的天然气开发的碳排放因子，并指出高压水力压裂技术（页岩气开采的主要技术）显著增加了上游开采阶段的碳排放。除此之外，一些学界的研究指出，尽管开发过程的碳排放相对较小，但并不是可以忽略的（Santoro et al., 2011）。有些研究进一步指出，开发过程中的碳排放是显著的，并且足以在很大程度上改变其全生命周期碳排放（Howarth et al., 2011a；2011b）。

目前，学界对非常规油气开发碳排放的研究普遍较少，且基本上出现在2006年之后，研究范畴上仅包含页岩油、油砂、煤制油和页岩气（Mui et al., 2010；Howarth et al., 2011b）[第一份有关页岩气开发碳排放的综合评估文献发表于2011年（Howarth et al., 2011b）]，不能涵盖主要的非常规油气资源种类。一个基本的结论是，相对于常规化石能源而言，非常规化石能源的碳排放普遍比较大。例如，采用地表开采方法的油砂全生命周期碳排放（well-to-wheel）比常规石油高 8%～11%（Mui et al.，2010）；而采用原地开采方法的油砂全生命周期碳排放则比常规石油高出 9%～24%（Mui et al.，2010）；在无 CCS 技术应用的条件下，煤制油的全生命周期碳排放更高，比常规石油高出 110%～180%（ANR，2012；Bartis et al.，2008；Brandt and Farrell，2007）；页岩油生命周期碳排放比常规石油高出 23%～73%（Brandt，2008；Brandt，2009）。但具体的研究结论仍存在差异，以页岩气为例，Howarth 等（2011a，2012）的研究认为页岩气的生命周期温室气体排放显著高于常规天然气，甚至与煤炭相当；而 Stephenson 等（2011）的研究指出，页岩气的全生命周期温室气体排放仅比常规气高 15%，且显著低于煤炭。由于现有的相关研究非常少，且研究数据也不足，研究范围主要集中在美国，致使当前的研究结论存在很大的不确定性；尽管如此，非常规化石能源的碳排放高于常规化石能源的这一结论已得到现有文献的支撑。

基于此，一些学者在研究供应侧约束的过程中，已经开始有意识地将常规和非常规化石能源加以区分，如 Ward 等（2012）的研究中，就区分了页岩油和常规石油的碳排放因子，在他们的研究中，页岩油的碳排放因子为 610 千克 CO_2/桶，该排放因子远超过常规石油（434.2 千克 CO_2/桶），甚至略高于煤炭的碳排放因子。由于对非常规化石能源碳排放的系统研究仍然有限，同时为了与 IPCC 的碳排放情景一致，笔者也假设非常规化石能源与常规化石能源具有相同的碳排放因子，这一假设意味着可能会在一定程度上低估给定化石能源供应下的碳排放及随后的气候模拟结果。

3. 碳排放情景设计

以化石能源供应情景和化石能源碳排放因子为基础，笔者设置了六种供应侧驱动的碳排放情景，分别为以下几种。

（1）仅考虑常规化石能源供应的供应侧驱动高碳排放情景（supply driven-conventional fossil-high scenario，SD-C-H）。

（2）仅考虑常规化石能源供应的供应侧驱动中碳排放情景或标准碳排放情景（supply driven-conventional fossil-medium scenario，SD-C-M）。

（3）仅考虑常规化石能源供应的供应侧驱动低碳排放情景（supply driven-conventional fossil-low scenario， SD-C-L）。

（4）综合考虑常规和非常规化石能源供应的供应侧驱动高碳排放情景（supply driven-conventional & unconventional fossil-high scenario，SD-C&U-H）。

（5）综合考虑常规和非常规化石能源供应的供应侧驱动中碳排放情景或标准碳排放情景（supply driven-conventional & unconventional fossil-medium scenario，

SD-C&U-M）。

（6）综合考虑常规和非常规化石能源供应的供应侧驱动低碳排放情景（supply driven-conventional & unconventional fossil-low scenario，SD-C&U-L）。

在这六种碳排放情景中，化石能源消耗引起的碳排放根据本章中的供应情景和碳排放因子计算获得。对于来自水泥生产（cement production）和气体排空（gas flaring）碳排放，笔者借鉴 Chiari 和 Zecca（2011）的研究，假设其与化石能源排放之间存在固定的比例关系（在本次研究中，这一比例为6%，该比例是根据2010年实际的排放数据计算获得）。对于来自土地使用转变（land-use changes）的碳排放，预计将在未来保持不断下降的趋势（Masui et al.，2001）。在本次研究中，假设来自土地使用转变的碳排放将以 2.5%的年均递减率减少，该递减率与 Chiari 和 Zecca（2011）的研究所采用的数值相同，并且与 Friedlingstein 等（2010）观察到的近年来的历史数据相吻合。对于其他非 CO_2 温室气体排放，笔者选用典型浓度路径情景中各情景的中值（median value）（Meinshausen et al.，2011a）。

图 6.2 和图 6.3 比较了不同情景下的碳排放与累计碳排放。可以看出，除了 RCP3-PD 外，笔者所设置的六种情景基本上都处于《排放情景特别报告》和典型浓度路径情景的范围内，且本书中最低的情景，即 SD-C-L 基本与《排放情景特别报告》的下限接近。而在不同种类情景的上限中，本书供应侧驱动排放情景上限 SD-C&U-H 显著地低于其他类别排放情景的上限。

进一步分析可以发现，尽管本书的上限情景 SD-C&U-H 与《排放情景特别报告》的六种市场情景中的 SRES-A2 情景在 1990～2100 年的累积 CO_2 排放量相近（前者为 1698GtC，后者为 1782GtC）（图 6.3），但二者的排放路径却有着显著的差异（图 6.2）。SD-C&U-H 代表了本书中的快速开采情景，该情景下，化石能源开采量在未来几十年内（21 世纪前半叶）快速增长，从而最大限度地满足该段时期内经济发展的需求，然而随后产出将逐渐放缓并开始下降；而 SRES-A2 则是在整个 21 世纪保持稳定增长的趋势，21 世纪前半叶的碳排放明显低于 SD-C&U-H，后半叶则明显高于 SD-C&U-H。这可以称之为排放路径的差异。

对于长期的气候模拟而言，越来越多的学者指出，累计排放比年排放的影响更重要，即排放路径差异对气候模拟结果的影响并不显著（Rhys，2011）。然而，排放路径对应的化石能源开采路径却对经济和社会发展有着重要的影响。在相同的资源假设条件下，快速开采模式能够使产量保持较长的增长期，从而尽可能地满足中短期内的能源需求，但之后供应的快速下降对长期经济的影响更为显著，这显然与可持续发展、平稳发展的思路是不相匹配的。因此，尽管本书中包括快速开采的碳排放情景 SD-C-H 和 SD-C&U-H，并将其作为本书的高情景，但笔者认为该情景相

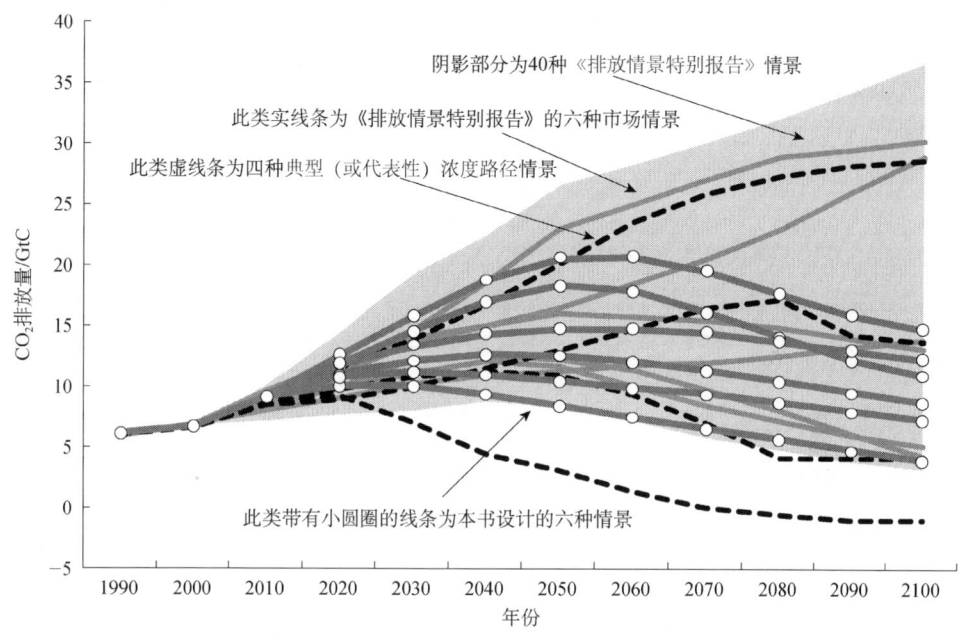

对于本书的中情景或标准情景 SD-C-M 和 SD-C&U-M 而言，是很难实现的。

图 6.2　本书碳排放情景与政府间气候变化专门委员会碳排放情景比较

CO_2 排放量包括来自化石能源消耗、水泥生产和气体排空的 CO_2 排放，不包括土地利用转变的 CO_2 排放。图中最下面一个虚线条为 RCP3-PD 情景；图中带有小圆圈的线条中最下面一条为 SD-C-L 情景；图中带有小圆圈的线条中最上面一条为 SD-C&U-H 情景

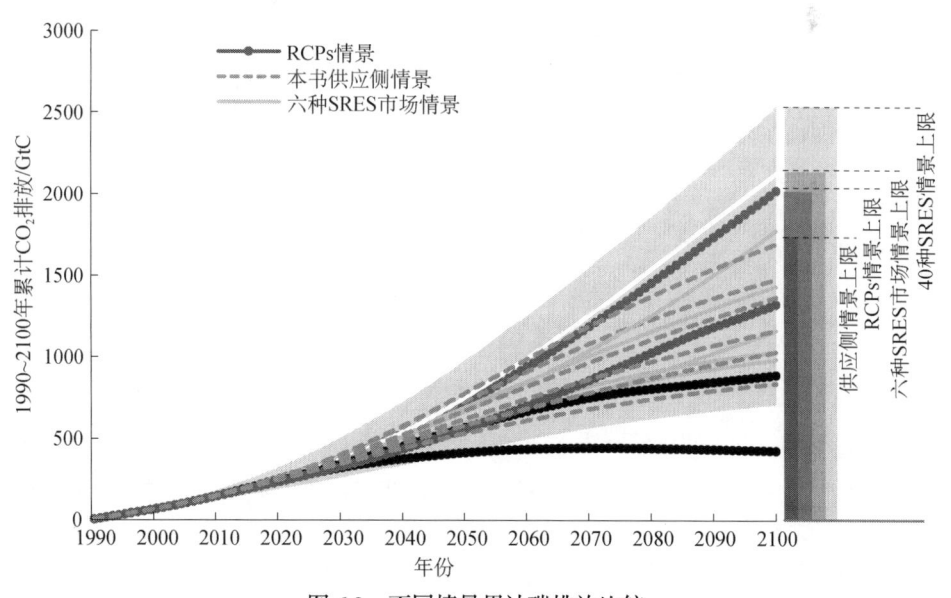

图 6.3　不同情景累计碳排放比较

如果不考虑 SD-C-H 和 SD-C&U-H，那么本书排放情景 2100 年年底的累计碳排放上限将下降 19%（从 1698GtC 下降到 1371GtC）。上限排放情景 SD-C&U-M 在排放路径与 SRES-A1B 十分接近，但累计排放略低于 SRES-A1B，显著低于其他情景的排放上限。

6.2 气候模拟方法

在给定的碳排放情景下，还必须借助一定的气候模拟方法，才能获得气候变化的评估结果。不同的气候模拟方法对评估结果有着显著的影响。本部分重点对这些模拟方法进行介绍，在此基础上，进行方法的选择。

6.2.1 气候模式概述

全球气候系统主要由大气、海洋、陆地生物、冰川、冰盖和地表等构成。为了了解人类活动对全球气候系统的影响，需要对气候系统中所有的这些关键气候过程（即气候系统的构成成分）及其相互作用进行模拟研究。这些气候过程可以用基于物理定律或准则的数学名称和方程加以表示。然而，气候系统的复杂性意味着对这些数学方程的求解往往依赖于计算机。因此，数学方程表示的一系列气候过程在现实中表现为一套计算机程序，我们将这套计算机程序称为"模式"（model）。如果模式包含足够多的气候系统的构成成分，从而能够被用来模拟气候的一些变化，则称之为"气候模式"（climate model）（Houghton et al., 1997）。

当前，全球范围内气候模拟主要是借助于一些不同复杂程度的地球气候模式来进行。根据气候模式复杂程度的差异，可以将这些气候模式分为三类：简单气候模式（simple climate models, SCMs）、中等复杂的气候模式（intermediate complexity climate models, ICCMs）和复杂的气候模式（complex climate models, CCMs）（Ding et al., 2001）。这些不同层级的气候模式的主要差异表现在以下几点。

1. 模式中空间维度的数目

一个模式必须能够代表一定的物理量，而这些物理量在空间内的数值分布是不同的（如不同地理空间内的温度、湿度和风速等）。在绝大多数复杂的气候系统中，如大气海洋环流模式（atmosphere-ocean general circulation models,

AOGCMs），这些物理量通常用三维（经度-纬度-高度）的网格表示，其通常具有几百千米水平分辨率（在空间范围内，网格点之间的间隔称之为空间分辨率）。而较为简单的气候模式则仅能够代表这些物理量在某一或某几个维度内的平均值。例如，对于一个三维网格，可以用二维（纬度-高度）来代替，这样，每个点就是给定纬度和高度的所有经度上点的值的平均值。

2. 模式所能代表的气候系统物理过程的精确程度

一般而言，模式的分辨率越高，越能精确地反映气候系统中每一个物理过程的变化，然而，即使是研究全球范围内气候变化的最复杂的气候模式（即AOGCMs），也仅具有数百千米的水平分辨率。而在现实中，即使是在数百千米的范围内，气候系统中许多重要的元素（如云层、陆地表面）也可能存在着巨大的差异。因此，在理论上，应该做到分辨率越高越好。然而，在实际计算中，高分辨率往往意味着高的计算机模拟成本（尺度过小难以解析或者解析需要耗费大量的时间等）。而对于一些极高的分辨率，其计算机模拟的成本过高以至于很难将其考虑进模式当中。因此，在实际中作为替代方案，气候模式往往采用较粗网格（即较大尺度）来代表那些细化网格（小尺度）下气候系统中的物理过程。这一过程常常通过一些公式化的方法来实现，称之为"参数化"（parametrization）（Noilhan and Planton, 1989）。当气候模式的维度减小时，意味着更多的过程需要参数化方案来解决或代替。

3. 参数化的层级或程度

所有的模式都依赖于通过参数化方案来代表那些无法用模式网格准确代表的物理过程。因此，在不同的分辨率和维数之间最重要的差异就是应该使用什么程度或层级的参数化。

4. 模式运行的计算机模拟成本

相对于复杂气候模式而言，简单气候模式具有更高的计算机模拟效率。因此，简单气候模式可以用来分析大量碳排放情景下未来气候响应的平均情况。而在这种情况下，运用复杂气候模式（如大气海洋环流模式）是不切实际的（Allen, 1999; Stainforth et al., 2005）。

尽管模式的选择依赖于研究的问题，但相对于极为复杂的模式而言，中等复杂或简单的模式仍然是更合适的研究工具。Meinshausen 等（2008）指出，简单气候模式已经能够充分满足以分析全球或大尺度范围内平均气候变化的气候模拟（如全球平均温度变化）、捕获和分析模式的结构不确定性[①]、关键因素的分离分析、气候响应及碳循环反馈的综合分析为目的的研究工作。综上，由于本次研究是在多种碳排放情景下，分析全球范围内（大尺度）的气候响应平均值，因此，笔者采用简单的气候模式进行分析。

简单的气候模式的模拟过程一般分为四个计算模块：一是从排放到浓度，即将给定的碳排放情景转化为大气浓度。例如，未来大气 CO_2 的浓度可以利用综合考虑大气、海洋及陆地生物圈碳交换的碳循环模型来分析；浓度也可以直接利用简单气候模式中的一些简单方程来分析，前提是这些气体的大气生命周期已通过较复杂的二维或三维大气化学模式加以确定。二是从浓度到全球平均辐射强迫。三是从辐射强迫到全球平均气温，这一过程的计算依赖于气候敏感性和海洋的热吸收率。气候敏感性（climate sensitivity）是测量在给定辐射强迫及其不同物理过程间的反馈下，全球表面温度的变化程度（Hansen et al., 1984）。四是从全球平均温度到海平面的上升。这一过程的计算依赖于对海水热膨胀及冰川、冰盖等响应的分析。其中，模块三和模块四实际上都属于气候响应，因此，也可将其合并为一个模块，即从辐射强迫到气候响应，这样，简单气候模式的分析过程就可以用图 6.4 表示。

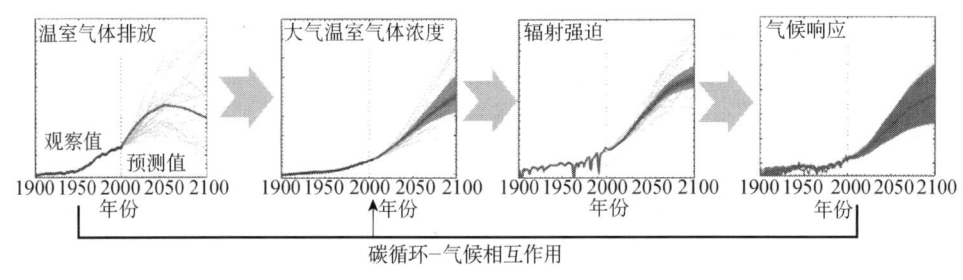

图 6.4　简单气候模式计算过程概述
根据 Meinshausen 等（2011b）中的原始图片加工获得

6.2.2　MAGICC 模型

温室气体变化评估模型（model for the assessment of greenhouse-gas induced climate change，MAGICC）是一个简化的耦合气候评估模型，最早由 Wigley 和 Raper 等开发（1987，1992），随后成为政府间气候变化专门委员会气候变化评估

[①] 模式的不确定性主要有两类：一类是结构的不确定性；另一类是参数的不确定性。结构不确定性往往是由模式组的不同选择引起的。例如，不同模式组对模拟中关键过程的认识与理解及如何模拟这些关键过程的看法及实际操作的不同选择。与结构不确定性相比，参数的不确定性则是指在给定模式结构的情况下，相关参数取值差异带来的不确定性。在实践中，严格分离这两种不确定性是不可能的。

报告中模拟全球平均温度和海平面上升的主要模型之一（IPCC，2007b），并被其他学者广泛地应用于气候变化研究当中（Osborn et al.，2006；Van Vuuren et al.，2008；Thomson et al.，2011）。最新版本的温室气体变化评估模型是 MAGICC 6.3 （Meinshausen et al.，2011b），其对《排放情景特别报告》情景下的全球平均温度和海平面上升均值的模拟与高度复杂的第三期国际耦合模式比较计划（phase 3 of coupled model intercomparison project，CMIP3）的大气海洋环流模式（atmosphere-ocean general circulation models，AOGCMs）及碳循环&气候耦合模式比较计划（coupled climate carbon cycle model intercomparison project，C⁴MIP）的碳循环模型的模拟结果非常接近（Meinshausen et al.，2011c；Rogelj et al.，2012）。对于政府间气候变化专门委员会第五次评估报告中所采用的新的碳排放情景典型浓度路径情景和第五期国际耦合模式比较计划（CMIP5），Knutti 和 Sedláček（2013）的研究指出，运用 MAGICC6.3 对 RCPs 情景的模拟结果与 CMIP5 也在很大程度上一致。因此，在本书中，笔者将 MAGICC6.3 作为本次研究基准模型。

  温室气体变化评估模型的计算过程也可以用图 6.4 表示。从温室气体排放到大气温室气体浓度的计算依赖于碳循环模型。在 MAGICC 6.3 中，碳循环过程综合考虑了陆地生物圈和海洋碳循环的影响，最终净碳排放计算过程如式（6.1）所示：

$$\frac{\Delta C}{\Delta t} = E_{\text{foss}} + E_{\text{lu}} + E_{f\text{CH}_4} - F_{\text{ocn}} - F_{\text{terr}} \quad (6.1)$$

式中，$\Delta C/\Delta t$ 表示 t 年的碳排放变化量；E_{foss} 表示来自化石燃料和工业源的 CO_2 排放量；E_{lu} 表示来自其他陆地生物圈的直接人为 CO_2 排放量；$E_{f\text{CH}_4}$ 表示来自化石燃料源的甲烷氧化的贡献（the contribution from oxidized methane of fossil fuel origin）；F_{ocn} 表示海洋吸收的 CO_2 排放量；F_{terr} 表示陆地生物圈吸收或释放的净"非直接人为" CO_2 量。

  有关陆地生物圈碳循环、CO_2 施肥效应影响、海洋碳循环、其他非 CO_2 气体的浓度计算、辐射强迫计算、气候响应计算的详细描述见 Meinshausen 等（2011b）的文章，有关 MAGICC 6.3 相较于先前版本温室气体变化评估模型的改进也列示在 Meinshausen 等（2016）的文章中。

  由于数据的有限性，Meinshausen 等（2011b）利用 MAGICC 6.3 对 23 个大气海洋环流模式中的 19 个及 11 个 C⁴MIP 中的 9 个进行参数化校准［校准过程及校准后的大气海洋环流模式和 C⁴MIP 相关参数见 Meinshausen 等（2011b）文章中的表 1、表 B3 和表 B4］，笔者以参数化校准后的 19 个大气海洋环流模式和 9 个

C⁴MIP 为基础，利用 MAGICC6.3，对给定碳排放情景进行模拟，分析不同情景下的全球平均温度的变化。

6.2.3 Bern-CC 模型

笔者选择 MAGICC6.3 作为主要研究方法是因为 MAGICC6.3 的模拟结果与主流机构政府间气候变化专门委员会的模拟结果相一致，而且基本与国际主流研究的模型机制相符合（一是综合考虑了气候响应与碳循环的影响，包括二者之间的相互作用；二是采用了多气体辐射强迫模拟），这样，就能尽可能地在同一平台上（即其他条件相似，仅碳排放情景存在差异）考察碳排放情景差异对主流研究结果的影响。

近些年来，学术界也有一些学者尝试从供应侧角度来研究未来气候变化走势，其得出的基本结论虽然较为一致，即供应侧角度下的未来气候变化要远低于主流机构需求侧角度下的分析结果，但目前的这些结果仍存在很大的差异。有些结果认为供应侧角度下的全球气候变化不会超过所谓的 450ppm 或 2℃ 的警戒线（Nel and Cooper，2009）。除了排放情景的差异外，所采取的碳循环模型的差异也是造成现有学术界研究结果差异的重要原因。为了与学术界研究结果相比较及理解其结果差异性的原因，本书除了运用 MAGICC6.3 之外，也介绍并利用其他两类模型：第一类就是本部分介绍的 Bern 碳循环模型（Bern carbon cycle model, Bern-CC 模型）；第二类是实证模型，该类模型将在下一部分介绍。

Bern-CC 模型同温室气体变化评估模型（Bern-CC 模型也是 MAGICC6.3 中采用的 9 个 C⁴MIP 中的一个）一样，是政府间气候变化专门委员会广泛使用的模型之一，在其历次评估中都用到了该模型，同时，该模型也是学术界广泛使用的模型之一。与温室气体变化评估模型不同的是，该模型仅仅分析 CO_2 排放引起的大气 CO_2 浓度的变化，没有考虑其他气体的影响，且并未与气候响应所耦合。

Bern-CC 模型主要描述以下过程：在一个自然的碳排放过程中，排放的 CO_2 会在大气和海洋等其他气候系统间流动。在一个未被干扰的、稳定的状态下，从大气流进海洋等的总的碳量与从其中流出的碳量是相等的（当然，不包括被冲刷进河流，从而被有机物分解氧化等所造成的微小失衡）。当额外的 CO_2 被排放（如来自人为的排放）到大气中时，这些额外的 CO_2 中的一部分会被各类过程所转移走，在这种转移过程中，一些转移是非常快的（如在大气和表层海洋之间的转换，该转换往往发生在排放后的几个月内），但是另一些过程则发生得特别缓慢（如从混合的表层海洋到深海层的气体扩散）。根据这种特点，可以将排放到大气中

的 CO_2 的脉冲分解为一系列的延迟子过程 α_i，每一个过程都按照其自己特有的时间 τ_i 延迟（这里的延迟实际上是指大气中 CO_2 逐渐被吸收减少的过程）。因此，初始排放到大气中的 CO_2 量，在经过了 t 时刻的延迟之后，仍然残留在大气中的量的比例可以用式（6.2）表示（Joos et al., 2012）。

$$CF_{CO_2}(t) = \alpha_0 + \sum_{i=1}^{n} \alpha_i \exp\left(\frac{-t}{\tau_i}\right) \tag{6.2}$$

式中，$CF_{CO_2}(t)$ 表示排放到大气中的 CO_2 经过 t 时刻之后剩余在大气中的比例；n 表示延迟过程的数目；$\sum_{i=0}^{n} \alpha_i = 1$。因此，$CF_{CO_2}(t)$ 就是 CO_2 的脉冲响应（impulse response）（Harvey, 2011），式（6.2）又叫做 CO_2 的（静态）脉冲响应函数（impulse response function，IRF）。

对于持续排放的 CO_2，其每年最终留在大气中的量可以通过对每年排放的绝对量按照 IRF 延迟后的量相加获得，即在 t 时刻，大气中剩余的 CO_2 总量（累计量）就等于每年所有的排放从 0 时刻到 t 时刻延迟后的量的总和。在 t' 时刻出现的新排放，其响应开始于 $t-t'$ 时刻，其经过 $t-t'$ 年的延迟后，剩余在大气中的比例就可以表示为 $CF_{CO_2}(t-t')$。因此，t 时刻大气中总的 CO_2 量为

$$CO_2(t) = CO_2(t_0) + \int_0^t e(t') CF_{CO_2}(t-t') dt' \tag{6.3}$$

式中，$CO_2(t)$ 表示 t 时刻大气中剩余的总的 CO_2 排放量；$e(t')$ 表示在 t' 时刻排放到大气中的 CO_2 量；$CO_2(t_0)$ 表示气候系统平衡状态下，大气 CO_2 浓度，在本书中这一平衡状态下的浓度是指工业化水平前的 CO_2 浓度。

由此可以看出，Bern-CC 模型中，CO_2 的脉冲响应函数非常关键。在 IPCC 历史评估报告中，分别使用了不同的脉冲响应函数。在 IPCC 第二次评估报告中，其响应函数为四项式，具体为（Joos et al., 1996）

$$\begin{aligned} CF_{CO_2}(t) = {} & 0.176 + 0.138 \exp\left(\frac{-t}{421.1}\right) + 0.186 \exp\left(\frac{-t}{70.6}\right) \\ & + 0.242 \exp\left(\frac{-t}{21.4}\right) + 0.259 \exp\left(\frac{-t}{3.4}\right) \end{aligned} \tag{6.4}$$

式中，$0 \leqslant t \leqslant 1000$ 年。该响应方程被学者 Kharecha 和 Hansen（2008）应用到了供应侧气候变化分析当中，笔者将此碳循环模型称为"IPCC-SAR-BernCC"模型。

在 IPCCAR4 中，其所使用的 Bern-CC 模型是对以前模型的修正版本，称之为 Bern2.5CC 模型，模型使用的背景浓度为 378ppm，CO_2 脉冲响应函数为（IPCC，

2007b）

$$\text{CF}_{CO_2}(t) = 0.217 + 0.259\exp\left(\frac{-t}{172.9}\right) + 0.338\exp\left(\frac{-t}{18.51}\right)$$
$$+ 0.186\exp\left(\frac{-t}{1.186}\right) \quad (6.5)$$

该响应方程被学者 Nel 和 Cooper（2009）应用到其供应侧气候变化的分析中，在本书中将此碳循环模型称为"IPCC-AR4-BernCC"模型。

Joos 等在 2012 年对之前版本的 Bern-CC 循环进行改进和修正，提出了新的脉冲响应函数：

$$\text{CF}_{CO_2}(t) = 0.218 + 0.229\exp\left(\frac{-t}{381.33}\right) + 0.285\exp\left(\frac{-t}{34.79}\right)$$
$$+ 0.269\exp\left(\frac{-t}{4.12}\right) \quad (6.6)$$

本书将该模型称为"Joos et al-BernCC"模型。

6.2.4 相关实证模型

1. Tans-CC 模型

在当前有关供应侧驱动碳排放气候变化研究中，还有一些学者使用了实证模型。本书介绍两种实证方法：一种方法是 Tans（2009）提出的，该方法是以"汉堡海洋碳循环模式"（Hamburg ocean carbon cycle model，HAMOCC3）（Maier-Reimer，1993）为基础，对其中的参数重新进行实证估计而获得的实证模型。另一种方法是由 Nel 和 Cooper（2009）提出的，具体将在下一部分介绍。

在 HAMOCC3 中，排放到大气中的 CO_2 在经过时间 t 时刻后，仍然剩余在大气中的量为

$$C_{atm}(t) = \int_{-\infty}^{t} dt' E(t')\left[x_0 + \sum_{i=1}^{n} x_i e^{a_i(t'-t)}\right] \quad (6.7)$$

式中，$C_{atm}(t)$ 表示 t 时刻后剩余在大气中的 CO_2 量；t' 表示历史上的某一时刻，且 $t' < t$；$E(t')$ 表示 t' 时刻总的 CO_2 排放量；x_i 表示 CO_2 在大气中自初始排放后递减的一系列子过程，x_0 表示初始状态；a_i 是一速率常数。例如，20 年吸收期对应的 $a_i = 0.05\text{yr}^{-1}$（yr 表示年），此外，有 $x_0 + \sum_{i=1}^{n} x_i = 1$。

t 时刻被海洋等吸收的 CO_2 量为

$$C_{oce}(t) = \int_{-\infty}^{t} dt' E(t') \left[1 - x_0 - \sum_{i=1}^{n} x_i e^{a_i(t'-t)} \right] \tag{6.8}$$

Tans（2009）认为，大气中的 CO_2 来源主要有两方面：一是化石能源消耗产生的 CO_2；二是来自陆地生物圈的净 CO_2 排放（该排放在 1940 年之后就保持持续的递减趋势）。而排放的 CO_2 最终会保留在大气[留在大气中的 CO_2 如式（6.7）]和海洋中[留在海洋中的 CO_2 如式（6.8）]。因此，其认为 CO_2 的排放量（化石燃料消耗和净的陆地生物圈排放）与 CO_2 的吸收量（被大气和海洋吸收）相等，据此，利用相关历史数据，对式（6.7）和式（6.8）进行了估计，得出了实证结果下的参数值，如表 6.3 所示。同时，表 6.3 也列示了 HAMOCC3 原始参数值。尽管 Tans（2009）指出，较 HAMOCC3 原始参数值而言，实证参数值对历史相关数据拟合较好，但仍然不能完全做到最佳估计。

表 6.3　HAMOCC3 模型的原始值与实证估计值

	$1/a_i$	x_i		$1/a_i$	x_i
原始值	∞	0.1551	实证值	∞	0.17
	461.1	0.0342		300	0.18
	187.3	0.3705		60	0.40
	62.16	0.1449		10	0.25
	23.13	0.1028			
	7.29	0.1198			
	1.78	0.0727			

资料来源：Tans（2009）。

将 Tans（2009）的实证方法标记为"Tans-CC"模型。比较 Tans 的方法与 Bern-CC 方法，可以发现其本质上是相似的，区别在于对参数的估计不同。因此，虽然 Tans（2009）是通过实证的途径获得的模型参数，但其仍然借助现有主流模型框架。

2. Nel-Cooper-AH（0.03）和 Nel-Cooper-AL（0.022）模型

与 Tans（2009）的方法相比，Nel 和 Cooper（2009）提出的实证方法则可以称之为纯粹的实证方法。Nel 和 Cooper（2009）认为，排放到大气中的 CO_2，其绝大部分将被海洋等吸收掉，用 $CO_{2,abs}$ 表示。进一步，$CO_{2,abs}$ 与下列两个关键因素有着密切的关系（Hansen and Sato，2004）。

（1）在给定全球温度情况下，平衡状态下的大气 CO_2 浓度 $CO_{2,eq}$ 从工业化水平前（1850年）平衡状态下的278ppm开始，按照18ppm/°C的速率线性增加。

（2）对于排放到大气中的额外CO_2或称之为平衡状态以外的CO_2，即ΔCO_2，该值有

$$\Delta CO_2 = CO_{2,Actual} - CO_{2,eq} \qquad (6.9)$$

Hansen和Sato（2004）通过的历史数据的实证分析指出，$\dfrac{CO_{2,abs}}{\Delta CO_2}$的值接近于固定，用常数$A$表示。因此，根据历史上被海洋等所吸收的$CO_2$量（$CO_{2,abs}$）、总的碳排放（$CO_{2,Actual}$）和每年平均的大气$CO_2$浓度（$CO_{2,eq}$），就可以求出常数$A$，如图6.5所示。

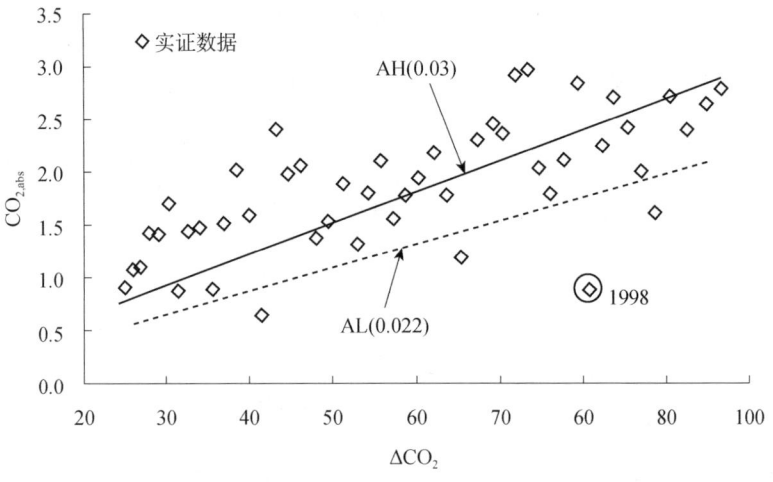

图6.5　$CO_{2,abs}$和ΔCO_2的实证数据

资料来源：Nel和Cooper（2009）；CO_2排放量与浓度的换算关系为1ppm=2.12GtC；同时，在该图中，根据Fung等（2005）和Joos等（2001）的研究，假设有效的大气CO_2浓度不超过600ppm（这意味着，$CO_{2,eq}$超过600ppm之后不能用此计算）

根据图6.5，可以对常数A进行估计。对实证数据进行线性回归，得到的A值为0.03。除此之外，Nel和Cooper（2009）同时提供了一条更低的回归线（A=0.022），该条线并不是根据实证数据直接回归得到，而是对其进行敏感性分析后提出的一条假设线。笔者将这两种方法分别命名为AH（0.03）和AL（0.022），与AH（0.03）相比，AL（0.022）假设海洋等具有弱的吸收能力。在本次研究中将这两种方法分别称为Nel-Cooper-AH（0.03）和Nel-Cooper-AL（0.022）模型。

6.3 供应侧排放驱动情景下的气候变化模拟

在笔者的气候模拟中，除 MAGICC 模型外，其他模型有如下假设。

（1）CO_2 的单位辐射效率为 $1.805×10^{-15}$ 瓦特/米^2/千克 CO_2，也就是 0.014 13 瓦特/米^2/ppm。这意味着，大气中 CO_2 排放量每增加 7.828 3GtCO$_2$（或 2.13GtC）时，大气中的 CO_2 浓度相应增加 1ppm（IPCC，2007c；Kharecha and Hansen，2008）。

（2）对于世界工业化前大气平衡的 CO_2 浓度，笔者设定工业化开始于 1750 年，平衡 CO_2 浓度为 280ppm。

6.3.1 MAGICC 模拟结果

MAGICC 6.3 模拟结果如图 6.6 和图 6.7 所示（具体模拟所用的情景输入文件见附录 E）。总体来看，在不考虑非常规化石能源开发利用的情况下，预测期末（即 2100 年）大气 CO_2 浓度将达到 552~758ppm，全球平均温度将提高（相较于工业化前）2.34~3.29℃。如果考虑对非常规化石能源的开发利用，预测期末大气 CO_2 浓度将达到 612~832ppm，全球平均温度将提高 2.64~3.56℃。据此结果，即使是不考虑非常规化石能源开发利用的学者情景（SD-C-L），全球气候变化仍然会超过 450ppm 或 2℃ 的警戒线。

6.3.2 Bern–CC 及实证模型模拟结果

图 6.8 显示了 Bern-CC 系列模型和实证模型的模拟结果（模拟结果借助了 Excel 中的编程，从而将年 CO_2 排放量和 CO_2 脉冲响应转变为 CO_2 浓度，相关程序见附录 F）。就 Bern-CC 系列模型来看，预测期内，大气 CO_2 浓度将稳步上升。IPCC-SAR-BernCC 的模拟结果最低，2100 年大气中 CO_2 浓度为 507~708ppm（具体数值取决于不同的情景，见表 6.4）；其次是 IPCC-AR4-BernCC，2100 年大气中 CO_2 浓度为 522~730ppm；Joos et al-BernCC 的模拟结果最高，2100 年大气中 CO_2 浓度为 550~776ppm。可以看出，Bern-CC 模型在不断修正和改进的过程中，其预测结果也不断提高。

就实证模型而言，Tans-CC 模型的预测结果显著高于 Nel-Cooper-AH（0.03）和 Nel-Cooper-AL（0.022）模型，且在预测期内，大气 CO_2 浓度保持稳步上升，并无峰值及下降趋势（除了 SD-C-L 情景，在该情景下，Tans-CC 模型预测大气 CO_2 浓度将在 2090 年达到高峰，峰值浓度约为 543ppm）。

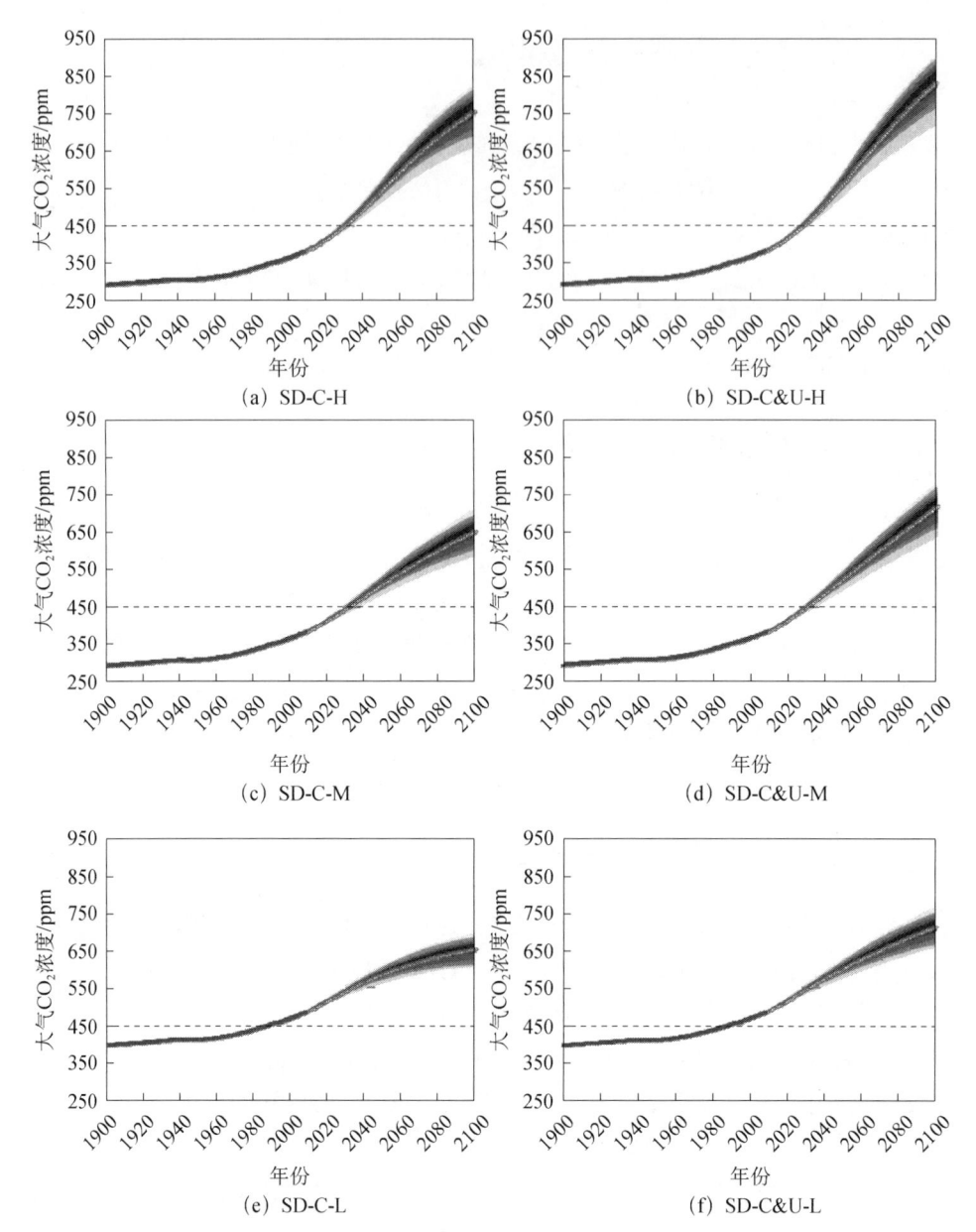

图 6.6 MAGICC6.3 模拟的不同情景下的大气 CO_2 浓度

图中阴影为模拟的不确定范围，中间线条为模拟中值

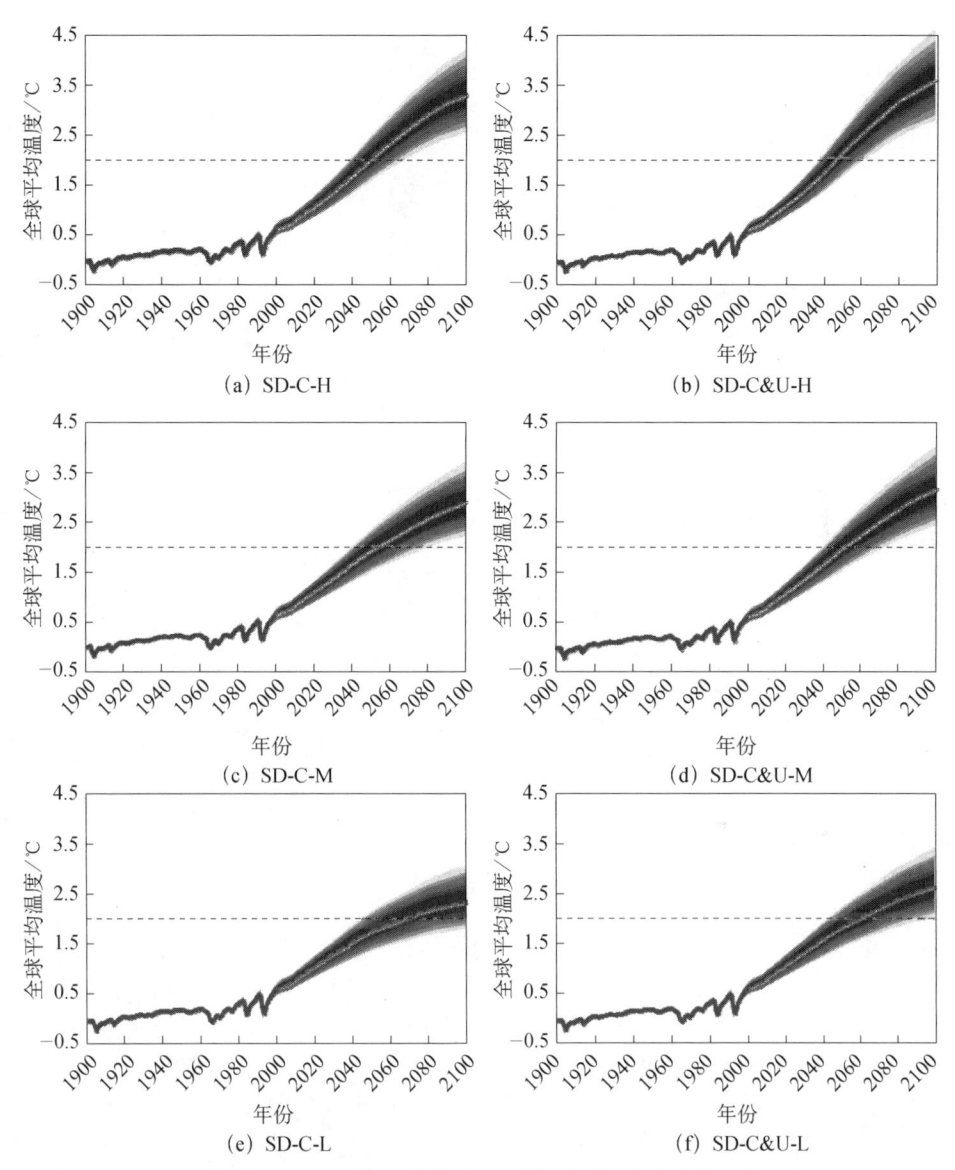

图 6.7 MAGICC6.3 模拟的不同情景下的全球平均温度

图中阴影为模拟的不确定范围，中间线条为模拟中值

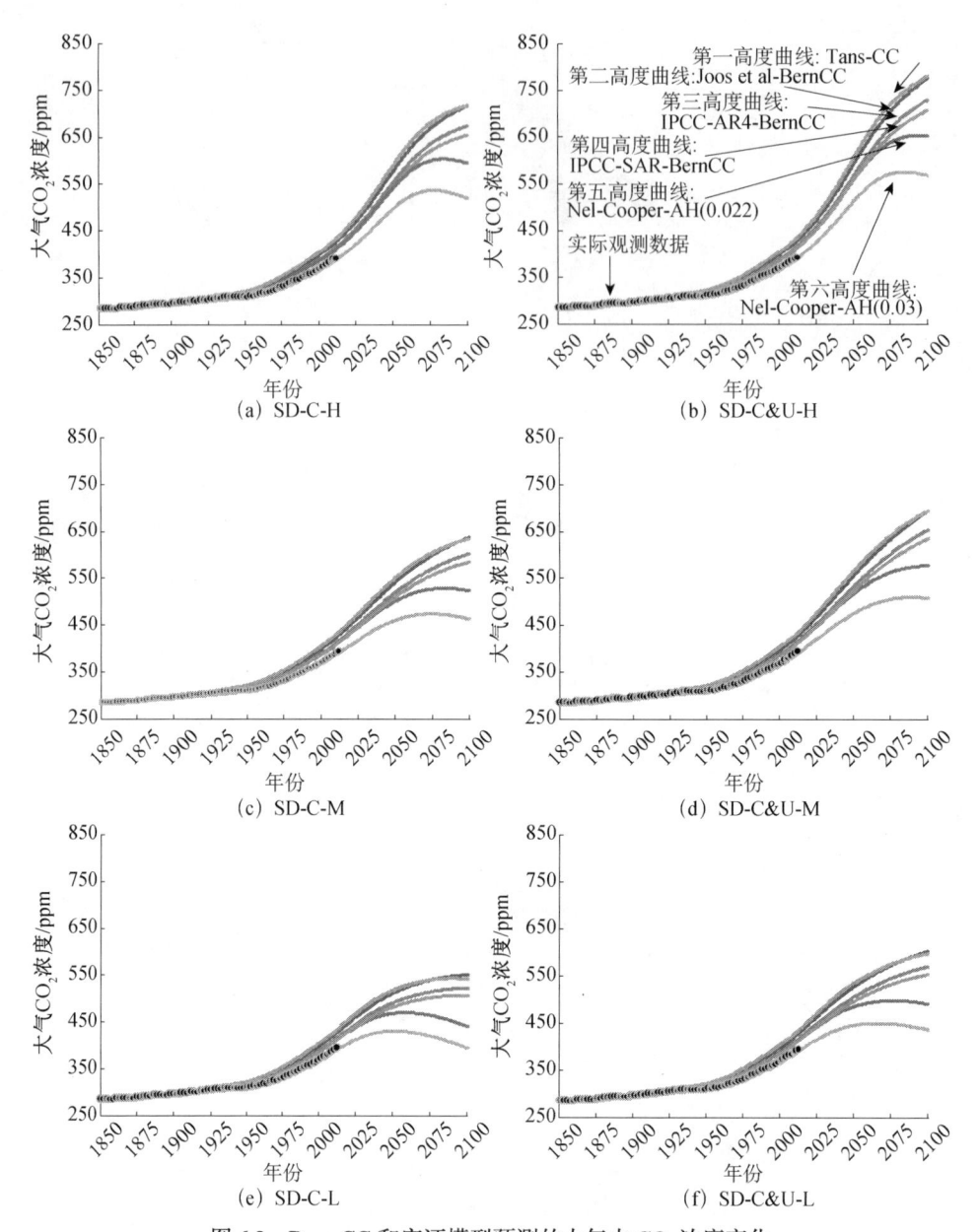

图 6.8 Bern-CC 和实证模型预测的大气中 CO_2 浓度变化

大气 CO_2 浓度历史观察值原始数据来源:1832~1978 年 Law Done 浓度数据来自 Etheridge 等(1996);1959~2012 年 Mauna Loa 浓度数据来自 Tans(2013);1980~2012 年全球平均浓度数据来自 Dlugokencky 和 Tans(2013)。对比 1980~2012 年的 Mauna Loa 浓度数据和全球平均数据,发现前者略高于后者,但并不显著,以 2012 年浓度为例,前者为 393.81ppm,后者为 392.56ppm。本 sss 图中的大气 CO_2 浓度历史值为 Law Done 和 Mauna Loa 的浓度数据,(b)中的图例同样适用于(a)、(c)、(d)、(e)、(f)

表 6.4 2100 年不同排放情景和模型的大气 CO_2 浓度模拟值　　（单位：ppm）

排放情景	IPCC-SAR-BernCC	IPCC-AR4-BernCC	Joos et al-BernCC	Nel-Cooper-AH (0,03)	Nel-Cooper-AL (0,022)	Tans-CC
SD-C-H	655	675	717	520	595	719
SD-C-M	585	603	638	463	523	635
SD-C-L	507	522	550	394	440	542
SD-C&U-H	708	730	776	568	653	782
SD-C&U-M	635	654	693	509	577	694
SD-C&U-L	554	570	603	437	491	598

根据 Tans-CC 模型，2100 年大气中 CO_2 浓度为 542～782ppm。Nel-Cooper-AH（0.03）的预测结果最低，且出现了明显的峰值和下降趋势，模拟的峰值浓度在 431～576ppm，对应的时间为 2051～2084 年（表 6.5）；之后大气 CO_2 浓度开始下降，到 2100 年，大气 CO_2 浓度下降到 394～568ppm（表 6.4）。对于 Nel-Cooper-AL（0.022）模型，正如 Nel 和 Cooper（2009）在其文章中声称的，该模型并不是来自实证的最佳估计，而是乐观估计，因此，该模型的预测结果也显著高于 Nel-Cooper-AH（0.03），但同时也明显低于 Tans-CC。根据 Nel-Cooper-AL（0.022）的预测，全球大气 CO_2 浓度将在 2058～2094 年达到峰值（除了 SD-C&U-M 情景预测结果，因为在该情景下，并无峰值出现），峰值浓度范围为 470～654ppm（表 6.5）。之后浓度趋于下降，到 2100 年，大气 CO_2 浓度下降为 440～653ppm（表 6.4）。

表 6.5 Nel 和 Cooper（2009）模型模拟的大气 CO_2 浓度峰值

模拟情景	Nel-Cooper-AH(0,03) 峰值时间/年	峰值浓度/ppm	Nel-Cooper-AL(0,022) 峰值时间/年	峰值浓度/ppm
SD-C-H	2077	538	2084	604
SD-C-M	2074	474	2083	529
SD-C-L	2051	431	2058	470
SD-C&U-H	2084	576	2094	654
SD-C&U-M	2089	510	2100	577
SD-C&U-L	2068	451	2077	499

对比 Bern-CC 系列模型和实证模型，可以发现，最新版本的 Bern-CC 模型（即 Joos et al-BernCC）与 Tans-CC 模型预测结果极为相近（图 6.8 和表 6.4），而其余 Bern-CC 模型预测结果均高于 Nel 和 Cooper（2009）的实证模型，特别是最佳实

证估计模型［即 Nel-Cooper-AH（0.03）模型］。之所以作为实证模型的 Tans-CC 的模拟结果与 Bern-CC 模拟结果相近，并显著高于 Nel 和 Cooper（2009）的实证模拟结果，原因是 Tans-CC 模型本质上与 Bern-CC 模型相同（其 CO_2 响应函数架构相同），Tans（2009）只是在这一相同的模型框架下对其中的参数进行重新估计，这相当于对"旧的 Bern-CC 模型"（即原始参数）进行了改进，正好与 Joos 等（2012）的工作相似。

对比各模型预测值与历史观测值可以发现，在众多的模型当中，只有 Nel-Cooper-AH（0.03）模型（即最佳实证估计模型）与历史数据拟合非常好，其他模型仅仅能够很好地拟合 1940 年以前的历史值，而对以后的历史值则很难拟合。正如 Nel 和 Cooper（2009）文章所说，IPCC 的模型低估了全球气候系统对 CO_2 的吸收能力，这样就在某种程度上"高估"了未来气候变化。然而，与 Nel 和 Cooper（2009）的看法不同，IPCC（2007b）认为，全球气候系统对 CO_2 的吸收处理能力正在随着大气中 CO_2 浓度的增加而减少，其认为，海洋作为主要的 CO_2 吸收源，其不断吸收 CO_2 会使得海水酸化，从而减少对未来 CO_2 的吸收能力。因此，所有模型的差异从本质上是基于对 CO_2 吸收能力的不同假设，不同的吸收能力将导致排放到大气中的 CO_2 经过 t 时间吸收后，仍然残留在大气中的比例存在差异，对于 Bern-CC 系列模型，这一过程称为 CO_2 的脉冲响应，用脉冲响应函数表示。图 6.9 显示了不同模型中假设的 CO_2 脉冲递减响应，可以看出在 Nel-Cooper-AH（0.03）模型中，排放到大气中的 CO_2 在经过 100 年之后就能基本被吸收，而 Bern-CC 系列模型，即使是在排放发生后的 500 年后，大气中仍然能够剩余 20%以上的 CO_2。

6.3.3 模拟结果对比

1. MAGICC 6.3 结果与 Bern-CC 及实证模型结果比较

图 6.10 对比了温室气体变化评估模型模拟中值与其他模型模拟结果。可以看出，温室气体变化评估模型模拟的大气 CO_2 浓度大于或等于其他模型的预测结果（具体取决于不同情景）。CO_2 排放量越大的情景，温室气体变化评估模型模拟结果与其他模型模拟结果之间的差异也越大，如 SD-C&U-H 情景，温室气体变化评估模型模拟的 2100 年大气 CO_2 浓度为 832ppm，而其他模型模拟的最高值为 782ppm，相差 50ppm；相反，CO_2 排放量越小的情景，温室气体变化评估模型模拟结果与

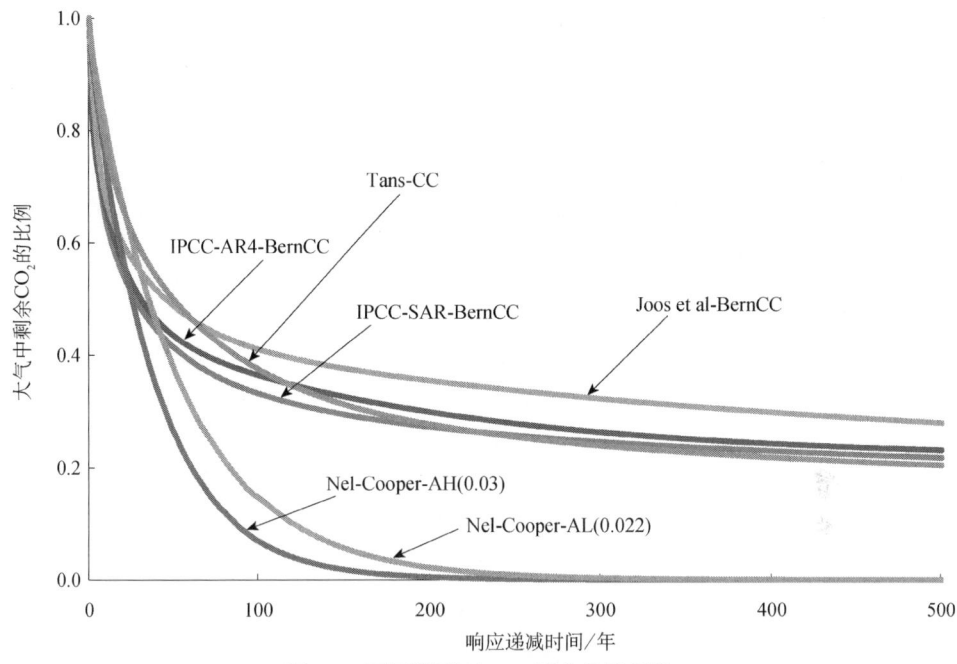

图 6.9 不同模型对 CO_2 剩余量的假设

其他模型模拟结果之间的差异也越小，在 SD-C-L 情景中，温室气体变化评估模型模拟的 2100 年大气 CO_2 浓度为 552ppm，而其他模型模拟的最高值为 550ppm，二者仅相差 2ppm，基本可以认为一致。造成上述现象的原因可能是由于温室气体变化评估模型耦合了碳循环和气候响应，即考虑了气候响应对于碳循环的影响（如气候变暖有可能降低碳汇），且 CO_2 排放量越大，气候响应对碳循环的影响也越显著。

从图 6.10 中也可以看出，温室气体变化评估模型的模拟结果也与历史观察值拟合非常好，这是因为在温室气体变化评估模型中，其采用历史值对模型进行约束，因此，尽管可能终点预测（如 2100 年预测结果）与 Bern-CC 系列相似，但对于历史值的拟合程度却显著高于未约束的 Bern-CC 系列。

2. MAGICC 6.3 供应侧结果与政府间气候变化专门委员会需求侧结果比较

图 6.11 和表 6.6 比较了本次研究的 SD 驱动碳排放情景下全球气候模拟结果与 IPCC 的 DD 驱动碳排放情景下的全球气候模拟结果。可以看出即使在本次研究的高情景下，无论是大气 CO_2 浓度模拟值还是全球温度增量都显著低于 IPCC

情景下的结果，而在本次研究的基准情景下，2100 年大气 CO_2 浓度达到 654～720ppm，对应的全球平均增温为 2.84～3.13℃。

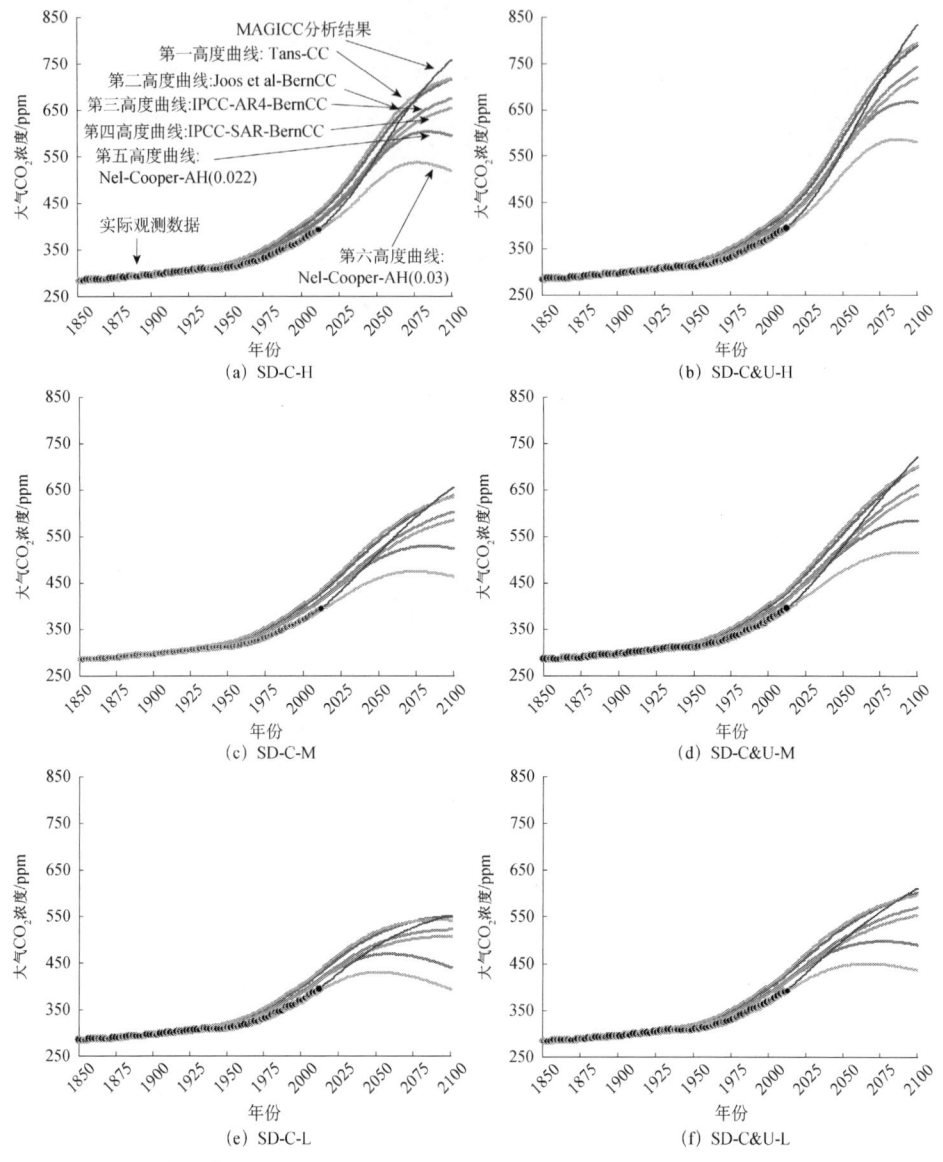

图 6.10 MAGICC 模型预测的大气 CO_2 浓度与其他模型预测对比
(a)中的图例同样适用于(b)、(c)、(d)、(e)、(f)

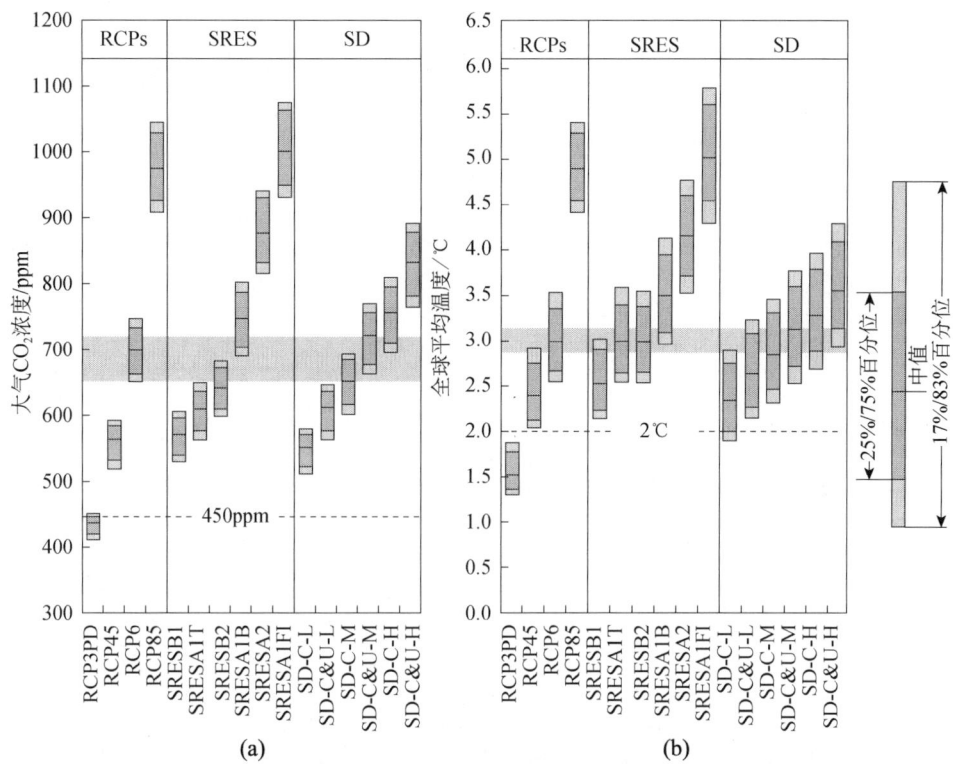

图 6.11 MAGICC 模拟的本书供应侧驱动（SD）碳排放情景与政府间气候变化专门委员会的需求侧驱动（DD）碳排放情景结果对比

图中的浅色阴影代表的本书基准情景模拟范围

表 6.6 不同情景下全球表面平均温度比较

碳排放情景		相对于 1980~1999 年平均温度		相对于工业前温度			
		2090~2099 年增温/℃		2090~2099 年增温/℃		2100 年增温/℃	
		最佳估计	可能范围	最佳估计	可能范围	中值	66%的区间范围
IPCC 第四次评估报告	SRES B1	1.8	1.1~2.9	2.3	1.6~3.4	—	—
	SRES A1T	2.4	1.4~3.8	2.9	1.9~4.3	—	—
	SRES B2	2.4	1.4~3.8	2.9	1.9~4.3	—	—
	SRES A1B	2.8	1.7~4.4	3.3	2.2~4.9	—	—
	SRES A2	3.4	2.0~5.4	3.9	2.5~5.9	—	—
	SRES 1FI	4.0	2.4~6.4	4.5	2.9~6.9	—	—
		中值	66%的区间范围	中值	66%的区间范围	中值	66%的区间范围
MAGICC6.3 模型模拟需求侧驱动情景	SRES B1	—	—	2.4	2.0~3.1	2.5	2.0~3.2
	SRES A1T	—	—	2.9	2.5~3.7	3.0	2.5~3.8
	SRES B2	—	—	2.9	2.4~3.5	3.0	2.6~3.7
	SRES A1B	—	—	3.4	2.8~4.2	3.5	2.9~4.4

续表

碳排放情景		相对于1980~1999年平均温度 2090~2099年增温/°C		相对于工业前温度 2090~2099年增温/°C		2100年增温/°C	
		中值	66%的区间范围	中值	66%的区间范围	中值	66%的区间范围
MAGIC C6.3模型模拟需求侧驱动情景	SRES A2	—	—	3.9	3.2~4.8	4.2	3.5~5.2
	SRES A1FI	—	—	4.7	3.9~5.8	5.0	4.1~6.2
	RCP3-PD	—	—	1.5	1.3~1.9	1.5	1.3~1.9
	RCP4.5	—	—	2.4	2.0~2.9	2.4	2.0~3.0
	PCP6	—	—	2.9	2.5~3.6	3.0	2.6~3.7
	RCP8.5	—	—	4.6	3.8~5.7	4.9	4.0~6.1
MAGIC C6.3模型供给侧驱动情景	SD-C-L	—	—	2.30	2.08~2.57	2.34	2.11~2.61
	SD-C&U-L	—	—	2.58	2.32~2.85	2.64	2.38~2.92
	SD-C-M	—	—	2.77	2.52~3.05	2.84	2.59~3.13
	SD-C&U-M	—	—	3.04	2.78~3.32	3.13	2.88~3.43
	SD-C-H	—	—	3.21	2.96~3.51	3.29	3.03~3.61
	SD-C&U-H	—	—	3.45	3.19~3.79	3.56	3.29~3.92

注：IPCCAR4原始报告中给出的全球表面平均增温是相对于1980~1999年平均温度而言，相对于工业化前的增温是根据Rogelj等（2012）的文章和联合国开发署的报告获得。IPCC中的可能范围是指>66%的概率。DD是指demand driven，即需求侧驱动分析；SD是指supply driven，即供应侧驱动分析。

资料来源：IPCC（2007b）；Rogelj等（2012）；UNDP（2007）。

3. MAGICC 6.3结果与学术文献比较

图6.12汇总了2000年以后相关学术文献从化石能源供应侧角度来研究全球气候变化的相关结果。从中可以看出，不同结果之间的差异非常大，模拟2100年大气CO_2浓度值最小为369ppm（Doose-low case），最大值为599ppm（Tans-high case）；预测期内所有结果的峰值浓度为632ppm（约出现在2076年，为Doose-high case）。导致这种巨大差异的原因主要有两方面：一是对化石能源最终可采资源量的假设不同（有些仅考虑了常规化石能源资源，有些则同时考虑了非常规化石能源资源）；二是所采用的气候模拟方法不同（主要是碳循环模型的差异）。除上述两个主要原因外，对给定化石能源资源的开采假设（即产量预测方法）及是否综合考虑来自其他非化石能源CO_2排放也在一定程度上影响预测结果。

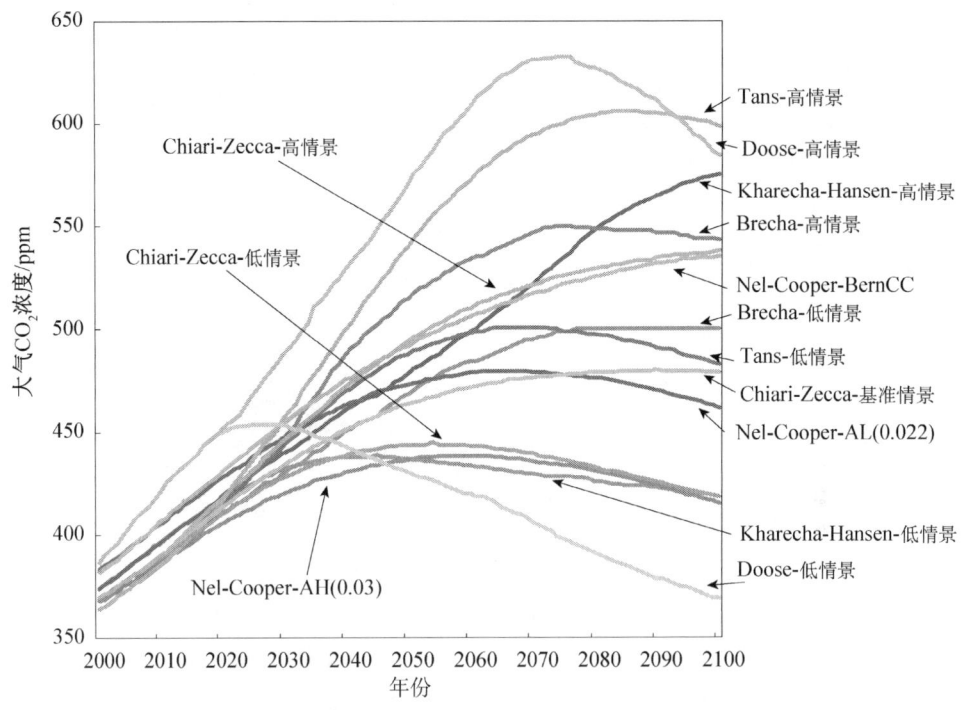

图 6.12　相关学术文献对未来大气 CO_2 浓度的模拟值

资料来源：Kharecha 和 Hansen（2008）；Brecha（2008）；Nel 和 Cooper（2009）；Tans（2009）；Chiari 和 Zecca（2011）；Doose（2004）

总的来看，根据学者的预测，即使在考虑非常规化石能源的情况下，2100年大气 CO_2 浓度也不会超过 600ppm，且如果非常规化石能源不能有效开发的情况下，大气 CO_2 浓度有可能在预测期内达到峰值并开始下降，其峰值浓度小于450ppm，这意味着，资源约束有可能使得全球气候变化避免达到 450ppm 的警戒点。

与学者预测相比，本书的高情景和基准情景（即中情景）对化石能源可采资源量的假设都超过了现有文献（见本书第 3 章资源分析部分），而所选用的气候模拟方法，即使是在给定排放情景下，其模拟结果也不小于现有文献所选用的方法（无论是 Bern-CC 模型还是实证模型）。因此，本书的高情景和基准情景模拟结果均高于现有文献（图 6.13）。而对于本书的低情景，其模拟结果则与现有文献一致，如果再考虑非常规化石能源的情况（即 SD-C&U-L），其对 2100 年大气 CO_2 浓度的模拟结果与学者预测结果最高值相近。但与学者预测的均值相比，无论是哪种情景，本书的结果都显著高于学者预测的均值（图6.13）。

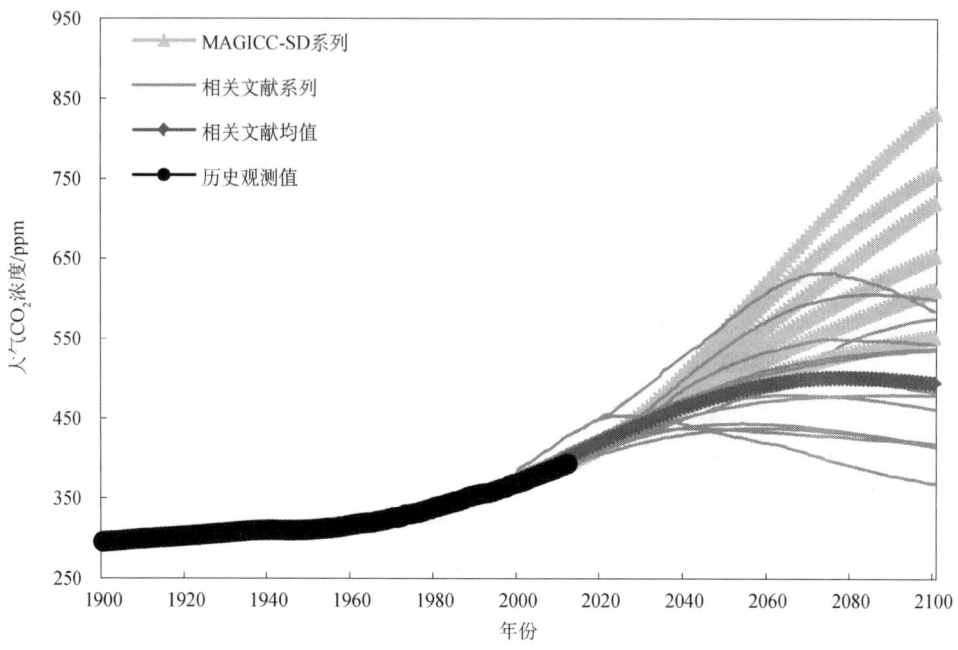

图 6.13　MAGICC 模拟的大气 CO_2 浓度与文献模拟值对比

历史观测值的来源见图 6.8

6.4　主要结论

结论一：政府间气候变化专门委员会照常情景（即高碳排放情景）严重高估了全球碳排放和气候变化的上限，在一定程度上降低了气候预测的可信度。

需求侧排放驱动情景或没有考虑资源的潜在限制，或高估了资源从发现到最终开采利用的速率，仅仅从经济社会发展的角度出发，以经济社会发展为核心。然而，事实上经济社会系统本质上是地球自然生态系统的一个子集，而非相反。人类对自然资源的获取和生态系统的破坏必然存在极限，这一极限就是所谓的边界，供应侧排放驱动研究即是对这一边界的考虑。结合本书前几章及本章研究，即使在高资源假设和考虑非常规资源有效开发的情况下，全球总的化石能源供应也将在 2055 年达到峰值，峰值供应能力为 22.23Gtoe（C+U-H 情景结果），其对应的峰值排放量为 21.197GtC（SD-C&U-H），无论是产量还是排放量均显著低于 IPCC 新老情景的上限（即 SRES 情景的 SRESA1FI 和 RCPs 情景的 RCP8.5）。考虑这一情景，即使按照与政府间气候变化专门委员会所采用的一致的气候模拟方法，结果显示预测期末全球大气 CO_2 浓度不超过 840ppm，全球平均增温也不超过 3.6℃（相较于工业化前水平），显著低于政府间气候变化专门委员会的《排放情景特别报告》情景下的 1001.4ppm 和 5.0℃（SRESA1FI）及典型浓度路径情景下的 975.1ppm 和 4.9 ℃（RCP8.5）。考虑资源约束下的全球气候变化显著低于当前主流预测的这一结论与现有峰值研究结果一致。

结论二：受约束的资源供应和消费虽然能够降低气候变化的上限，但并不意味着气候变化问题的自然解决。

在仅考虑学者预测且不考虑非常规化石能源开发的情况下（即 SD-C-L 情景），在与政府间气候变化专门委员会主流研究可比较的平台上（即采用 MAGICC 方法），本章研究显示，预测期末，全球大气 CO_2 浓度将达到 552ppm，将引起 2.34℃ 的全球平均温度增加（相较于工业化前水平）。这意味着，在不考虑其他因素的情况下，当前自然开采模式仍然不可接受，将使全球大气 CO2 浓度和平均增温超过 450ppm 和 2℃ 警戒线，这一结论与国际能源署和政府间气候变化专门委员会等主流机构的研究一致。

结论三：IPCC 框架以外，全球大气 CO_2 浓度和增温趋势有望在 21 世纪内达到峰值，且如果强的环境吸收能力假设成立，气候变化有控制在警戒线以内的可能性。

排放情景和采用的气候模拟方法的差异是影响气候模拟的两大关键因素，也是当前学术界相关研究结论差异的主要原因。在排放路径的预测方面，温室气体变化评估模型的预测结果显示在所有情景下，大气 CO_2 浓度都将稳步上升；但如果考虑其他模拟方法的话，在低情景下，如 SD-C-L 情景，IPCC-SAR-BernCC、Nel-Cooper-AH（0.03）、Nel-Cooper-AL（0.022）和 Tans-CC 均显示全球大气 CO_2 浓度将在 21 世纪达到峰值。更进一步，对未来环境吸收 CO_2 能力假设的差异是导致 Bern-CC 系列模型和实证系列模型模拟结果差异的根本原因。从 Bern-CC 系列模型的改进过程来看，主流研究者认为随着大气 CO_2 浓度的增加，环境（主要是海洋）对排放的 CO_2 的吸收能力倾向于减小，从而导致对于相同量的温室气体。在高大气 CO_2 浓度时期排放比在低大气 CO_2 浓度时期排放在等时期内残留在大气中的比例更高，进而导致其响应函数参数的变化。然而，相关实证研究方法表明，海洋对排放 CO_2 的吸收能力并没有减弱，而是与大气 CO_2 浓度变化之间呈现出一定比例关系。如果这种强的 CO_2 吸收能力假设成立的话，在 SD-C-L 情景下，全球大气 CO_2 浓度有可能控制在境界线以内。

结论四：如果在近期出现化石能源产出的快速下降，环境因素将超越资源因素，成为其主因。

在本章的 SD-C-L 情景下，按照与主流机构相一致的研究方法显示，即使不考虑非常规化石能源的贡献，低情景开采的常规化石能源也将使得全球气候变化超过警戒线。这意味着，如果未来出现化石能源供应显著减小，特别是高碳能源开采的下降，其背后的原因很可能是环境约束而非资源约束。这进一步说明在全球协作应对气候变化的情况下，环境约束将首先对化石能源供应产生影响。

结论五：受限的化石能源供应严重挑战当前基于资源丰富假设的能源政策，同时为供应侧应对气候变化政策的有效性提供新证据。

对某一种或某几种资源丰富的假设是相关国家能源政策的基础，以我国为例，在煤炭资源丰富的假设下，我国正在大规模地推进煤制油和煤制气项目，特别是煤制气，2013年发表的一份报告显示，我国已经在规划建设或批准待建设的煤制气项目超过40个，总产能接近2000亿立方米（Yang and Jackson, 2013），远远超过我国当前总消费量。煤制气项目消耗大量煤炭和水资源，如果上述产能实现，将增加数十亿吨的煤炭消费。然而，根据相关研究，我国煤炭产量峰值将在2020～2030年达到峰值（Wang et al., 2013a, 2013b），即使按照本书前几章所论述的高资源假设（即假设资源量是储量的2倍），煤炭峰值也将在2043年到达。受限的煤炭资源供应并不支撑该类项目的大规模发展。在此背景下，此类能源政策将存在巨大的经济风险和环境风险。

对气候应对策略而言，当前主流所采取的气候应对策略多是基于需求侧的气候应对策略，如碳排放权交易、碳税政策等（Harstad, 2012）。然而，"搭便车"现象使得这类政策的有效性大大降低（Harstad, 2012; Collier and Venables, 2014）。为此，一些学者提出了供应侧气候应对策略，即在气候减排联盟采取应对气候策略之前，首先购买非联盟国资源区块（资源区块产权明晰、可购买的情况下），以防止联盟减产引起的非联盟国增产行为（Harstad, 2012）。然而，现有供应侧应对策略仍然没有考虑资源供应的有限性，其应对策略也是双边或多边的。根据笔者的研究，如果资源约束确实存在，那么至少在长期内，资源大国的单边减产行为（不需要购买其他国家资源区块），也能够显著影响未来气候变化（相对于照常情景），因为其他国家也面临资源受限的情况。进一步，资源大国的单边减产将引起全球煤炭市场价格的上升，价格上升也将有利于可再生能源等的开发与投资。

进一步，受限资源供应的存在使应对气候变化中的"绿色悖论"也不成立。"绿色悖论"认为，对未来高碳能源需求减少的预期将降低高碳能源的当前价格，从而大大增加高碳能源在中短期的消费量（比长期内消耗更多的高碳能源），进而显著增加未来气候变化的程度（Sinn, 2012）。在资源受限的情况下，产出量将限制实际消费量的增长。以石油为例（绿色悖论的提出者就以石油为例来阐述其观点），常规原油的产量高峰在 2006 年已经到来（IEA，2008）。根据笔者及 UKERC 的分析，常规石油产量峰值最晚在 2030 年以前到来（高资源假设下的基准情景），而非常规石油资源并不能显著增加资源产出，这意味着并不能出现"绿色悖论"所阐述的情况。

参 考 文 献

Allen M. 1999. Do-it-yourself climate prediction. Nature，401（6754）：642-642.

ANR. 2012. The Greenhouse Gases，Regulated Emissions，and Energy Use in Transportation Model（GREET）（version 1.8b）Default Results From U.S. 2012. Washington，D C：Department of Energy's Argonne National Lab（GREET）.

Arnell N W.1999. Effects of IPCC SRES* emissions scenarios on river runoff：A global perspective. Hydrology and Earth System Sciences，7（5）：619-641.

Bartis，James T，Frank C，et al. 2008. Producing Liquid Fuels from Coal：Prospects and Policy Issues. Santa Monica：RAND Corporation.

Brandt A R，Farrell A E. 2007. Scraping the bottom of the barrel：Greenhouse gas emission consequences of a transition to low-quality and synthetic petroleum resources. Climatic Change，84（3/4）：241-263.

Brandt A R. 2008. Converting oil shale to liquid fuels：Energy inputs and greenhouse gas emissions of the shell in situ conversion process. Environmental Science & Technology，42（19）：7489-7495.

Brandt A R. 2009. Converting oil shale to liquid fuels with the alberta taciuk processor：Energy inputs and greenhouse gas emissions. Energy & Fuels，23（12）：6253-6258.

Brecha R J. 2008. Emission scenarios in the face of fossil-fuel peaking. Energy Policy，36（9）：3492-3504.

Chiari L，Zecca A. 2011. Constraints of fossil fuels depletion on global warming projections. Energy Policy，39（9）：5026-5034.

Collier P，Venables A J. 2014. Closing coal：Economic and moral incentives. Oxford Review of Economic Policy，30（3）：492-512.

Covey C，AchutaRao K M，Cubasch U，et al. 2003. An overview of results from the coupled model intercomparison projec. Global and Planetary Change，37（1）：103-133.

Ding Y，Griggs D J，Noguer M，et al. 2001. Climate Change 2001：The Scientific Basis. Cambridge：Cambridge University Press．

Dlugokencky E, Tans P. 2013. Globally Averaged Marine Surface Annual Mean Data. Washington, D C: National Oceanic & Atmospheric Administration (NOAA) Earth System Research Laboratory.

Doose P. 2004.Projections of fossil fuel use and future atmospheric CO_2 concentrations. The Geochemical Society Special Publications, 9: 187-195.

EPA.2010.Greenhouse Gas Emissions Reporting From the Petroleum and Natural Gas Industry. Washington, D C: U S Environmental Protection Agency.

Etheridge D M, Steele L P, Langenfelds R L, et al.1996. Natural and anthropogenic changes in atmospheric CO_2 over the last 1000 years from air in Antarctic ice and firn. Journal of Geophysical Research: Atmospheres, 101 (D2): 4115-4128.

Friedlingstein P, Cox P, Betts R, et al. 2006.Climate-carbon cycle feedback analysis: Results from the C4MIP model intercomparison. Journal of Climate, 19 (14): 3337-3353.

Friedlingstein P, Houghton R A, Marland G, et al. 2010.Update on CO_2 emissions. Nature Geoscience, 3 (12): 811-812.

Fung I Y, Doney S C, Lindsay K, et al. 2005.Evolution of carbon sinks in a changing climate. Proceedings of the National Academy of Sciences of the United States of America, 102 (32): 11201-11206.

Hansen J, Lacis A, Rind D, et al. 1984.Climate sensitivity: analysis of feedback mechanisms. Geophysical Monograph Series, 29: 130-163.

Hansen J, Sato M. 2004.Greenhouse gas growth rates. Proceedings of the National Academy of Sciences of the United States of America, 101 (46): 16109-16114.

Harstad B. 2012. Buy coal: A case for supply-side environmental policy. Journal of Political Economy, 120 (1): 77-115.

Harvey L D D. 2011. Environmental Modelling: Finding Simplicity in Complexity. 2nd ed. New Jersey: Wiley-Blackwell.

Hawkins E, Sutton R. 2009. The potential to narrow uncertainty in regional climate predictions. Bulletin of the American Meteorological Society, 90 (8): 1095-1107.

Hawkins E, Sutton R. 2011. The potential to narrow uncertainty in projections of regional precipitation change. Climate Dynamics, 37 (1/2): 407-418.

Houghton J T, MeiraFilho L J, Griggs D J, et al. 1997. An Introduction to Simpleclimate Models Used in the IPCC Second Assessment Report. Geneva: Intergovernmental Panel on Climate Change.

Howarth R W, Ingraffea A, Engelder T. 2011a. Natural gas: should fracking stop? Nature, 477

（7364）：271-275.

Howarth R W, Santoro R, Ingraffea A. 2011b. Methane and the greenhouse-gas footprint of natural gas from shale formations. Climatic Change, 106（4）：679-690.

Howarth R, Shindell D, Santoro R, et al. 2012. Methane Emissions from Natural Gas Systems. Issa, New York: Cornell University.

IEA. 2008. World Energy Outlook 2008. Paris: International Energy Agency.

IPCC. 1990. Climate Change 1990: The IPCC Scientific Assessment. Cambridge: Cambridge University Press.

IPCC. 1992. Climate Change 1992: The Supplementary Report to the IPCC Scientific Assessment. Cambridge: Cambridge University Press.

IPCC. 1995. Climate Change 1995: The Science of Climate Change. Cambridge: Cambridge University Press.

IPCC. 2000. Special Report on Emissions Scenarios. Cambridge: Cambridge University Press.

IPCC. 2001. Third Assessment Report: Climate Change 2001—synthesis Report. Cambridge: Cambridge University Press.

IPCC. 2006. 2006 IPCC Guidelines for Natuional Greenhouse Gas Inventories.Geneva : Intergovernmental Panel on Climate Change.

IPCC. 2007a. Climate Change 2007: Synthesis Report. Cambridge: Cambridge University Press.

IPCC. 2007b. Climate Change 2007: The Physical Science Basis. Cambridge: Cambridge University Press.

IPCC. 2007c. IPCC Fourth Assessment Report（AR4）, Working Group I. Cambridge: Cambridge University Press.

Joos F, Bruno M, Fink R, et al. 1996. An efficient and accurate representation of complex oceanic and biospheric models of anthropogenic carbon uptake. Tellus B, 48（3）：397-417.

Joos F, Prentice I C, Sitch S, et al. 2001. Global warming feedbacks on terrestrial carbon uptake under the Intergovernmental Panel on Climate Change（IPCC）emission scenarios. Global Biogeochemical Cycles, 15（4）：891-907.

Joos F, Roth R, Fuglestvedt J S, et al. 2012. Carbon dioxide and climate impulse response functions for the computation of greenhouse gas metrics: A multi-model analysis. Atmospheric Chemistry and Physics Discussions, 12（8）：19799-19869.

Kharecha P A, Hansen J E. 2008. Implications of "peak oil" for atmospheric CO_2 and climate . Global Biogeochemical Cycles, 22（3）：1-10.

Knutti R, Sedláček J. 2013. Robustness and uncertainties in the new CMIP5 climate model projections. Nature Climate Change, 3: 369-373.

Maier-Reimer E.1993. Geochemical cycles in an ocean general circulation model. preindustrial tracer distributions. Global Biogeochemical Cycles, 7 (3): 645-677.

Masui T, Matsuoka Y, Morita T, et al. 2001. Development of Land Use Model for IPCC New Emission Scenarios (SRES) NewYork: Oxford University Press.

Meinshausen M, Raper S C B, Wigley T M L. 2008. Emulating IPCC AR4 atmosphere-ocean and carbon cycle models for projecting global-mean, hemispheric and land/ocean temperatures: MAGICC 6.0. Atmos pheric. Chemistry. Physics. Discuss, 8 (2): 6153-6272.

Meinshausen M, Raper S C B, Wigley T M L. 2011b. Emulating coupled atmosphere-ocean and carbon cycle models with a simpler model, MAGICC6–Part 1: Model description and calibration. Atmospheric Chemistry and Physics, 11 (4): 1417-1456.

Meinshausen M, Smith S J, Calvin K, et al. 2011a.The RCP greenhouse gas concentrations and their extensions from 1765 to 2300. Climatic Change, 109 (1/2): 213-241.

Meinshausen M, Wigley T M L, Raper S C B. 2011c. Emulating atmosphere-ocean and carbon cycle models with a simpler model, MAGICC6–Part 2: Applications. Atmospheric Chemistry and Physics, 11 (4): 1457-1471.

Moss R H, Edmonds J A, Hibbard K A, et al. 2010. The next generation of scenarios for climate change research and assessment. Nature, 463 (7282): 747-756.

Mui S, Tonachel L, McEnaney B, et al. 2010. GHG Emission Factors for High Carbon Intensity Crude Oils.New York: Natural Resources Defense Council.

Nel W P, Cooper C J. 2009. Implications of fossil fuel constraints on economic growth and global warming. Energy Policy, 37 (1): 166-180.

Noilhan J, Planton S. 1989. A simple parameterization of land surface processes for meteorological models. Monthly Weather Review, 117 (3): 536-549.

Osborn T J, Raper S C B, Briffa K R. 2006. Simulated climate change during the last 1, 000 years: Comparing the ECHO-G general circulation model with the MAGICC simple climate model. Climate Dynamics, 27 (2/3): 185-197.

Pétron G, Frost G, Miller B R, et al. 2012. Hydrocarbon emissions characterization in the Colorado Front Range: A pilot study. Journal of Geophysical Research: Atmospheres (1984–2012), 117 (D4).

Rhys J. 2011. Cumulative Carbon Emissions and Cliamte Change: Has the Economics of Climate Policies Lost Contact with the Physics? Oxford: The Oxford Institute for Energy Studies.

Rogelj J, Meinshausen M, Knutti R. 2012. Global warming under old and new scenarios using IPCC climate sensitivity range estimates. Nature Climate Change, 2 (4): 248-253.

Santoro R L, Howarth R H, Ingraffea A R. 2011. Indirect Emissions of Carbon Dioxide from Marcellus Shale Gas Development. New York: Cornell University.

Sinn H W. 2012. The Green Paradox: A Supply-Side Approach to Global Warming. Boston: Massachusetts Institute of Technology (MIT) Press.

Stainforth D A, Aina T, Christensen C, et al. 2005. Uncertainty in predictions of the climate response to rising levels of greenhouse gases. Nature, 433 (7024): 403-406.

Stephenson T, Valle J E, Riera-Palou X. 2011. Modeling the relative GHG emissions of conventional and shale gas production. Environmental science & technology, 45 (24): 10757-10764.

Tans P. 2009. An accounting of the observed increase in oceanic and atmospheric CO_2 and an outlook for the future. Oceangraphy, 22 (4): 26-35.

Tans P. 2013. Mauna Loa CO_2 Annual Mean Data. Washington, D C: National Oceanic & Atmospheric Administration (NOAA) Earth System Research Laboratory.

Thomson A M, Calvin K V, Smith S J, et al. 2011. RCP4.5: A pathway for stabilization of radiative forcing by 2100. Climatic Change, 109 (1/2): 77-94.

Human Development Report Office. 2007. Human Development Report 2007/2008 New York: UN Plaza.

van Vuuren D P, Meinshausen M, Plattner G K, et al. 2008. Temperature increase of 21st century mitigation scenarios. Proceedings of the National Academy of Sciences, 105 (40): 15258-15262.

Wang J, Feng L, Davidsson S, et al. 2013b. Chinese coal supply and future production outlooks. Energy, 60: 204-214.

Wang J, Feng L, Tverberg G E. 2013a. An analysis of China's coal supply and its impact on China's future economic growth. Energy Policy, 57: 542-551.

Ward J D, Mohr S H, Myers B R, et al. 2012. High estimates of supply constrained emissions scenarios for long-term climate risk assessment. Energy Policy, 51: 598-604.

Ward J D, Werner A D, Nel W P, et al. 2011. The influence of constrained fossil fuel emissions scenarios on climate and water resource projections. Hydrology and Earth System Sciences, 15 (6): 1879-1893.

Wigley T M L, Raper S C B. 1987. Thermal expansion of sea water associated with global warming. Nature, 330 (6144): 127-131.

Wigley T M L, Raper S C B. 1992. Implications for climate and sea level of revised IPCC emissions scenarios. Nature, 357 (6376): 293-3045.

Yang C J, Jackson R B. 2013. China's synthetic natural gas revolution. Nature Climate Change, 3 (10): 852-854.

附录A 分国家常规化石能源最终可采资源量统计

附表A.1 分国家和地区常规石油资源最终可采资源量统计　　（单位：Mtoe）

国家及地区	累计产量	BGR	BP	WEC	EIA	OPEC	平均值	资源量	最终可采资源量
阿尔巴尼亚	53	30		30	27		29	23	105
奥地利	121	7		7	7		7	10	138
波斯尼亚和黑塞哥维那								10	10
保加利亚		2		2	2		2	5	7
克罗地亚	101	9		10	10		10	20	131
塞浦路斯								35	35
捷克	10	2		2	2		2	29	41
丹麦	320	111	109	108	111	123	112	172	604
爱沙尼亚	5								5
芬兰	2								2
法国	124	11		14	13		13	70	207
德国	294	35		16	38		30	20	344
希腊	16	1		1	1		1	35	52
匈牙利	98	4		5	4		4	20	122
爱尔兰								224	224
意大利	175	76	182	62	65		96	170	441
立陶宛	4	2		2	2		2	20	26
马耳他								5	5
荷兰	143	39		6	42		29	60	232
挪威	3363	833	838	920	774	914	856	2047	6266
波兰	61	10		15	13		13	42	116
罗马尼亚	759	82	80	55	82		75	160	994

---

① 本附录参考文献见第3章。

续表

国家及地区	累计产量	储量 BGR	BP	WEC	EIA	OPEC	平均值	资源量	最终可采资源量
塞尔维亚和黑山	43	10		10	11		10	20	73
斯洛伐克	2	1		1	1		1	5	8
西班牙	37	20		20	20		20	20	77
土耳其	138	45		44	37		42	70	250
英国	3495	788	374	408	390	382	468	1352	5315
欧洲	9366	2118	1816	1738	1650	1851	1822	4644	15834
阿塞拜疆	1717	952	959	950	955	955	954	1245	3916
白俄罗斯	134	27		27	27	27	27	30	191
格鲁吉亚	24	5		5	5		5	50	79
哈萨克斯坦	1459	4082	3932	2907	4093	5430	4089	4000	9548
吉尔吉斯斯坦	11	5		5	5		5	10	26
摩尔多瓦		—						10	10
俄罗斯	21178	11997	12079	10647	8186	10560	10694	20000	51872
塔吉克斯坦	8	2		2	2		2	40	50
土库曼斯坦	510	215	82	81	82	82	108	1700	2318
乌克兰	358	54		151	54	54	78	150	586
乌兹别克斯坦	190	81	81	70	81	81	79	400	669
独联体地区	25589	17419	17208	14845	13489	17200	16041	27635	68977
阿尔及利亚	2808	1660	1537	2731	1664	1664	1851	1600	6259
安哥拉	1300	1837	1822	1282	1296	1428	1533	5000	7833
贝宁		1		1	1		1	70	71
喀麦隆	177	27		168	27		74	350	601
乍得	59	204	216	222	205		212	275	546
刚果（金）	42	23		25	25		24	145	211
刚果（布）	325	264	274	274	218		258	451	1034
科特迪瓦	28	14		64	14		31	300	359
埃及	1521	585	571	561	600	614	586	1600	3707
赤道几内亚	179	232	231	231	150		211	350	740
厄立特里亚								10	10
埃塞俄比亚		<0，5					<0，5	20	20
加蓬	512	501	504	504	273	273	411	1400	2323
冈比亚								20	20
加纳	9	85		2	90		59	210	278
几内亚								150	150
几内亚比绍								40	40

续表

国家及地区	累计产量	储量 BGR	储量 BP	储量 WEC	储量 EIA	储量 OPEC	储量 平均值	资源量	最终可采资源量
肯尼亚								250	250
利比里亚								160	160
马达加斯加								55	55
毛里塔尼亚	5	3		14	14		10	150	165
摩洛哥	2	<0,5			0		0	30	32
莫桑比克		2				2	2	2000	2002
纳米比亚		—						150	150
尼日尔		—						30	30
尼日利亚	4101	5061	5020	4953	5075	5075	5037	5000	14138
圣多美和普林西比		—						180	180
塞内加尔		—						140	140
塞舌尔		—						470	470
塞拉利昂		60					60	200	260
利比亚	3663	6408	6133	5712	6333	6550	6227	1200	11090
索马里		1					1	20	21
南非	23	2		2	2		2	400	425
苏丹与南苏丹	210	863	904	904	682	914	853	730	1793
坦桑尼亚		—						400	400
多哥		—						65	65
突尼斯	198	58	55	69	58		60	50	308
乌干达		136					136	300	436
西撒哈拉		—						30	30
津巴布韦		—						10	10
非洲	15163	18027	17563	17719	16727	17541	17640	24010	56807
巴林	222	17		16	17		17	200	439
伊朗	9200	21061	20765	17329	18692	21089	19787	7200	36187
伊拉克	4672	19469	19312	15478	15689	19284	17846	6100	28618
以色列	2	2			0		1	370	373
约旦		<0,5			0		0	5	5
科威特	5733	13810	13981	13679	14188	13847	13901	700	20334
黎巴嫩		—						150	150
阿曼	1305	748	746	744	750	750	748	700	2753
卡塔尔	1420	3310	3176	3094	3462	3463	3301	700	5421
沙特	18140	36110	36457	34518	35825	36208	35824	11800	65764
叙利亚	731	340	341	335	341	341	340	400	1471
阿联酋	4174	13306	12976	12555	13342	13342	13104	1100	18378
也门	376	340	350	345	409		361	500	1237
中东	46006	108513	108193	98093	102717	108710	105230	29925	180262

续表

国家及地区	累计产量	储量 BGR	BP	WEC	EIA	OPEC	平均值	资源量	最终可采资源量
阿富汗		—						144	144
澳大利亚	981	527	430	255	453	567	446	1100	2527
孟加拉国	3	3		3	4		3	30	36
文莱	500	150	150	160	150	150	152	160	812
柬埔寨		—						25	25
中国	5666	2002	2007	2466	2776	2776	2406	16200	24272
印度	1182	757	757	740	775	1234	853	900	2935
印度尼西亚	3265	543	559	497	544	544	537	2400	6202
日本	50	5		9	6		7	24	81
韩国									1
老挝		—						<0.5	<0.5
马来西亚	1003	797	767	701	546	791	720	850	2573
蒙古		2		2			2	50	52
缅甸	54	6		7	7		7	560	621
新西兰	55	20		20	15		18	182	255
巴基斯坦	93	38		42	43		41	150	284
巴布亚新几内亚	63	25		9	12		15	290	368
菲律宾	15	18		15	19		17	270	302
斯里兰卡		—						90	90
中国台湾	5	<0.5			0		0	5	10
泰国	159	60	53	50	59		56	327	542
帝汶	35	71					71	175	281
越南	288	599	595	626	82	600	500	600	1388
亚太地区	13415	5623	5464	5602	5492	6835	5852	24532	43540
加拿大	5093	667	736	3126	823	668	1204	3500	9797
格陵兰		—						3500	3500
墨西哥	6012	1550	1574	1611	1422	1883	1608	2800	10420
美国	30444	4200	3723	3429	3174	2822	3470	15727	49641
北美洲	41549	6417	6033	8166	5419	5373	6282	25527	73585
阿根廷	1479	343	348	348	342	342	345	500	2324
巴巴多斯	2	<0.5			0		0	30	32
伯利兹	1	1		1	1		1	15	17
玻利维亚	75	59		54	63		59	200	334
巴西	1819	2048	2188	1088	1754	1908	1797	13000	16616
智利	61	20		4	21		15	20	96
哥伦比亚	1092	307	287	226	259	271	270	1265	2627
古巴	56	13		19	17		16	1008	1080
多米尼亚		—						150	150
厄瓜多尔	689	838	904	909	888	1123	933	107	1729

续表

国家及地区	累计产量	储量 BGR	BP	WEC	EIA	OPEC	平均值	资源量	最终可采资源量
马尔维纳斯群岛		—						567	567
法属圭亚那		—						467	467
危地马拉	20	11		13	11		12	40	72
圭亚那		—						450	450
海地								100	100
巴拉圭		—						75	75
秘鲁	363	169	177	124	73		136	351	850
波多黎各								75	75
苏里南	12	10		12	11		11	700	723
特立尼达和多巴哥	506	113	113	80	99		101	65	672
乌拉圭		—						325	325
委内瑞拉	9444	5742	11023	13997	13558	13558	11575	3000	24019
中南美洲	15617	9674	15199	16875	17097	17570	15271	22510	52829
世界	166705	167791	171476	163038	162591	175079	168138	158783	491834

注："—"表示不可用或不存在。

资料来源：储量数据来自 BGR（2012）、BP（2012）、WEC（2010a）、EIA（2013）、OPEC（2012b）。资源量数据来自 BGR（2012）。BP 和 EIA 数据中剔除了加拿大和委内瑞拉非常规石油储量；世界能源委员会数据为 2008 年年底的储量；石油输出国组织数据中委内瑞拉储量是 2007 年年底的，以此剔除超重油储量的影响。

附表 A.2　分国家和地区常规天然气资源最终可采资源量统计　（单位：Mtoe）

国家及地区	累计产量	储量 BGR	BP	WEC	EIA	OPEC	平均值	资源量	最终可采资源量
阿尔巴尼亚	7	1		5	1		2	9	18
奥地利	85	14		14	14		14	45	144
保加利亚	6	5		1	5		3	14	23
克罗地亚	59	22		32	22		25	45	130
捷克	14	3		4	4		3	9	26
丹麦	149	50		59	52	91	63	81	293
法国	205	10		6	6		7	90	303
德国	888	120	56	113	156	78	105	18	1011
希腊	1	1		2	1		1	9	11
匈牙利	201	8		60	7		25	72	298
爱尔兰	50	9		9	9		9	45	103
意大利	655	56	78	63	57	59	63	365	1082
马耳他								5	5
荷兰	2967	1040	991	1121	1235	1045	1086	180	4234
挪威	1487	1863	1863	1994	1814	2486	2004	2340	5831

续表

| 国家及地区 | 累计产量 | 储量 ||||| 资源量 | 最终可采资源量 |
		BGR	BP	WEC	EIA	OPEC	平均值		
波兰	223	84	109	68	147	84	98	135	456
葡萄牙									0
罗马尼亚	1139	98	98	92	56	536	176	180	1494
塞尔维亚和黑山	29	36		43	43		41	9	78
斯洛伐克	23	12		14	13		13	9	44
斯洛文尼亚		1				1		14	15
西班牙	10	5		3	2		3	184	197
土耳其	11	5		5	5		5	18	34
英国	2141	444	182	263	228	468	317	453	2911
欧洲	10349	3884	3651	3970	3876	5053	4087	4327	18763
亚美尼亚				148		162	155		155
阿塞拜疆	460	1185	1143	1223	756	1185	1099	1620	3179
白俄罗斯	11	3		3	3		3	9	22
格鲁吉亚	3	7		7	8		7	92	102
哈萨克斯坦	397	2166	1693	2700	2 142	1722	2085	3330	5812
吉尔吉斯斯坦	6	5	0	5	5		5	18	29
摩尔多瓦								18	18
俄罗斯	17860	41360	40139	40410	42336	41400	41129	90000	148988
塔吉克斯坦	8	5		5	5		5	90	103
土库曼斯坦	2130	9000	21887	7560	6678	9000	10825	9278	22233
乌克兰	1752	872	841	708	983	872	855	3141	5749
乌兹别克斯坦	1871	1442	1442	1571	1638	1495	1517	1350	4739
独联体地区	24498	56044	67167	54340	54553	55856	57592	108946	191036
阿尔及利亚	1860	4054	4054	4054	4007	4054	4044	1170	7075
安哥拉	18	279		145	276	329	257	1080	1355
贝宁		1		1	1		1	90	91
喀麦隆		138		135	120	140	133	180	313
乍得								180	180
刚果（金）		1		1	1		1	9	10
刚果（布）		112		82	81	114	97	180	277
科特迪瓦	20	14		38	25		26	360	406
埃及	592	1989	1971	1953	1945	1989	1969	7200	9762
赤道几内亚	26	109		108	33		83	108	217
厄立特里亚								90	90
埃塞俄比亚		25		23	22		23	18	41

续表

国家及地区	累计产量	储量						资源量	最终可采资源量
		BGR	BP	WEC	EIA	OPEC	平均值		
加蓬	4	24		26	25		25	540	569
冈比亚		0		22	20		21	23	43
加纳		24						270	294
几内亚								45	45
几内亚比绍								45	45
肯尼亚								540	540
利比里亚								180	180
马达加斯加				2			2	3447	3449
毛里塔尼亚		25		25	25		25	180	205
摩洛哥	2	1		2	1		1	285	288
莫桑比克	20	114		114	113		114	4680	4814
纳米比亚		56		18	55		43	225	268
尼日尔									225
尼日利亚	338	4639	4599	4763	4709	4639	4670	2700	7708
卢旺达				51	50		51	45	96
圣多美和普林西比								90	90
塞内加尔				9			9	180	189
塞舌尔								540	540
塞拉利昂								270	270
利比亚	243	1346	1346	1386	1378	1392	1369	900	2512
索马里		5		5	5		5	360	365
南非	34	11		9			10	900	944
苏丹与南苏丹		77		77	76		76	225	301
坦桑尼亚		33		22	6		20	1260	1280
多哥								90	90
突尼斯	40	59		83	58		66	549	655
乌干达		14			13		13		13
西撒哈拉								205	205
津巴布韦								9	9
非洲	3197	13157	13079	13152	13046	13244	13135	29673	46005
巴林	214	197	313	82	82		168	180	563
伊朗	1701	29781	29781	26649	26356	30258	28565	9900	40166
伊拉克	96	3229	3229	2853	2821	2842	2995	3600	6691
以色列	14	194		22	171		129	1422	1564
约旦	5	5		14	5		8	18	31
科威特	261	1606	1606	1602	1600	1606	1604	450	2315

续表

国家及地区	累计产量	储量 BGR	BP	WEC	EIA	OPEC	平均值	资源量	最终可采资源量
黎巴嫩								765	765
阿曼	282	765	855	855	756	549	756	1350	2388
巴勒斯坦地区		27					27	270	297
卡塔尔	857	22542	22542	22655	22574	22599	22583	1800	25239
沙特	1337	7214	7335	6812	6948	7336	7129	17100	25566
叙利亚	108	257	257	270	214		249	270	627
阿联酋	934	5482	5481	5789	5743	4582	5415	1350	7700
也门	17	431	431	500	426		447	450	914
中东	5825	71730	72028	68101	67697	71618	70235	38925	114825
阿富汗		45		45	44		45	270	315
澳大利亚	842	2490	3383	737	2772	3331	2543	4860	8245
孟加拉国	252	319	319	310	174	329	290	720	1262
文莱	336	259	259	315	348	271	290	180	806
柬埔寨								45	45
中国	1040	2682	2746	2781	2696	2568	2695	18900	22635
印度	588	1117	1117	967	956	977	1027	1800	3414
印度尼西亚	1674	2669	2669	2867	2671	2761	2727	5400	9801
日本	113	19		46	19		28	5	146
韩国		6		3			5	45	50
老挝								5	5
马来西亚	961	2192	2192	2097	2092	2095	2133	1710	4805
蒙古								21	21
缅甸	131	291	199	531	252	470	348	630	1110
新西兰	131	25		41	31		32	138	301
巴基斯坦	645	701	701	756	748	729	727	2740	4112
巴布亚新几内亚	3	398	398	398	202		349	315	666
菲律宾	26	78		84	88		83	452	561
中国台湾	46	9		63	6		26	5	76
泰国	404	254	253	306	278	270	272	495	1171
帝汶		—	91				91	212	303
越南	65	555	555	195	171	259	347	1253	1665
亚太地区	7259	14199	15100	12542	13546	14755	14028	40199	61485
加拿大	4970	1499	1728	1579	1561	1530	1579	7650	14199
格陵兰								3510	3510
墨西哥	1329	319	318	324	302	314	315	2070	3715
美国	24800	2686	2686	2686	2686	2686	2686	23038	50604

续表

国家及地区	累计产量	储量 BGR	BP	WEC	EIA	OPEC	平均值	资源量	最终可采资源量
北美洲	31179	4504	4732	4589	4549	4530	4581	36268	72028
阿根廷	925	307	306	359	337	323	327	900	2152
巴巴多斯		2			0		1	135	136
伯利兹							0	9	9
玻利维亚	181	253	253	639	668	253	413	936	1530
巴西	204	408	407	221	326	375	347	10350	10902
智利	95	38		41	87	39	51	540	687
哥伦比亚	197	138	147	112	101	138	127	900	1224
古巴	11	63		64	63		63	360	434
厄瓜多尔	5	6		8	7	6	7	18	29
格林纳达								23	23
危地马拉								9	9
圭亚那								90	90
巴拉圭								360	360
秘鲁	70	318	318	302	307	318	312	180	563
苏里南								90	90
特立尼达和多巴哥	452	343	361	433	363	343	369	450	1 270
乌拉圭								745	745
委内瑞拉	916	4968	4974	4485	4507	4975	4782	2531	8229
中南美洲	3056	6843	6823	6663	6767	6799	6779	18626	28461
世界	85366	170360	182581	163356	164034	171854	170437	276963	532603

资料来源：储量数据来自 BGR（2012）、BP（2012）、WEC（2010a）、EIA（2013）、OPEC（2012b）。资源量数据来自 BGR（2012）。德国联邦地球科学与自然资源研究所的储量数据包含致密气，其余各机构公布的美国储量数据都包含美国非常规天然气的储量，因此，笔者利用 EIA（2011）中公布的常规天然气储量数据（即 2686Mtoe）来替换这些机构对美国天然气储量的估计值，以此剔除非常规天然气储量的影响；但对于其他国家的非常规天然气，由于无法获取相关数据或公布机构模糊的报告，很难对其进行扣除。

附表 A.3 分国家和地区世界煤炭资源最终可采资源量统计 （单位：Mtoe）

国家及地区	累计产量	煤炭资源类别 储量 BGR	BP	WEC	EIA	平均值	资源量	附加资源量	最终可采资源量
阿尔巴尼亚	20	261	397	397	397	363	51	51	434
奥地利	811						33	133	844
比利时	1305						410	1639	1715
保加利亚	684	1183	1183	1183	1183	1183	2365	794	4231
捷克	3395	1910	550	550	550	890	1780	9523	6065

续表

国家及地区	累计产量	煤炭资源类别					资源量	附加资源量	最终可采资源量
		储量							
		BGR	BP	WEC	EIA	平均值			
法国	2288						27	110	2316
德国	20035	20266	20341	20341	20342	20323	40645	19061	81003
希腊	968	1437	1509	1509	1509	1491	1491	285	3951
匈牙利	897	1454	830	830	830	986	1971	1916	3854
爱尔兰	7	7	7	7	7	7	7	6	21
意大利	79	8	5	5	5	6	12	299	96
前南斯拉夫	1469	6009	8657	8657	8657	7995	7995	5537	17458
荷兰	293	248				248	497	878	1038
挪威	27	7	2	2	2	4	7	11	38
波兰	5942	9609	2853	2853	2853	4542	9084	185412	19568
葡萄牙	13	18	18	18	18	18	8	8	40
罗马尼亚	915	145	145	145	145	145	291	5744	1351
斯洛伐克	0	69	131	131	131	115	231	245	346
西班牙	837	593	265	265	265	347	694	987	1878
瑞典	14						1	1	16
土耳其	997	1231	1171	1171	1171	1186	2372	2865	4555
英国	13587	225	114	114	114	142	283	93529	14012
欧洲	54888	44681	38178	38178	38179	39991	70257	329035	165135
亚美尼亚	0	81	81	81	81	81	38	38	120
白俄罗斯	0		50	50	50	50	100	650	150
格鲁吉亚	2	100	100	100	100	100	201	149	303
哈萨克斯坦	3717	8618	16793	16793	16794	14749	29499	33421	47965
吉尔吉斯斯坦	26	485	406	406	406	426	851	12907	1303
俄罗斯	11579	80032	78474	78474	78475	78864	157727	1789636	248170
塔吉克斯坦	4	187	187	187	187	187	375	1 474	566
土库曼斯坦	0						80	320	80
乌克兰	3438	16013	16930	16930	16930	16701	16701	7793	36840
乌兹别克斯坦	127	1855	950	950	950	1176	2352	5 263	3655
独联体地区	18894	107371	113971	113971	113973	112335	207924	1851651	339153
阿尔及利亚	3	29	29	29	29	29	59	23	91
博茨瓦纳	13	20	20	20	20	20	40	10556	73

151

续表

国家及地区	累计产量	煤炭资源类别					资源量	附加资源量	最终可采资源量
		储量							
		BGR	BP	WEC	EIA	平均值			
刚果(金)	2	44	44	44	44	44	88	362	134
埃及	1	8	8	8	8	8	16	67	25
中非	0	1	1	1	1	1	0	0	1
马达加斯加	0						19	75	19
马里	0						0	1	0
马拉维	1	1			1	1	2	398	4
摩洛哥	15	7				7	14	47	36
莫桑比克	5	424	106	106	106	186	371	11293	562
纳米比亚	0	0	0	0	0	0	35	140	35
尼日尔	3	3	35	35	35	27	27	18	57
尼日利亚	13	177	95	95	95	116	231	961	360
塞拉利昂	0						0	1	0
南非	4281	16941	15072	15072	15072	15539	0	0	19821
斯威士兰	5	72	72	72	72	72	144	2105	221
坦桑尼亚	1	134	100	100	100	109	217	353	327
乌干达	0						80	320	80
赞比亚	9	34	5	5	5	12	25	385	46
津巴布韦	116	251	251	251	251	251	502	11993	869
非洲	4473	18148	15840	15840	15840	16422	1870	39098	22766
伊朗	26	601	601	601	601	601	1203	18789	1830
中东	26	601	601	601	601	601	1203	18789	1830
阿富汗	4	33	33	33	33	33	0	0	37
澳大利亚	5453	50858	38185	38185	38185	41353	82706	765588	129512
孟加拉国	2	146	146	146	146	146	293	1192	441
中国	29585	95762	90654	90654	90654	91931	183861	2473575	305378
印度	6435	41005	30288	30288	30288	32967	65935	39590	105337
印度尼西亚	1404	11252	2763	2763	2763	4886	9771	36370	16061
日本	1475	175	175	175	175	175	350	6932	1999
朝鲜	930	300	300	300	300	300	600	4398	1829
韩国	300	163	63	63	63	88	176	504	564
老挝	4	251	251	251	251	251	20	20	276

附录 A 分国家常规化石能源最终可采资源量统计

续表

| 国家及地区 | 累计产量 | 煤炭资源类别 ||||| 资源量 | 附加资源量 | 最终可采资源量 |
||| 储量 |||||||
		BGR	BP	WEC	EIA	平均值			
马来西亚	16	90	2	2	2	24	48	692	88
蒙古	111	1259	1259	1259	1259	1259	2519	77089	3889
缅甸	4	3	1	1	1	1	3	122	8
尼泊尔	0	<0,5	<0,5	<0,5	<0,5	<0,5	1	2	2
新喀里多尼亚	0	1	1	1	1	1	0	0	1
新西兰	156	3786	285	285	285	1161	2321	1153	3638
巴基斯坦	63	1531	1035	1035	1035	1159	2318	88910	3540
菲律宾	35	158	158	158	158	158	316	646	509
中国台湾	90	<0,5	<0,5	<0,5	<0,5	<0,5	1	49	92
泰国	230	531	619	619	619	597	206	206	1033
越南	325	1679	75	75	75	476	952	100705	1753
亚太地区	46622	208986	166295	166295	166295	176968	352397	3597744	575987
加拿大	1618	3290	3290	3290	3290	3290	6579	144125	11487
格陵兰	0	91	91	91	91	91	91	8	183
墨西哥	241	605	605	605	605	605	1211	289	2057
美国	35445	127789	118600	118600	118139	120782	241564	3669362	397791
北美洲	37303	131776	122586	122586	122125	124768	249445	3813785	411517
阿根廷	10	250	250	250	250	250	500	3299	759
玻利维亚	0	<0,5	<0,5	<0,5	<0,5	<0,5	<0,5	<0,5	<0,5
巴西	164	3297	2279	2279	2279	2533	5066	3556	7763
智利	84	590	77	77	77	206	411	1659	701
多米尼加	0						8	34	8
厄瓜多尔	0	12	12	12	12	12	0	0	12
海地	0						4	16	4
哥伦比亚	587	2440	3372	3372	3372	3139	3139	1823	6864
哥斯达黎加	0						2	7	2
秘鲁	9	51	22	22	22	29	58	724	97
委内瑞拉	61	365	239	239	239	271	542	2448	873
中南美洲	914	7005	6251	6251	6251	6440	9730	13565	17084
南极洲								74970	
世界	163121	518568	463723	463723	463265	477525	892826	9738636	1533473

资料来源：储量数据来自 BGR（2012）、BP（2012）、WEC（2010a）、EIA（2013）。其中，除了德国联邦地球科学与自然资源研究所以外，我国煤炭储量数据来自 Wang 等（2013a，2013b）的分析。资源量分析的原始剩余地质资源量数据来自 BGR（2012）。

附录 B[1] 分国家非常规化石能源资源最终可采资源量统计

附表 B.1 分国家和地区页岩油资源统计

(单位：Mtoe)

国家及地区	储量 BGR (2012)	储量 Rogner (1997)	资源量 IIASA (2012)	资源量 BGR (2012)	资源量 Rogner (1997)	资源量 IEA (2012)	总地质资源量 WEC (2010a)	总地质资源量 Mohr 和 Evans (2010)	总地质资源量 Rogner (1997)	总地质资源量 IIASA (2012)	总地质资源量 Dyni (2006)
埃及							816	819			816
刚果（金）							14310				14310
马达加斯加							5				5
摩洛哥							8167	5048~7231			8167
南非							19				19
扎伊尔								13643			
非洲	—	—	150	1361	3500	0	23317	19509~21692	17700	23317	23317
加拿大				3000			2192	409~2047		2200	2192
美国	260		32700	4361	35600	136426	536931	306958~330150		301566	301566
北美洲	260	—	32700	2220			539123	307367~332197	177900	303766	303758.4
阿根廷							57				57
巴西							11734	11187			11734
智利							3				3

[1] 本附录参考文献见第 3 章。

154

附录 B 分国家非常规化石能源资源最终可采资源量统计

续表

国家及地区	储量 BGR(2012)	储量 Rogner(1997)	储量 IIASA(2012)	资源量 BGR(2012)	资源量 Rogner(1997)	资源量 IEA(2012)	总地质资源量 WEC(2010a)	总地质资源量 Mohr和Evans(2010)	总地质资源量 Rogner(1997)	总地质资源量 IIASA(2012)	Dyni(2006)
委内瑞拉	—			34000							
中南美洲		400	134	36750	32700	409	11794	11187	163400	11794	11794
中国			191	40800			47600	45020		2290	2290
蒙古							42				42
缅甸							286	273			286
泰国							916	819			916
澳大利亚			518	2450			4531	4366~276944		4543	4531
新西兰							3				3
亚太地区	—	4800	952	43396	69700	2183	53378	50478~323056	348900	8068	8068
奥地利							1				1
保加利亚							18				18
爱沙尼亚							2494	2183			2494
法国							1002	955			1002
德国							286	273			286
匈牙利							8				8
意大利							10446	1910~24557			10446
卢森堡							97				97
波兰							7				7
西班牙							40				
瑞典							875	819			875
土耳其							284	273			284
英国							501	546			501

续表

国家及地区	储量 BGR(2012)	储量 Rogner(1997)	储量 IIASA(2012)	资源量 BGR(2012)	资源量 Rogner(1997)	资源量 IEA(2012)	资源量 WEC(2010a)	资源量 Mohr和Evans(2010)	总地质资源量 Rogner(1997)	总地质资源量 IIASA(2012)	Dyni(2006)
欧洲	—	200	139	22	6200	546	16059	6958~29604	30900	13598	16019
亚美尼亚	—	—	—	—	—	—	44	—	—	—	44
白俄罗斯	—	—	—	—	—	—	1000	—	—	—	1000
哈萨克斯坦	—	—	—	—	—	—	400	—	—	—	400
俄罗斯	—	—	—	2450	—	—	35470	—	—	—	35470
土库曼斯坦	—	—	—	—	—	—	1100	—	—	—	1100
乌克兰	—	—	—	—	—	—	600	—	—	—	600
乌兹别克斯坦	—	—	—	—	—	—	1200	—	—	—	1200
独联体地区	—	2000	244	2450	5500	2729	39814	37926	27600	46652	39814
以色列	—	—	—	—	—	—	550	546	—	—	550
约旦	—	—	—	—	—	—	5242	4639	—	—	5242
中东	—	6300	1320	—	25900	4093	5792	5185	129600	5796	5792
世界	260	13700	35639	86979	179100	146385	689277	395634~761255	896000	412991	409000

注：Rogner（1997）在其文章中将全球分为11个区域，本表对其11个区域进行了相关的合并分析，北非地区的数据仍然统计依据包括在中东当中，因此，对于Rogner数据，中东地区包含北非地区的数据，非洲地区仅仅包含北非以外的其他非洲地区（亚太数据除亚太（亚太数据全部来自中国，而中国的数据来自中国全国油页岩资源评价，根据评价结果，储量为300Mtoe，量数据缺失，因此赋值为0。②最终数据为0）及北美[北美地区和中东地区来自BGR（2012）统计结果］外，其余均为IIASA（2012）乘以0.1。③最终数据全国油页岩资源评价。④最终采用的和中东（假设中东地区储量为0）及北美[北美地区和中东地区来自BGR（2012）统计结果］外，其余均为IIASA（2012）乘以0.1。③最终数据为：非洲来自Rogner（1997）乘以0.1；北美、中南美洲、独联体地区、欧洲和中东地区来自IEA（2012）（中国数据为全国油页岩资源评价）。④最终所采用的地质资源总量数据为：非洲、北美、中南美洲、独联体、欧洲、独联体地区和中东地区来自Dyni（2006）和IEA（2012）的平均值；亚太地区来自WEC（2010a），因为WEC（2010a）考虑了中国最新的油页岩资源评估结果。⑤附加地质资源量=总地质资源量-累计产量—资源量基础。

附录 B 分国家非常规化石能源资源最终可采资源量统计

附表 B.2 分国家和地区超重油资源统计

(单位：Mtoe)

国家及地区	储量 WEC(2010a)	储量 BGR(2012)	储量 Rogner(1997)	储量 IIASA(2012)	资源量 BGR(2012)	资源量 Rogner(1997)	资源量 WEC(2010a)	总地质资源量 Mohr和Evans(2010)	总地质资源量 Rogner(1997)	总地质资源量 Masters等(1987)	总地质资源量 IIASA(2012)
埃及	7				8		68			232	
非洲	7		410	8	8	357	68		1784	859	380
加拿大	0			1	1					450	61300
墨西哥	3			0	<0,5		8			2783	18400
美国	3		2570	1590	76		359			4229	108542
北美洲	3		2570	1591	77	3566	368		17841	7462	188242
哥伦比亚	4						52				
古巴	7						65				
厄瓜多尔	6						125				
秘鲁	1						34				
特立尼达和多巴哥							41				
委内瑞拉	7893	21200	2290	6423	60500	46263	288066	163711~334243	231310	42497	
中南美洲	7910	21200	2290	6423	60526	46263	288384	163711~334243	231310	42810	100
中国	102		1760	119	119		1211	1214		928	5587
印度				0							430
亚太地区	102		1760	119	119	2942	1211	1214	14719	1965	6159
阿尔巴尼亚	5						51				
意大利	12						367			273	
波兰							2				
英国	10						1617	1637		709	
欧洲	27	3	1060	32	29	1783	2037	1637	8831	1214	592

157

续表

（单位：Mtoe）

国家及地区	储量 WEC (2010a)	储量 BGR (2012)	储量 Rogner (1997)	储量 IIASA (2012)	资源量 BGR (2012)	资源量 Rogner (1997)	资源量 WEC (2010a)	资源量 Mohr 和 Evans (2010)	总地质资源量 Rogner (1997)	总地质资源量 Masters 等 (1987)	总地质资源量 IIASA (2012)
阿塞拜疆	17				1		1206				
俄罗斯	1						24				258
独联体地区	18		950	21	21	3476	1230	17217		18390	
以色列	0						0				
中东	0		16000	1	<0.5	13014	0		65298	9877	87620
世界	8067	21206	25040	8195	60780	71400	293298	169031～339563	357000	82592	283351

注：在本书第3章表3.6中所展示的资源数据统计依据方法如下：①累计产量数据缺失，因此赋值为0；②最终所采用的储量数据为WEC (2010a) 和 BGR (2012) 的平均，其余均为 WEC (2010a) 和 IIASA (2012) 的平均值；③最终所采用的资源量数据均来自 BGR (2012)；④最终所采用的总地质资源量数据均为 WEC (2010a)、Mohr 和 Evans (2010b)、Rogner (1997)、Masters 等 (1987)、IIASA (2012) 的平均值；⑤附加地质资源量=总地质资源量-累计产量-资源量基础。

附表 B.3 分国家和地区油砂资源统计

（单位：Mtoe）

国家及地区	储量 WEC (2012a)	储量 BGR (2012)	储量 Rogner (1997)	储量 IIASA (2012)	资源量 BGR (2012)	资源量 Rogner (1997)	资源量 WEC (2010a)	总地质资源量 Mohr 和 Evans (2010)	总地质资源量 Rogner (1997)	总地质资源量 IIASA (2012)
安哥拉	63				200		634	682		
刚果（布）	69						691			
刚果（金）	4						41			
马达加斯加	30						2183	273～2865		
尼日利亚	78				90		5228	4093～5866		
非洲	245		1000	206	331	1100	8777			650
加拿大	24120	26800		27450	50000		332090	327422		245380
美国	0			0	850		7296	7367～10914		5905

附录 B 分国家非常规化石能源资源最终可采资源量统计

续表

国家及地区	储量 WEC(2012a)	储量 BGR(2012)	储量 Rogner(1997)	储量 IIASA(2012)	资源量 BGR(2012)	资源量 Rogner(1997)	资源量 WEC(2010a)	总地质资源量 Mohr 和 Evans(2010)	总地质资源量 Rogner(1997)	总地质资源量 IIASA(2012)
北美洲	24120	26800	5000	27450	50850	59500	339386		297500	251285
哥伦比亚							0			
特立尼达和多巴哥							127			
委内瑞拉							0			
中南美洲	0		10		10	300	127		1400	219000
阿塞拜疆	<0.5						<0.5			
中国	0				25		217	273		89
印度尼西亚	58				70		608	682		
亚太地区	58		90		95	70	825			311
意大利	29						286	273		
瑞士	0						1			
欧洲	29		50	33	30		288			141
格鲁吉亚	0						4			
哈萨克斯坦	5731				6700		57393	57299		
俄罗斯	3870				4500		47306	8458~109141		
独联体地区	9601		340	17869	11200	10300	104703		54300	180744
中东	0		10		0		0			
世界	34053	26800	6500	45558	62516	85700	454106	406958~515553	428100	652131

注：在本书第 3 章表 3.7 中所展示的资源数据统计依据或方法如下：①累计产量数据缺失，因此赋值为 0；②最终所采用的储量数据除中南美洲来自 Rogner(1997) 外，其余均来自 WEC(2010a)；③最终所采用的资源量数据均为 BGR(2012) 和 Rogner(1997) 的平均值；④最终所采用的总地质资源量数据除了中南美洲的数据来自 Rogner(1997) 以外，其余均来自 WEC(2010a)；⑤附加地质资源量=总地质资源量-累计产量-资源量-资源量基础。

附表 B.4 分国家和地区页岩气资源统计

(单位：Mtoe)

国家及地区	储量 BGR (2012)	储量 Rogner (1997)	资源量 BGR (2012)	资源量 Rogner (1997)	资源量 EIA/ARI (2011)	资源量 UKERC (2012)	资源量 IIASA (2012)	资源量 EIA/ARI (2013)	总地质资源量 Rogner (1997)	总地质资源量 EIA/ARI (2011)	总地质资源量 Dong 等 (2012)	总地质资源量 WEC (2010b)	总地质资源量 IIASA (2012)	总地质资源量 EIA/ARI (2013)
利比亚			7392		7391			3109		29231				24007
阿尔及利亚			5863		5887			18018		20694				87134
南非			12362		12360			9939		46740				39731
突尼斯					459			586		1555				2905
摩洛哥					208			510		2752				2421
撒哈拉以西					178									
埃及								2549						13635
非洲		1000	27435	2300	26556	26550	14214	34711	7000	100972	98930	25918	35476	169833
加拿大			3240		9888	4230~25470	4429	14654		37973			8881	61496
墨西哥			17358		17355	10440		13889		60298				56908
美国	2483		12285		21968	11790~42660	44357	16948		83693			97571	83693
北美洲	2483	16300	32883	32700	49212	26460~78570	48786	45491	98000	181964	150490	113944	106452	202097
委内瑞拉					280			4256		1070				20770
哥伦比亚					484			1402		1988				7849
阿根廷			19729		19726			20439		69625				82674
巴西			5761		5760			6244		23090				32596
智利					1631			1223		7314				5811
乌拉圭					535			51		2115				331
巴拉圭					1580			1911		6346				8920

附录 B 分国家非常规化石能源资源最终可采资源量统计

续表

国家及地区	储量 BGR (2012)	储量 Rogner (1997)	资源量 BGR (2012)	资源量 Rogner (1997)	资源量 EIA/ARI (2011)	资源量 UKERC (2012)	资源量 IIASA (2012)	资源量 EIA/ARI (2013)	总地质资源量 Rogner (1997)	总地质资源量 EIA/ARI (2011)	总地质资源量 Dong 等 (2012)	总地质资源量 WEC (2010b)	总地质资源量 IIASA (2012)	总地质资源量 EIA/ARI (2013)
玻利维亚					1223			917		4893				3925
中南美洲		8100	31352	18600	31219		3548	36444	54000	116442	95370	9506	8881	162850
中国			7740		32494	1440~35820	1786	28416		130000			4429	120953
蒙古								102						1402
印度			1606		1606		1786	2447		7391			4429	14883
印度尼西亚			1449		1300			1172						7722
巴基斯坦								2676		5250				14934
澳大利亚			10094		10092		3548	11137		35195			8881	52143
泰国								127						561
亚太地区		24900	22189	39400	45491	9900~63000	16024	46077	157000	177835	68560	28467	39905	212597
法国			4588		4587			3491		18349				18528
德国			1170		204			433		841				2039
荷兰					433			663		1682				3848
挪威					2115					8487				
英国					510			663		2472				3415
丹麦					586			816		2345				4052
瑞典					1045			255		4180				1249
波兰					4766			3772		20184				19445
土耳其					382			612		1631				4154
立陶宛					102			0		433				102
加里宁格勒								51						510

161

续表

国家及地区	储量 BGR(2012)	储量 Rogner(1997)	储量 BGR(2012)	资源量 Rogner(1997)	资源量 EIA/ARI(2011)	资源量 UKERC(2012)	资源量 IIASA(2012)	资源量 EIA/ARI(2013)	总地质资源量 Rogner(1997)	总地质资源量 EIA/ARI(2013)	总地质资源量 Dong等(2012)	总地质资源量 WEC(2010b)	总地质资源量 IIASA(2012)	总地质资源量 EIA/ARI(2013)
保加利亚								433						1682
罗马尼亚								1300						5938
西班牙								204						1070
欧洲	2200		13147	4800	15215	14310	10667	12692	14000	62541	55910	28492	26619	65369
俄罗斯			8550		n.s.			7263		n.s.				48957
土库曼斯坦														
乌克兰			9621	5200	1070			3262		5021				14578
独联体地区	3000					2430~55080	53214	10525	16000		404700	137671	128619	63535
沙特			5098											
约旦								178						892
中东	9800		5098	21900	n.s.	2520~25830	3548	178	65000	n.s.	392880	33258	8881	892
世界	2483	66000	141725	125000	168763	113400~294570	150025	186016	411000	644775	1266840	377257	354833	877173

注：在Dong等(2012)、Rogner(1997)、WEC(2010b)中，北非数据都包含在了中东当中。在本书第3章表3.8中所展示的资源数据统计依据或如下：
① 累计产量数据缺失，均设为0；② 最终所采用的其他地区的数据以Rogner(1997)的其他地区数据相对应计算。同时，由于Rogner(1997)给出的北美数据和BGR(2012)给出的北美数据根据BGR(2012)给出的北美数据，得到2483/16300=15.3%，然后用这一比例乘以Rogner(1997)的其他地区的数据得到对应的储量。同时，由于Rogner(1997)的中东数据包括北非，将2/3的Rogner(1997)中的数值加加到非洲当中；③ 最终所采用的资源量数据除了欧洲的数据为EIA/ARI(2013)、EIA和ARI(2011)中的挪威数据外，其余均来自EIA/ARI(2013)；④ 最终所采用的地质资源总量数据除了欧洲为EIA/ARI(2013)、EIA和ARI(2011)中的挪威数据，中东数据为IIASA(2012)外，其余均来自EIA/ARI(2013)；⑤ 附加地质资源量=总地质资源量—资源量—累计产量—资源量基础。

附录 B　分国家非常规化石能源资源最终可采资源量统计

附表 B.5　分国家和地区致密气资源统计

（单位：Mtoe）

国家及地区	储量 Rogner（1997）	资源量 BGR（2012）	资源量 Rogner（1997）	资源量 IIASA（2012）	总地质资源量 Rogner（1997）	总地质资源量 Dong et al.（2012）	总地质资源量 IIASA（2012）
加拿大		4950					
非洲	3000	4950	6700	23952	20000	101940	31048
加拿大		6750		13310			19524
美国	5800	8100		26619			33714
北美洲		14850	11700	39929	35000	274830	53238
中南美洲	4900	9	11400	5333	33000	85780	13310
中国		10800		2667			4429
印度				2667			4429
澳大利亚		7200		3548			4429
亚太地区	7000	18180	14600	22214	46000	159360	35476
德国		90					
欧洲	1700	104	3800	7095	11000	89840	8857
俄罗斯		18000					
独联体地区	4300	18000	7400	24833	23000	728980	31048
中东	3200	675	7100	13310	21000	393670	17738
世界	29900	56768	62700	136667	189000	1834400	190714

注：在本书第 3 章表 3.9 中所展示的资源数据统计依据或方法如下：①累计产量数据缺失，故均为 0；②最终所采用的储量数据在 Rogner（1997）的基础上，对原始数据进行了处理得到；③最终所采用的资源量数据除了中南美洲来自 Rogner（1997）外，其余均来自 BGR（2012）；④最终所采用的地质资源总量数据均为 IIASA（2012）；⑤附加地质资源量=总地质资源量−累计产量−资源量基础。

附表 B.6 分国家和地区煤层气资源统计

（单位：Mtoe）

国家及地区	储量 BGR(2012)	储量 Rogner(1997)	资源量 BGR(2012)	资源量 Rogner(1997)	资源量 IIASA(2012)	资源量 Rogner(1997)	资源量 Dong等(2012)	资源量 IIASA(2012)	总地质资源量 Campbell和Heaps(2009)	总地质资源量 Creedy和Tilley(2003)	总地质资源量 Boyer和Bai(1998)	总地质资源量 BGR(2012)	总地质资源量 Kuuskra和Stevens(2009)
南非			203		8905			22167		881	762	119~762	2262~5500
非洲		100	959	300						881	762	119~762	2262~5500
加拿大	56		3288		6214	1000	460	13310	75000	5286~67071	5000~67500	16452~76286	9000~11500
墨西哥			27										
美国	446		4023		22167			39929	12500	9714	8571~10357	4738~43071	12500~27976
北美洲	501	12800	7338	25700	28381	77000	41520	53238	87500	15000~76785	13571~77857	21190~119357	21500~39476
中南美洲		100	191	300	5333	1000	330	13310					
中国	64		9810		13310			35476	25000	26476~48548	26500~31000	30000~32476	17595-31762
印度			1107		6214			13310		881	762	357-1762	1762-2262
印度尼西亚			2862							<881		8429~11333	8500~11262
日本					881			2667					
澳大利亚	841		5985		4429			8881	12500	6643~12357	7500~12500	7071~14119	12500~25000
亚太地区	1118	7100	20412	10000	26595	44000	34350	66548	37500	34880~62666	34762~44262	45857~59690	40357~70286
德国			405							2643	2500	452~2643	
保加利亚													
智利													
英国										2214	1500	1500~2548	5000
匈牙利													
荷兰													
波兰										2643	2500	310~2738	500~1262
土耳其													1262~2762

附录 B 分国家非常规化石能源资源最终可采资源量统计

续表

国家及地区	储量 BGR (2012)	储量 Rogner (1997)	资源量 BGR (2012)	资源量 Rogner (1997)	资源量 Rogner Dong 等 (1997) (2012)		资源量 IIASA (2012)	总地质资源量 Campbell 和 Heaps (2009)	总地质资源量 Creedy 和 Tilley (1998)	总地质资源量 Boyer 和 Bai (1998)	总地质资源量 BGR (2012)	总地质资源量 Kuuskra 和 Stevens (2009)
欧洲		1100	1329	2400	8000	7000	4490	17738		7500	6500	2262~7929	6762~9024
俄罗斯			11295						100000	17643~102381	15000~100000	44929~69714	11262~50000
哈萨克斯坦											1000	1048~1500	1000~1500
乌克兰											1500	1500~67500	4262
独联体	41	18900	14447	32700	17738	101000	21890	44357	100000	17643~102381	17500~102500	47477~138714	16524~55762
中东							1786		230	4429			
世界	1660	40100	44676	71400	96738	231000	103270	221786	225000	75452~250190	73833~232595	120714~330690	88500~190762

注：在 Kuuskra 和 Stevens (2009) 的研究中，德国数据采用的储量数据包含在英国当中，新西兰的数据包含在澳大利亚中。在本书第 3 章表 3.10 中所展示的资源数据统计依据或方法如下：①累计产量数据缺失，故均为 0；②最终所采用的资源数据来自 BGR (2012)，亚太、中南美洲和中东来自 BGR (2012)，非洲、独联体和中东来源的平均值，如果是范围，则取范围中的最大值平均；⑤附加地质资源量=总地质资源量-累计产量-资源量基础。

附录 C[①] 分地区适用的最优产量循环个数统计

附表 C.1 分地区世界常规石油分析中的最优产量循环个数

地区	曲线形状或拐点/%	产量循环个数/个	RMSE	变量个数/个	F 检验 F 值	F 检验 F_α	最优产量循环个数/个	最终采用循环个数/个	相关说明
北美洲	50	1	62.27	3			2	2	预测数据期 1874~2011 年，$n=138$
		2	21.70	6	8.05	1.50			
		3	20.81	9	1.06	1.51			
	37	1	29.78	3			2		
		2	20.60	6	2.04	1.50			
		3	18.41	9	1.22	1.51			
	60	1	92.88	3			3		
		2	32.37	6	8.05	1.50			
		3	22.61	9	2.00	1.51			
		4	20.33	12	1.21	1.52			
中南美洲	50	1	37.90	3			3	3	预测数据期 1935~2011 年，$n=77$
		2	16.88	6	4.83	1.75			
		3	8.12	9	4.14	1.77			
		4	7.59	12	1.09	1.79			
	37	1	37.95	3			3		
		2	26.35	6	1.99	1.75			
		3	12.74	9	4.09	1.77			
		4	10.68	12	1.36	1.79			
	60	1	38.66	3			3		
		2	18.58	6	4.15	1.75			
		3	8.69	9	4.38	1.77			
		4	7.64	12	1.24	1.79			

① 本附录参考文献见第 5 章。

附录C 分地区适用的最优产量循环个数统计

续表

地区	曲线形状或拐点/%	产量循环个数/个	RMSE	变量个数/个	F值	F_α	最优产量循环个数/个	最终采用循环个数/个	相关说明
欧洲	50	1	30.81	3					
		2	16.13	6	3.50	1.75	2		
		3	15.51	9	1.03	1.77			
	37	1	24.53	3			1	2	预测数据期1935~2011年, $n=77$
		2	19.78	6	1.47	1.75			
	60	1	40.94	3					
		2	15.03	6	7.12	1.75	2		
		3	14.67	9	1.00	1.77			
中东	50	1	189.49	3					
		2	75.26	6	6.08	1.75	2		
		3	57.11	9	1.66	1.77			
	37	1	161.92	3			2	2	预测数据期1935~2011年, $n=77$
		2	88.23	6	3.23	1.75			
		3	77.52	9	1.24	1.77			
	60	1	201.61	3					
		2	88.74	6	4.95	1.75	3		
		3	52.99	9	2.68	1.77			
		4	48.00	12	1.16	1.79			
非洲	50	1	61.30	3					
		2	35.35	6	2.88	1.75	3		
		3	23.58	9	2.15	1.77			
		4	18.07	12	1.63	1.79			
	37	1	50.31	3			2	3	预测数据期1935~2011年, $n=77$
		2	20.41	6	5.83	1.75			
		3	18.84	9	1.12	1.77			
	60	1	66.78	3					
		2	46.44	6	1.98	1.75	3		
		3	30.87	9	2.17	1.77			
		4	23.08	12	1.71	1.79			
亚太	50	1	42.50	3			3	3	预测数据期1935~2011年, $n=77$
		2	16.91	6	6.06	1.75			
		3	7.77	9	4.54	1.77			

续表

地区	曲线形状或拐点/%	产量循环个数/个	RMSE	变量个数/个	F检验 F值	F检验 F_α	最优产量循环个数/个	最终采用循环个数/个	相关说明
亚太	50	4	7.45	12	1.04	1.79			
	37	1	21.85	3			2		
		2	11.92	6	3.22	1.75			
		3	10.66	9	1.20	1.77			
	60	1	51.87	3			3		
		2	22.73	6	4.99	1.75			
		3	13.63	9	2.66	1.77			
		4	12.35	12	1.16	1.79			
独联体	50	1	124.59	3			2		
		2	36.57	6	11.01	1.88			
		3	29.51	9	1.45	1.91			
	37	1	109.75	3			2	2	预测数据期1950～2011年，n=62
		2	55.19	6	3.75	1.88			
		3	39.56	9	1.84	1.91			
	37	1	131.15	3			2		
		2	32.35	6	15.59	1.88			
		3	23.02	9	1.87	1.91			

附表C.2　分地区世界常规天然气分析中的最优产量循环个数

地区	曲线形状或拐点/%	产量循环个数/个	RMSE	变量个数/个	F检验 F值	F检验 F_α	最优产量循环个数/个	最终采用循环个数/个	相关说明
北美洲	50	1	94.33	3			4		
		2	31.28	6	8.89	1.50			
		3	20.60	9	2.25	1.51			
		4	8.93	12	5.19	1.52			
		5	8.81	15	1.00	1.52			
	37	1	65.26	3			4	4	预测数据期1874～2011年，n=138
		2	24.66	6	6.85	1.50			
		3	17.35	9	1.97	1.51			
		4	9.91	12	2.99	1.52			
		5	9.30	15	1.11	1.52			
	60	1	111.93	3			3		

续表

地区	曲线形状或拐点/%	产量循环个数/个	RMSE	变量个数/个	F检验 F值	F检验 F_α	最优产量循环个数/个	最终采用循环个数/个	相关说明
北美洲	60	2	45.60	6	5.89	1.50			
		3	12.02	9	14.07	1.51			
		4	12.00	12	0.98	1.52			
独联体	50	1	107.78	3			2	2	预测数据期1950~2011年，$n=62$
		2	28.10	6	13.95	1.88			
		3	22.37	9	1.49	1.91			
	37	1	84.08	3			3		
		2	33.85	6	5.85	1.88			
		3	21.43	9	2.36	1.91			
		4	21.38	12	0.95	1.95			
	60	1	113.55	3			2		
		2	35.58	6	9.66	1.88			
		3	27.49	9	1.58	1.91			
非洲	50	1	7.35	3			1	1	预测数据期1950~2011年，$n=62$
		2	5.51	6	1.69	1.88			
	37	1	5.14	3			1		
		2	4.24	6	1.39	1.88			
	60	1	8.03	3			1		
		2	6.52	6	1.44	1.88			
亚太	50	1	8.94	3			1	1	预测数据期1935~2011年，$n=77$
		2	7.86	6	1.24	1.75			
	37	1	8.66	3			1		
		2	7.24	6	1.37	1.75			
	60	1	11.25	3			1		
		2	9.06	6	1.48	1.75			
欧洲	50	1	34.06	3			4	4	预测数据期1935~2011年，$n=77$
		2	15.25	6	4.78	1.75			
		3	9.94	9	2.25	1.77			
		4	7.18	12	1.83	1.79			
		5	5.50	15	1.63	1.82			
	37	1	23.30	3			3		
		2	9.60	6	5.65	1.75			

续表

地区	曲线形状或拐点/%	产量循环个数/个	RMSE	变量个数/个	F检验 F值	F检验 F_α	最优产量循环个数/个	最终采用循环个数/个	相关说明
欧洲	37	3	6.44	9	2.13	1.77			
		4	5.79	12	1.18	1.79			
	60	1	42.85	3			5		
		2	28.03	6	2.24	1.75			
		3	16.48	9	2.77	1.77			
		4	9.51	12	2.87	1.79			
		5	6.09	15	2.33	1.82			
		6	6.03	18	0.97	1.85			
中南美洲	50	1	7.88	3			2	2	预测数据期1935~2011年,$n=77$
		2	4.09	6	3.55	1.75			
		3	3.90	9	1.05	1.77			
	37	1	10.12	3			2		
		2	4.89	6	4.10	1.75			
		3	3.70	9	1.67	1.77			
	60	1	7.71	3			2		
		2	4.70	6	2.58	1.75			
		3	4.35	9	1.11	1.77			
中东	50	1	6.68	3			1	1	预测数据期1950~2011年,$n=62$
		2	5.13	6	1.61	1.88			
	37	1	15.60	3			2		
		2	6.11	6	6.17	1.88			
		3	5.99	9	0.99	1.91			
	60	1	6.09	3			1		
		2	4.82	6	1.52	1.88			

附表C.3 分地区世界煤炭分析中的最优产量循环个数

地区	曲线形状或拐点/%	产量循环个数/个	RMSE	变量个数/个	F检验 F值	F检验 F_α	最优产量循环个数/个	最终采用循环个数/个	相关说明
北美洲	50	1	59.20	3			4	3	预测数据期1857~2011年,$n=155$
		2	36.03	6	2.65	1.47			
		3	29.04	9	1.51	1.47			

续表

地区	曲线形状或拐点/%	产量循环个数/个	RMSE	变量个数/个	F检验 F值	F检验 F_α	最优产量循环个数/个	最终采用循环个数/个	相关说明
北美洲	50	4	17.35	12	2.74	1.48			
		5	17.16	15	1.00	1.48			
	37	1	59.22	3			2		
		2	34.01	6	2.97	1.47			
		3	29.60	9	1.29	1.47			
	60	1	59.45	3			3		
		2	40.09	6	2.16	1.47			
		3	31.32	9	1.61	1.47			
		4	25.43	12	1.49	1.48			
欧洲	50	1	89.71	3			4		
		2	53.84	6	2.72	1.47			
		3	37.58	9	2.01	1.47			
		4	29.56	12	1.58	1.48			
		5	26.02	15	1.26	1.48			
	37	1	74.47	3			4	4	预测数据期1857~2011年, n=155
		2	58.18	6	1.61	1.47			
		3	40.40	9	2.03	1.47			
		4	27.72	12	2.08	1.48			
		5	25.21	15	1.18	1.48			
	60	1	98.65	3			4		
		2	55.75	6	3.07	1.47			
		3	35.40	9	2.43	1.47			
		4	27.10	12	1.67	1.48			
		5	25.56	15	1.10	1.48			
独联体	50	1	80.42	3			3	3	预测数据期1874~2011年, n=138
		2	20.88	6	14.51	1.50			
		3	13.87	9	2.21	1.51			
		4	12.40	12	1.22	1.52			
	37	1	72.70	3			3		
		2	28.79	6	6.23	1.50			
		3	19.73	9	2.08	1.51			
		4	17.73	12	1.21	1.52			

续表

地区	曲线形状或拐点/%	产量循环个数/个	RMSE	变量个数/个	F检验 F值	F检验 F_α	最优产量循环个数/个	最终采用循环个数/个	相关说明
独联体	60	1	81.57	3			3		
		2	20.18	6	15.98	1.50			
		3	12.68	9	2.47	1.51			
		4	12.65	12	0.98	1.52			
亚太-中国以外	50	1	16.86	3			1	2	预测数据期 1874~2011 年，$n=138$
		2	13.67	6	1.49	1.50			
	37	1	31.15	3			3		
		2	23.34	6	1.74	1.50			
		3	11.29	9	4.18	1.51			
		4	10.69	12	1.09	1.52			
	60	1	15.15	3			2		
		2	11.25	6	1.77	1.50			
		3	11.14	9	1.00	1.51			
亚太-中国	50	1	63.70	3			1	1	预测数据期 1935~2011 年，$n=77$
		2	60.14	6	1.08	1.75			
	37	1	134.67	3			1		
		2	100.43	6	1.72	1.75			
	60	1	58.54	3			1		
		2	58.30	6	0.97	1.75			
中南美洲	50	1	1.50	3			1	1	预测数据期 1935~2011 年，$n=77$
		2	1.26	6	1.36	1.75			
	37	1	2.16	3			2		
		2	1.04	6	4.11	1.75			
		3	1.04	9	0.97	1.77			
	60	1	1.48	3			1		
		2	1.28	6	1.28	1.75			
中东	50	1	0.12	3			2	2	预测数据期 1935~2011 年，$n=77$
		2	0.07	6	2.50	1.75			
		3	0.06	9	1.46	1.77			
	37	1	0.23	3			2		
		2	0.08	6	8.96	1.75			
		3	0.06	9	1.29	1.77			

附录C 分地区适用的最优产量循环个数统计

续表

地区	曲线形状或拐点/%	产量循环个数/个	RMSE	变量个数/个	F值	F_a	最优产量循环个数/个	最终采用循环个数/个	相关说明
中东	60	1	0.12	3			2		
		2	0.08	6	2.24	1.75			
		3	0.06	9	1.37	1.77			
非洲	50	1	9.15	3			3	3	预测数据期1935～2011年，n=77
		2	4.06	6	4.88	1.75			
		3	1.67	9	5.65	1.77			
		4	1.45	12	1.26	1.79			
	37	1	6.65	3			1		
		2	5.08	6	1.64	1.75			
	60	1	10.68	3			3		
		2	4.60	6	5.17	1.75			
		3	2.20	9	4.17	1.77			
		4	1.77	12	1.47	1.79			

附录 D 分地区常规化石能源预测结果

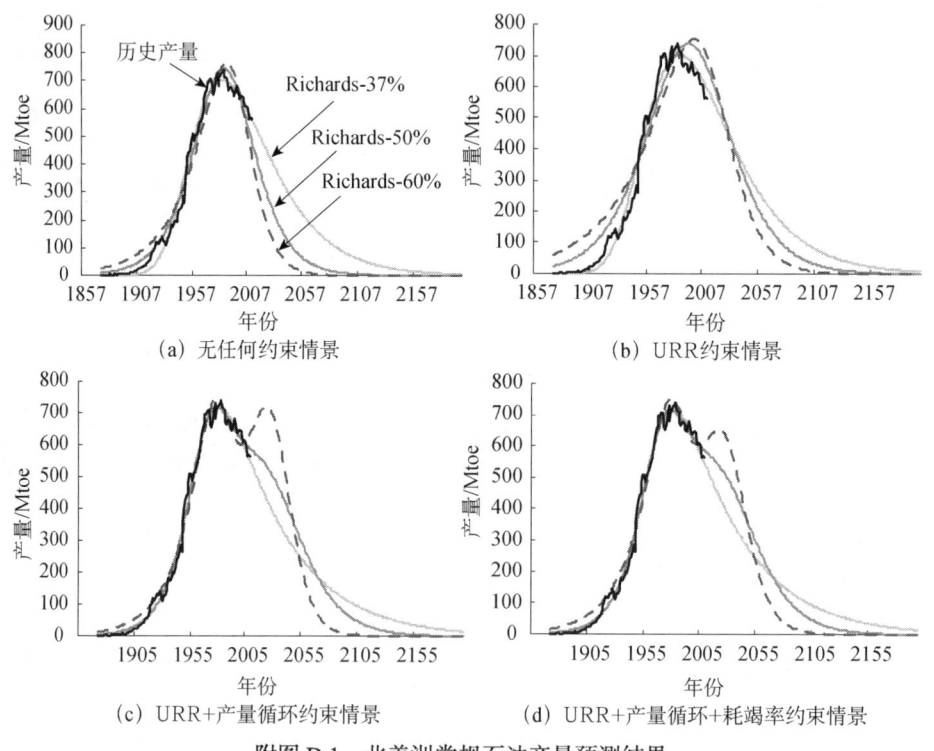

附图 D.1 北美洲常规石油产量预测结果

图中的黑色实线表示历史实际产量（"历史产量"）；虚线表示的是60%拐点曲线（Richards-60%）；深灰色实线表示50%拐点曲线（Richards-50%）；浅灰色实线表示37%拐点曲线（Richards-37%）。（a）中所有曲线所代表的类型适用于本附录中其他所有图。

附录 D　分地区常规化石能源预测结果

(a) 无任何约束情景
(b) URR约束情景
(c) URR+产量循环约束情景
(d) URR+产量循环+耗竭率约束情景

附图 D.2　中南美洲常规石油产量预测结果

(a) 无任何约束情景
(b) URR约束情景
(c) URR+产量循环约束情景
(d) URR+产量循环+耗竭率约束情景

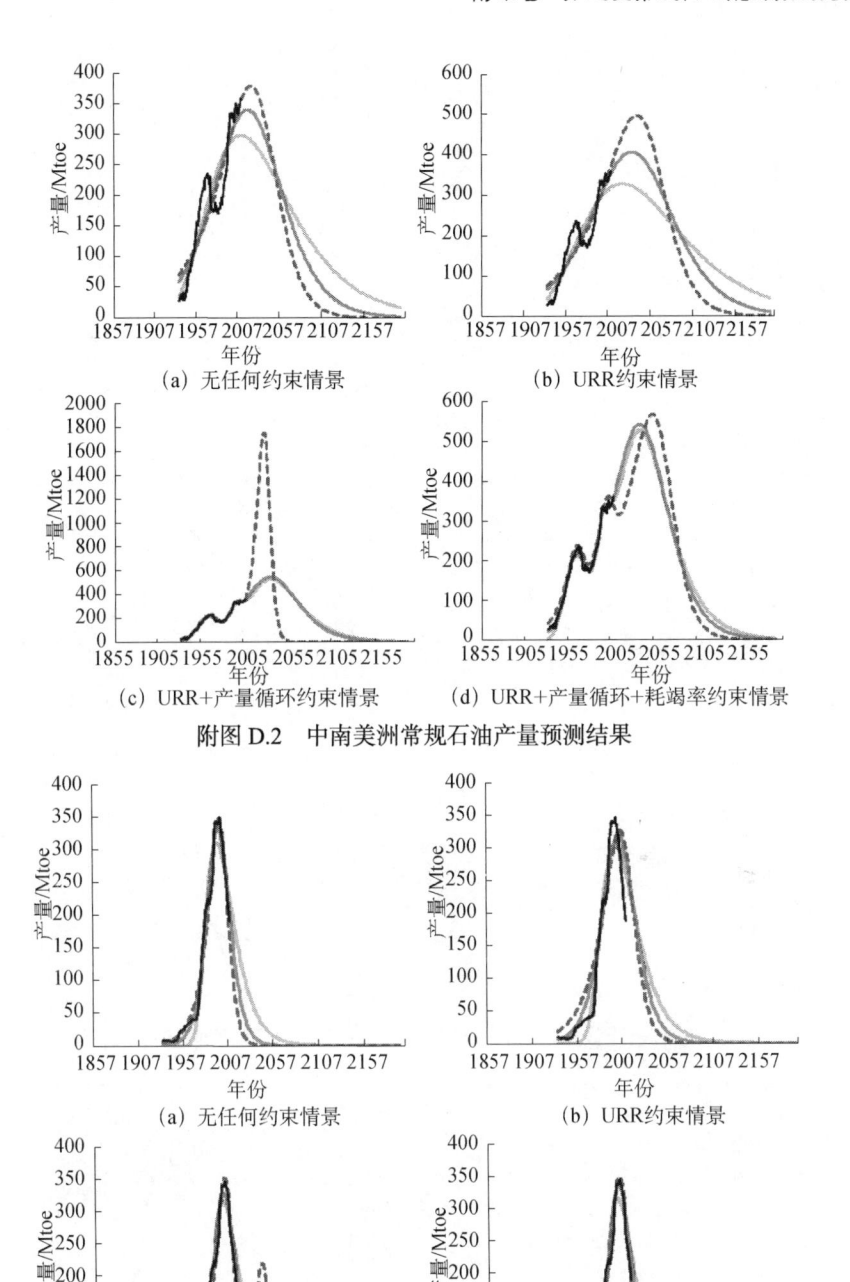

附图 D.3　欧洲常规石油产量预测结果

175

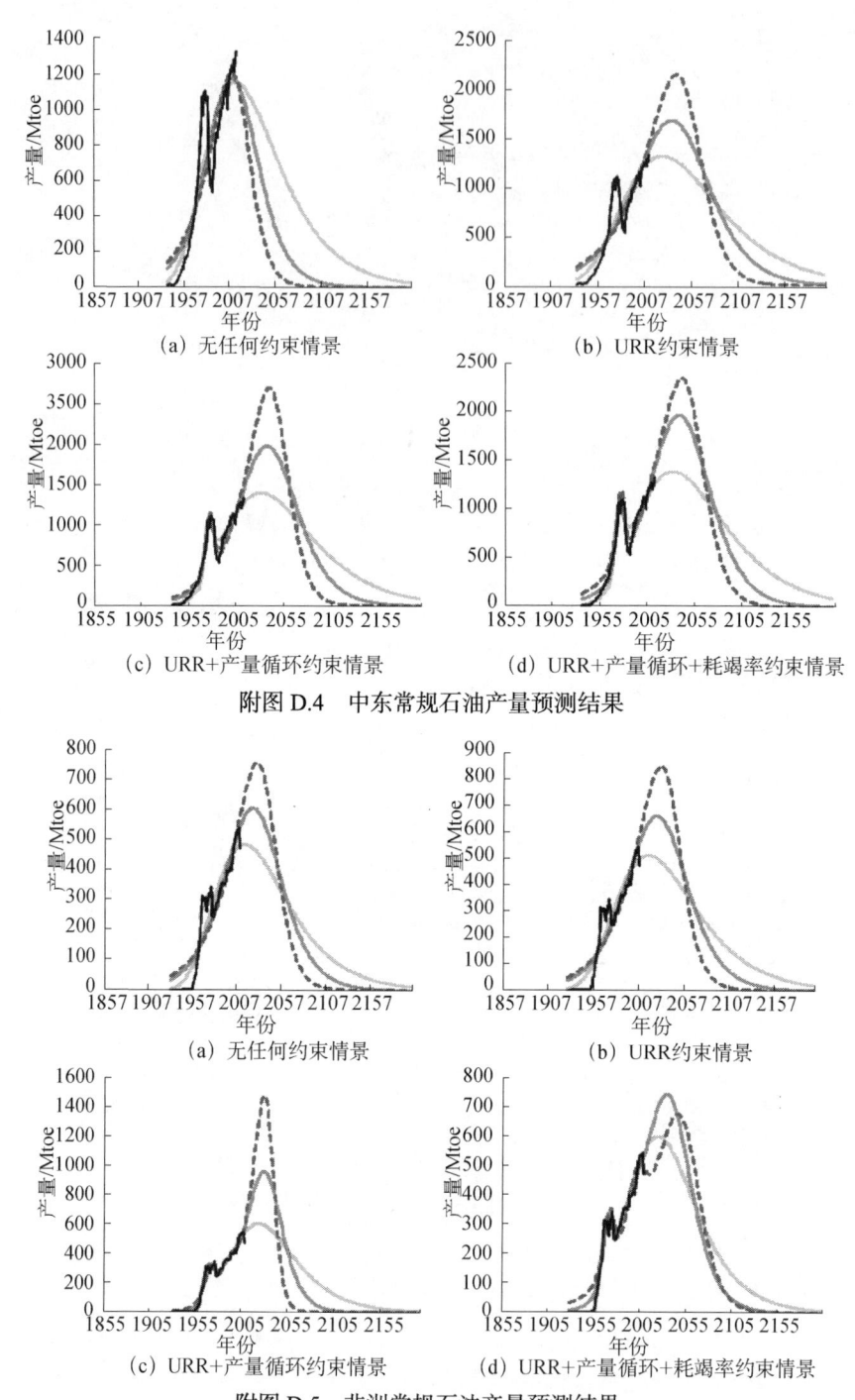

(a) 无任何约束情景　　(b) URR约束情景

(c) URR+产量循环约束情景　　(d) URR+产量循环+耗竭率约束情景

附图 D.4　中东常规石油产量预测结果

(a) 无任何约束情景　　(b) URR约束情景

(c) URR+产量循环约束情景　　(d) URR+产量循环+耗竭率约束情景

附图 D.5　非洲常规石油产量预测结果

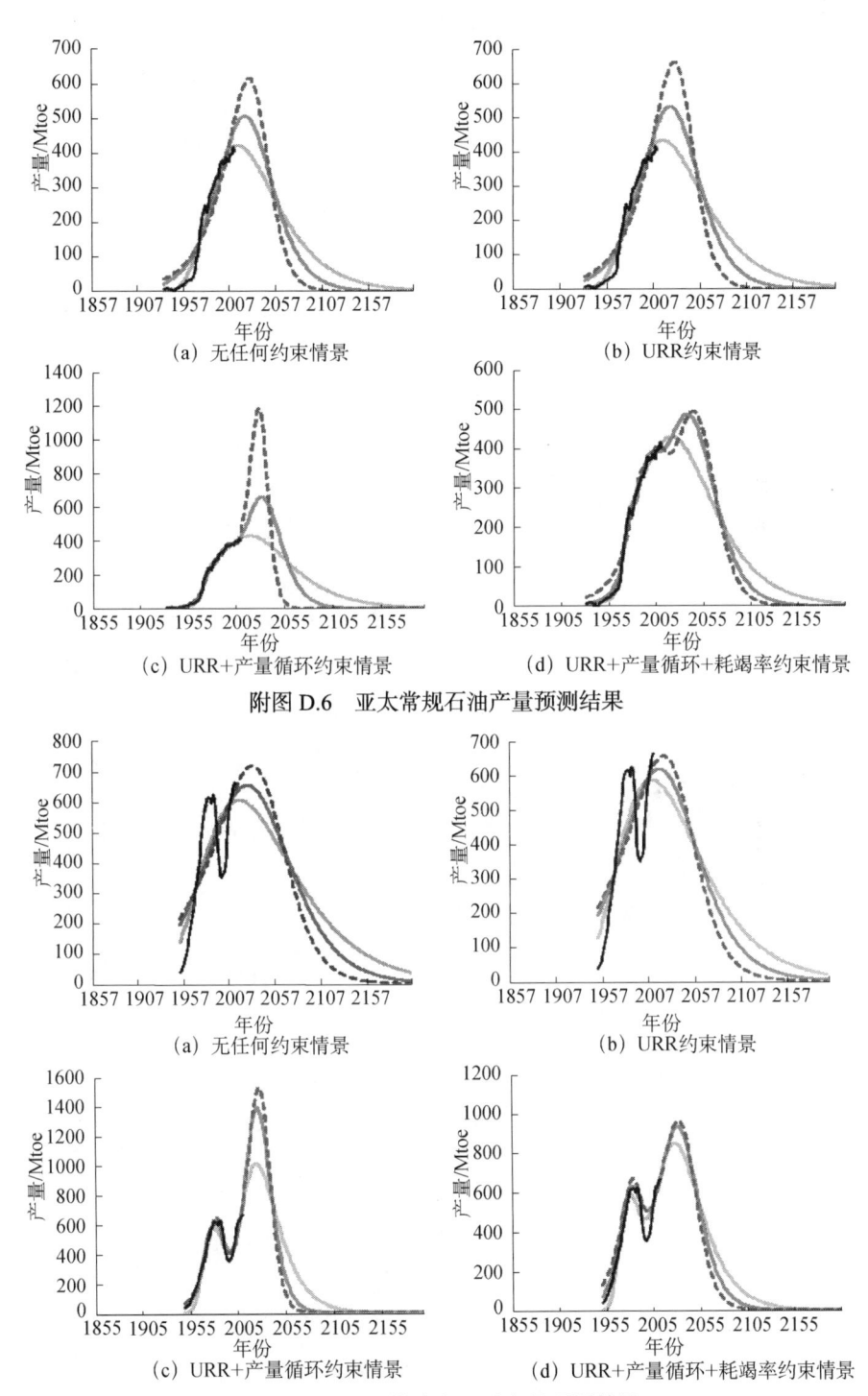

(a) 无任何约束情景
(b) URR约束情景
(c) URR+产量循环约束情景
(d) URR+产量循环+耗竭率约束情景

附图 D.6　亚太常规石油产量预测结果

(a) 无任何约束情景
(b) URR约束情景
(c) URR+产量循环约束情景
(d) URR+产量循环+耗竭率约束情景

附图 D.7　独联体常规石油产量预测结果

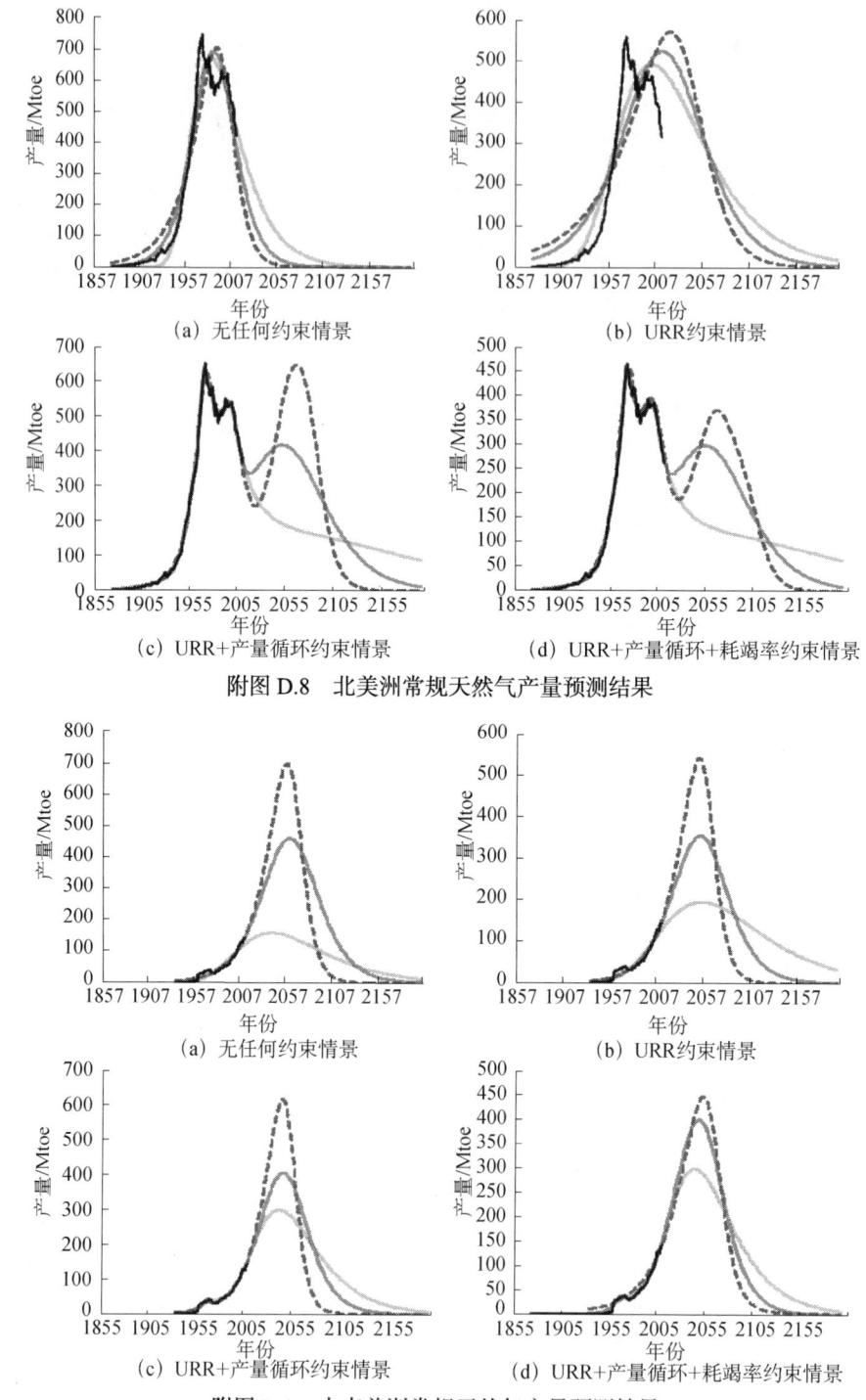

(a) 无任何约束情景 (b) URR约束情景

(c) URR+产量循环约束情景 (d) URR+产量循环+耗竭率约束情景

附图 D.8　北美洲常规天然气产量预测结果

(a) 无任何约束情景 (b) URR约束情景

(c) URR+产量循环约束情景 (d) URR+产量循环+耗竭率约束情景

附图 D.9　中南美洲常规天然气产量预测结果

附录 D　分地区常规化石能源预测结果

(a) 无任何约束情景
(b) URR约束情景
(c) URR+产量循环约束情景
(d) URR+产量循环+耗竭率约束情景

附图 D.10　欧洲常规天然气产量预测结果

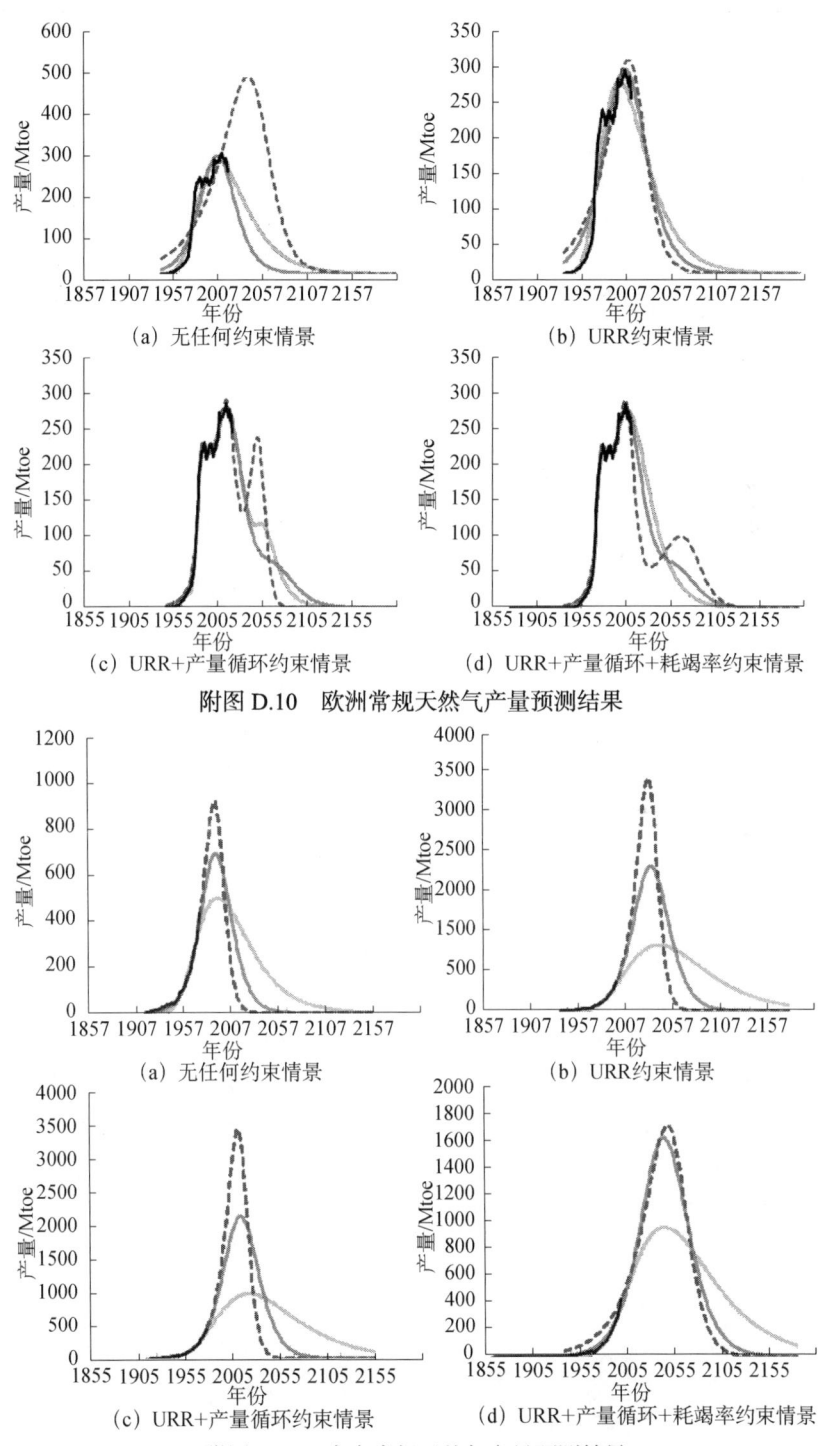

(a) 无任何约束情景
(b) URR约束情景
(c) URR+产量循环约束情景
(d) URR+产量循环+耗竭率约束情景

附图 D.11　中东常规天然气产量预测结果

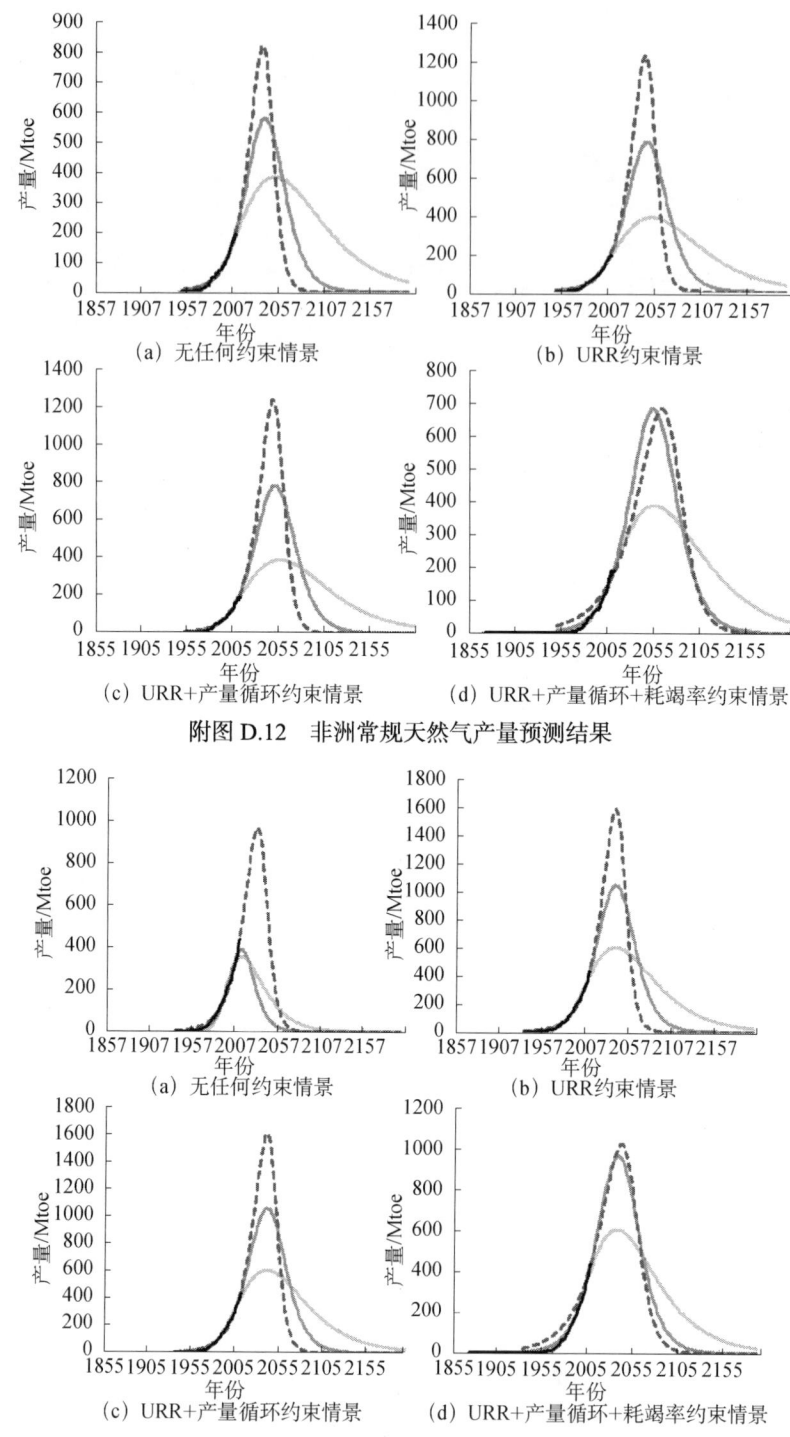

附图 D.12 非洲常规天然气产量预测结果

附图 D.13 亚太常规天然气产量预测结果

附录 D 分地区常规化石能源预测结果

(a) 无任何约束情景
(b) URR约束情景
(c) URR+产量循环约束情景
(d) URR+产量循环+耗竭率约束情景

附图 D.14 独联体常规天然气产量预测结果

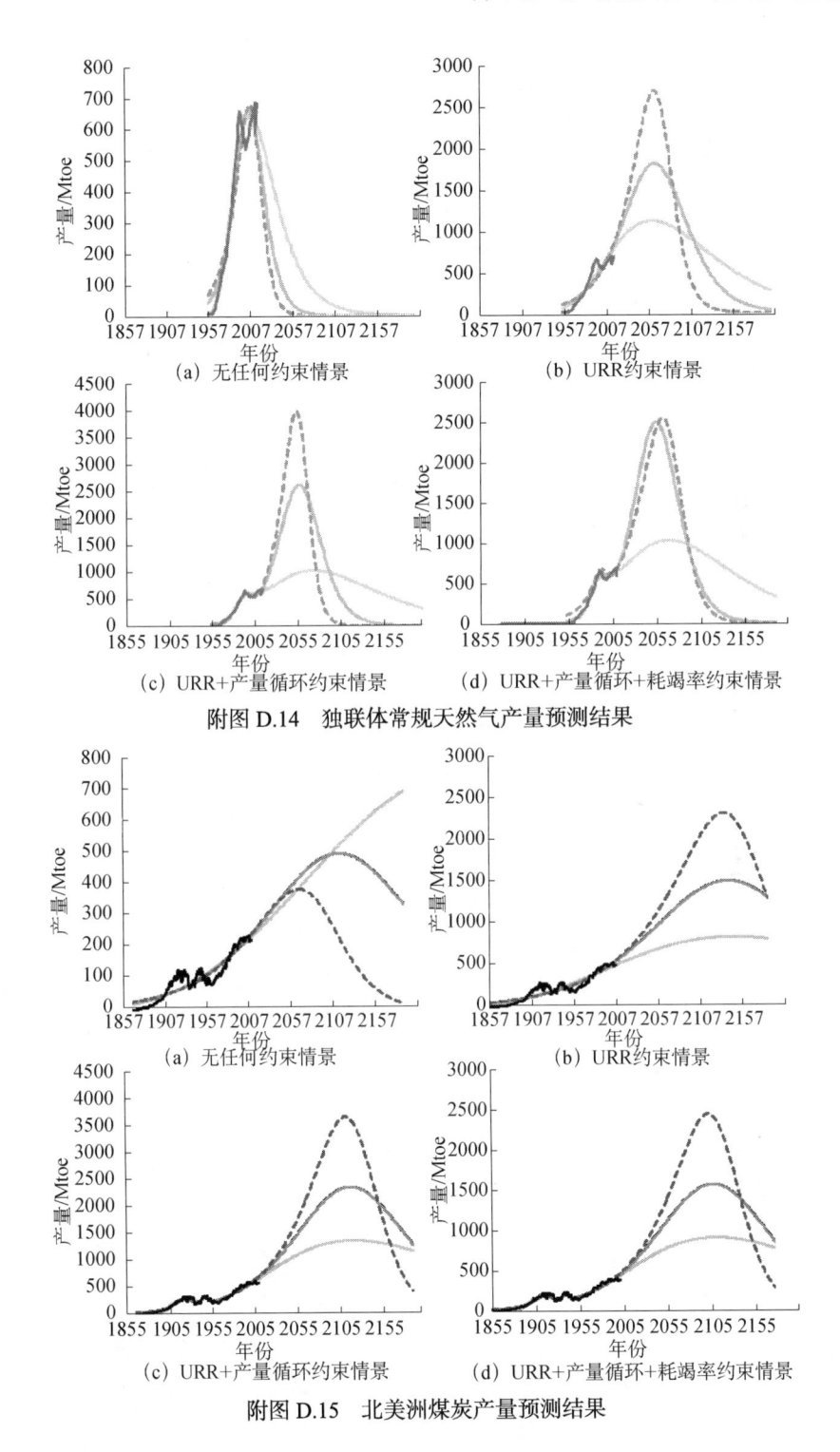

(a) 无任何约束情景
(b) URR约束情景
(c) URR+产量循环约束情景
(d) URR+产量循环+耗竭率约束情景

附图 D.15 北美洲煤炭产量预测结果

181

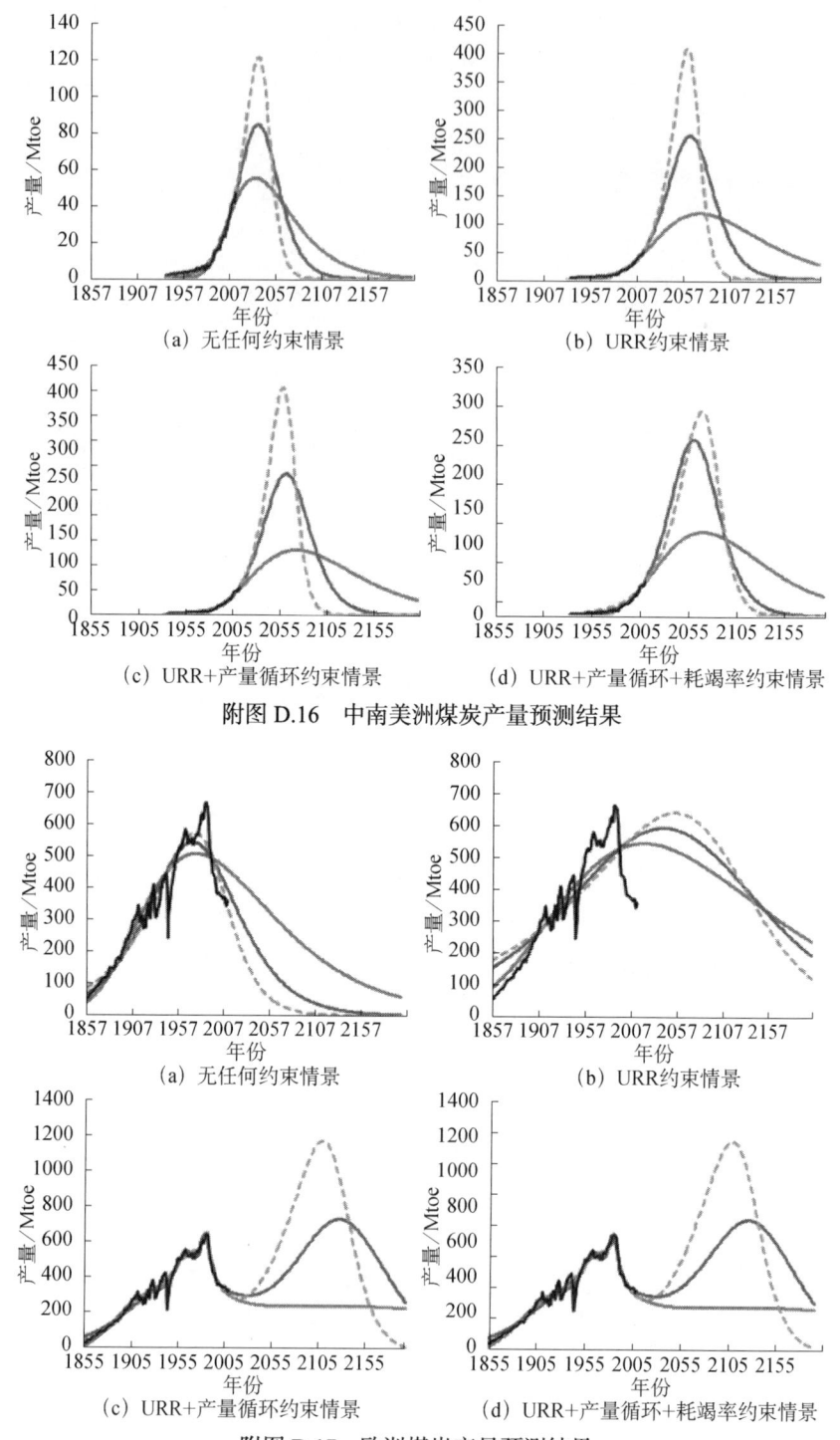

(a) 无任何约束情景 (b) URR约束情景
(c) URR+产量循环约束情景 (d) URR+产量循环+耗竭率约束情景

附图 D.16　中南美洲煤炭产量预测结果

(a) 无任何约束情景 (b) URR约束情景
(c) URR+产量循环约束情景 (d) URR+产量循环+耗竭率约束情景

附图 D.17　欧洲煤炭产量预测结果

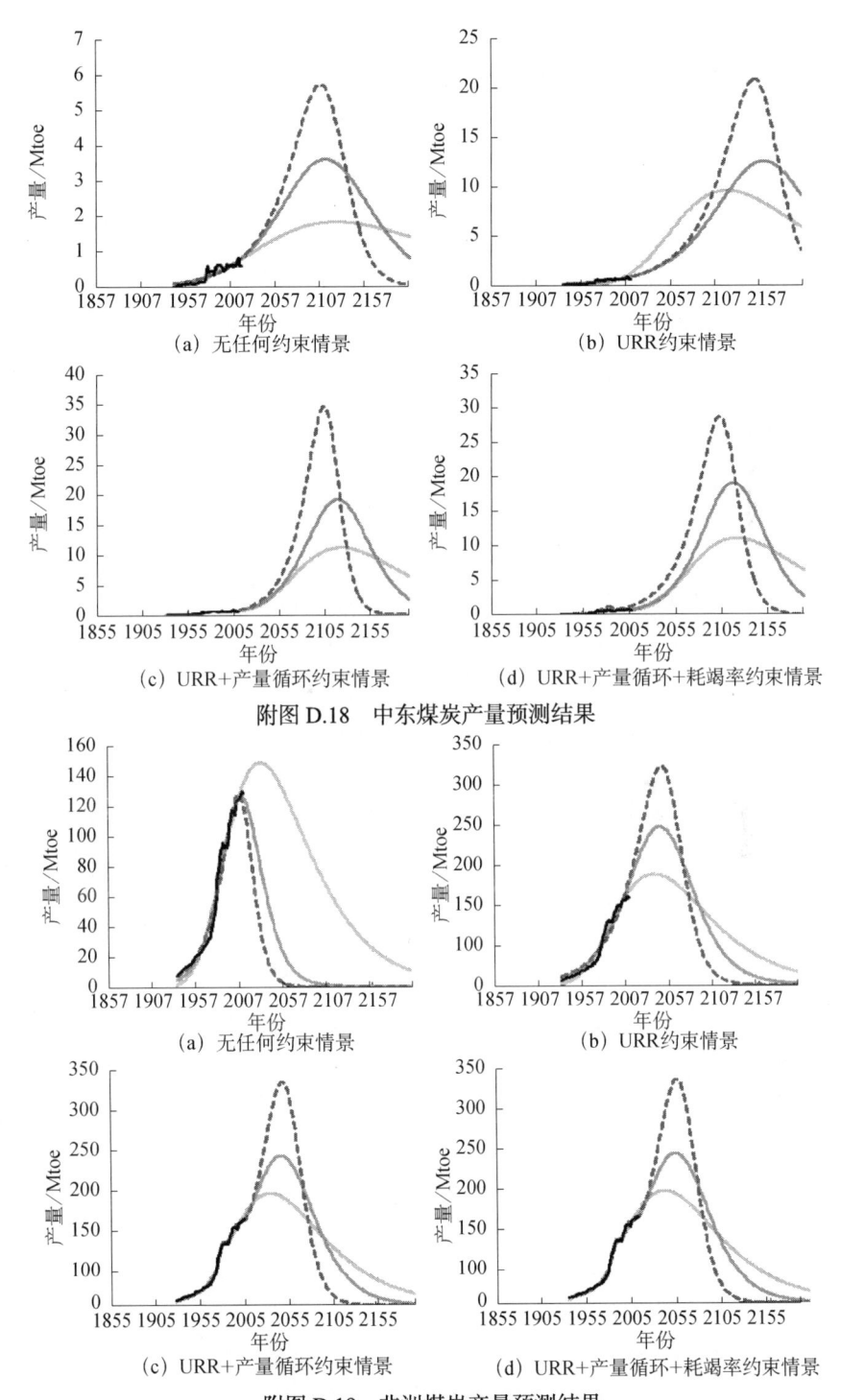

附图 D.18 中东煤炭产量预测结果

附图 D.19 非洲煤炭产量预测结果

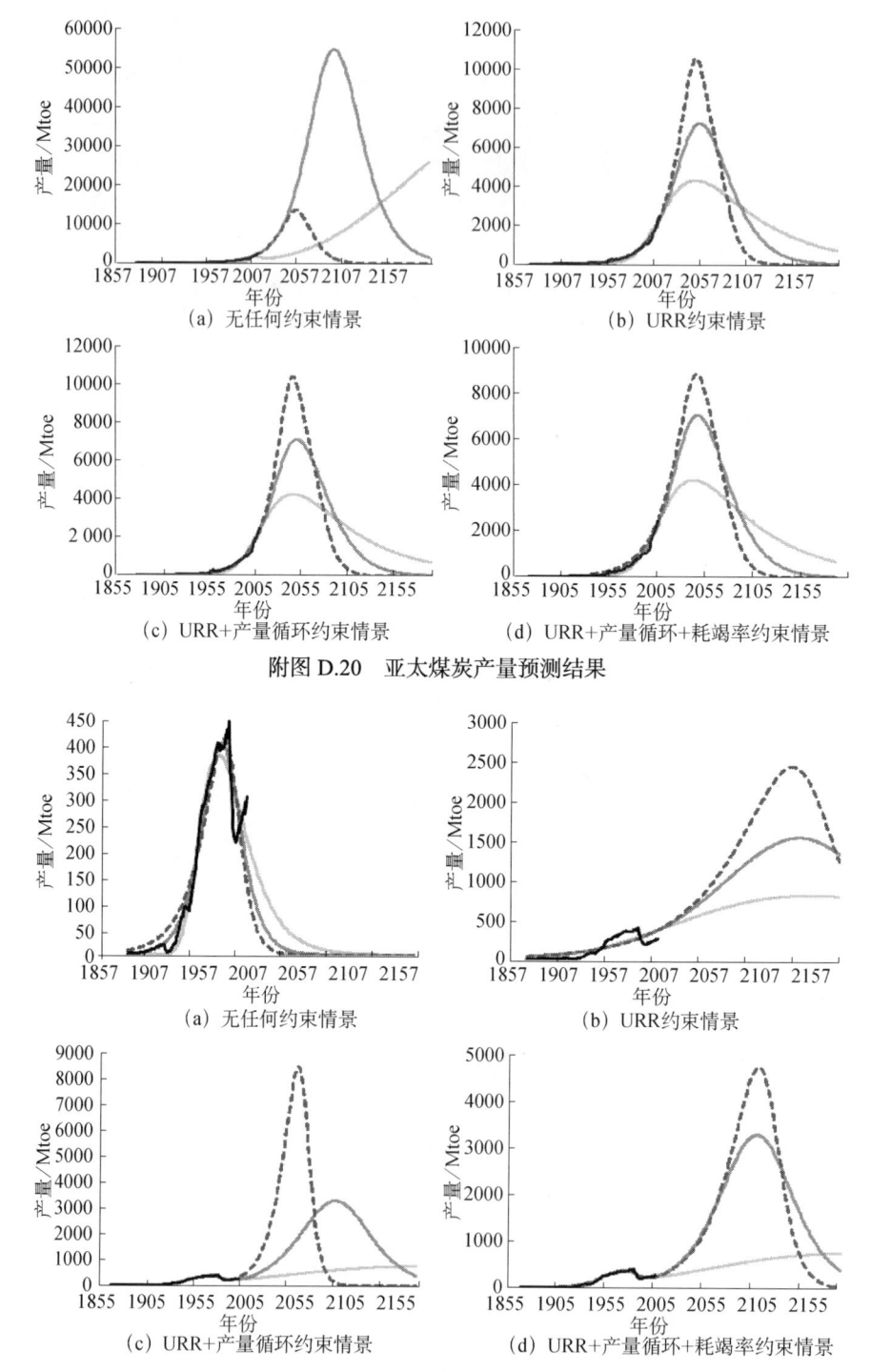

(a) 无任何约束情景　　(b) URR约束情景

(c) URR+产量循环约束情景　　(d) URR+产量循环+耗竭率约束情景

附图 D.20　亚太煤炭产量预测结果

(a) 无任何约束情景　　(b) URR约束情景

(c) URR+产量循环约束情景　　(d) URR+产量循环+耗竭率约束情景

附图 D.21　独联体煤炭产量预测结果

附录 E MAGICC 6 所用的六种供应侧驱动排放情景文件

MAGICC 6 要求原始排放情景文件为"SCEN"格式,附表 E 是以 excel 表格中的形式显示的,实际操作中需要进行转换。在附表 E 中,仅列出 SD-C-H 一种情景的排放文件,其他五种情景的排放文件与此相似,仅仅需要替换文件中"FossilCO$_2$"所对应的列的数值即可,需要注意的是,FossilCO$_2$ 排放除了包括化石能源消耗所产生的 CO$_2$ 外,还包括水泥生产和气体排空的 CO$_2$ 排放量;"OtherCO$_2$"是指土地使用转变所引起的 CO$_2$ 排放量。

在排放文件中,第一行中的"18"表示在本情景文件中共给出了 18 个年份的排放数据,如果仅给出"2000""2020""2040""2060""2080""2100",则这一数字就为"6";第二行中的数字代表排放文件中所给出的是全球数据还是区域数据,"11"代表仅仅给出了全球数据;第三行中的"SD-C-H"表示该情景排放文件的名称;第四和第五行是对情景的简单描述;第六行为空格;第七行是对下面数据的地理范畴定义,是全球数据还是区域数据;第七行表示排放气体名称;第八行表示排放气体单位;第九行以后为排放数据;在输入了所有排放数据之后,空两行,然后可以继续加上少量的有关排放情景的说明,但这一部分在 MAGICC 计算中并不起作用,将被 MAGICC 忽略。

附表 E.1 D-C-H 情景排放文件

SD-C-H
18
11
The first emission scenario: Supply Driven-Conventional fossil- High Scenario (SD-C-H). Made by Jianliang Wang (wangjianliang305@163.com)
Date: 13/03/2013;
MAGICC-VERSION 6.3.9
World

Years	FossilCO$_2$/ GtC	OtherCO$_2$/ GtC	CH$_4$/ MtCH$_4$	N$_2$O/ MtN$_2$O-N	SO$_x$/ MtS	CO/ MtCO	NMVOC/ Mt	NO$_x$/ MtN
2000	6.7660	1.4300	300.2070	7.4567	53.8413	1068.0009	210.6230	38.1623
2001	6.9290	1.2400	303.4093	7.5029	54.4192	1066.7447	211.5938	38.2888
2002	6.9980	1.0700	306.5787	7.5487	54.9960	1065.4692	212.5632	38.4153
2003	7.4210	1.0400	309.7165	7.5942	55.5716	1064.1742	213.5311	38.5418
2004	7.8120	1.0200	312.8241	7.6394	56.1461	1062.8596	214.4977	38.6683
2005	8.1060	1.0000	315.9027	7.6842	56.7195	1061.5255	215.4629	38.7948
2006	8.3720	1.0000	318.8619	7.7495	56.4243	1057.2080	215.5117	38.7560
2007	8.5710	0.9500	321.8166	7.8148	56.1276	1052.8637	215.5619	38.7159
2010	9.1915	0.8650	330.6539	8.0105	55.2284	1039.6693	215.7212	38.5879
2020	11.8560	0.6715	323.5788	8.0825	48.7425	1007.7764	213.4873	36.1419
2030	14.6101	0.5213	332.6540	8.6949	41.9039	1003.9456	209.5899	34.0933
2040	17.0865	0.4047	340.8506	9.2085	33.6673	952.6321	209.9166	32.7315
2050	18.3853	0.3142	343.1992	9.5627	25.8950	889.4822	199.5367	29.7923
2060	17.9173	0.2439	340.7789	9.9338	21.7085	810.1797	190.5463	27.7537
2070	16.2100	0.1894	330.3584	10.1953	18.2316	753.9795	180.0104	23.8538
2080	14.1353	0.1470	310.3671	10.2547	13.8726	710.4968	169.4844	20.2726
2090	12.2812	0.1141	271.7238	10.2445	12.2924	677.4709	163.1742	18.5586
2100	11.0072	0.0886	256.0170	10.1909	10.8463	649.0635	156.0908	17.0709

续表

Years	BC/Mt	OC/Mt	NH$_3$/MtN	CF$_4$/kt	C$_2$F$_6$/kt	C$_6$F$_{14}$/kt	HFC$_{23}$/kt	HFC$_{32}$/kt
2000	7.8048	35.5434	40.0185	12.0000	2.3750	0.4624	10.3949	4.0000
2001	7.8946	35.7143	40.3916	11.9250	2.4344	0.4651	10.4328	5.3987
2002	7.9841	35.8846	40.7647	11.8480	2.4915	0.4058	10.4708	6.7974
2003	8.0734	36.0543	41.1377	11.7692	2.5464	0.3939	10.5083	8.1961
2004	8.1624	36.2233	41.5107	11.6885	2.5990	0.4062	10.5455	9.5948
2005	8.2512	36.3917	41.8837	11.6059	2.6495	0.4358	10.8117	10.9934
2006	8.2263	36.2695	42.2250	11.8409	2.6200	0.4427	10.5530	12.3832
2007	8.2013	36.1472	42.5663	12.0753	2.5905	0.4492	10.2947	13.7729
2010	8.1262	35.7801	43.5903	12.7756	2.5010	0.4666	9.5222	17.9421
2020	7.7917	35.2804	45.5978	11.9957	2.6447	0.1844	1.1524	60.6420
2030	7.1918	34.3055	48.7542	10.4302	2.2975	0.1118	0.6914	72.0353
2040	6.4592	31.7755	51.6775	10.4015	2.2881	0.1128	0.4134	80.7117
2050	5.9101	30.0072	54.3392	10.8133	2.3013	0.1087	0.2463	74.6075
2060	5.5390	29.0625	57.6497	10.3389	2.2576	0.1074	0.1375	84.0857
2070	4.8532	27.6788	60.6697	10.4224	2.2534	0.1066	0.0730	93.8802
2080	4.3949	26.6216	62.1095	10.5290	2.1235	0.1032	0.0373	96.2713
2090	4.2081	25.6794	63.8940	10.8374	2.1215	0.0972	0.0000	91.2036
2100	4.0559	24.6192	64.4094	11.0809	2.0819	0.0886	0.0000	81.2268

Years	HFC$_{43}$-10/kt	HFC$_{125}$/kt	HFC$_{134a}$/kt	HFC$_{143a}$/kt	HFC$_{227}$ea/kt	HFC$_{245}$fa/kt	SF$_6$/kt
2000	0.0000	8.5381	75.0394	6.2341	1.9510	17.9257	5.5382
2001	0.6470	9.0301	84.0409	7.4947	1.6450	19.7183	5.6990
2002	1.2941	9.8853	94.7162	8.7389	2.5080	21.5109	5.8596
2003	1.9411	12.0788	101.4157	9.9776	3.3410	23.3034	6.0202
2004	2.5881	12.5074	113.9297	11.2136	4.2690	25.0960	6.1806
2005	3.2352	13.7591	120.9334	12.4483	4.8900	26.8886	6.3408
2006	3.8802	15.3434	121.0747	13.5412	5.6850	32.9392	6.4710

续表

Years	HFC$_{43}$-10/kt	HFC$_{125}$/kt	HFC$_{134a}$/kt	HFC$_{143a}$/kt	HFC$_{227}$ea/kt	HFC$_{245}$fa/kt	SF$_6$/kt
2007	4.5246	16.9298	129.6222	14.6318	6.4834	38.9899	6.6012
2010	6.4539	21.7029	149.4072	17.8893	8.8999	57.1420	6.8337
2020	7.2255	48.9890	181.6573	26.3665	1.3375	78.8583	5.2920
2030	8.1254	55.3590	201.2307	29.3215	0.6534	81.5469	6.2567
2040	9.3646	65.8151	221.1291	34.5643	0.7353	82.7134	6.5122
2050	11.0950	73.4225	225.6610	38.1625	0.2515	82.2053	6.7806
2060	11.1130	77.1509	234.8999	38.9818	0.1136	78.1500	7.1105
2070	11.0471	82.3519	256.9495	41.3323	0.0977	75.7745	7.4888
2080	10.9569	84.1310	283.1582	43.2486	0.0821	74.6485	7.7915
2090	10.7526	85.5338	304.9260	45.0526	0.0697	74.4192	7.9428
2100	10.4055	85.6100	322.2338	46.5562	0.0592	73.9750	7.9657

注：本书化石燃料的 CO_2 排放和其他类别 CO_2 排放来自笔者的博士论文。其余形式的温室气体排放都来自 MAGICC6.3 中四种 RCP 情景的中值数据。这些 RCP 情景的中值数据可以从网站 www.pik-potsdam.de/~mma/te/rcps/ 获得。

附录F Bern-CC 和实证模型大气 CO_2 浓度模拟的 VBA 编程

在 Bern-CC 及实证模型的计算过程中，已知资料为：每年 CO_2 排放量、CO_2 脉冲响应函数、工业化前大气 CO_2 浓度、CO_2 排放量与浓度的转换关系（即排放 2.13GtC 的 CO_2 能够引起 1ppm 的大气 CO_2 浓度增加，或者为 1GtC=0.469ppm）。笔者首先根据每年 CO_2 的排放量和 CO_2 脉冲响应函数计算出每年 CO_2 的净排放量，然后根据净排放量、工业化前大气 CO_2 浓度和 CO_2 排放量与浓度的转换关系产生每年的 CO_2 浓度值。涉及的 VBA 程序针对的是每年 CO_2 净排放量的计算。

下面以 IPCC-AR4-BernCC 模型为例。产生"每年 CO_2 净排放量"序列数值的程序为

```
Sub IPCCAR4BernCC()
    Dim i, j As Integer
    Dim tempSum
    i = 0
    While Range("e14").Offset(i, 0).Value <> ""
tempSum = 0
        For j = 0 To i
tempSum = tempSum + _
Range("e14").Offset(j, 0).Value * _
Range("C14").Offset(i - j, 0).Value
        Next
Range("k14").Offset(i, 0).Value = tempSum
        i = i + 1
```

```
    Wend
End Sub
```

其中,"$e14$"代表的是 excel 中"CO_2 脉冲响应"序列的第一个值;"$C14$"代表的是"每年 CO_2 排放量"序列的第一个值;"$k14$"代表的是"每年 CO_2 净排放量"序列的第一个值。